机 械 基 础

主　编　李小青　范琼英

副主编　董金山　徐　浪

参　编　陈　柳　马　兰　周甜甜

　　　　李雨松　李　易

主　审　姚建平

北京理工大学出版社
BEIJING INSTITUTE OF TECHNOLOGY PRESS

内容简介

本书针对职业院校的教学特点，将机械传动、机械机构及工程材料等的相关内容有机地整合在一起。全书包括绪论和 6 个专题，内容包括常用机械传动、常用连接装置、支承零部件、常用机构、工程材料、液压与气压传动。同时，每个学习活动配套相应的习题，用于知识点与技能点的巩固与提高。

本书既可作为职业院校"机械基础"课程的教材，也可作为有关技术人员的参考书。

图书在版编目（CIP）数据

机械基础 / 李小青，范琼英主编. -- 北京：北京理工大学出版社，2021.9

ISBN 978-7-5763-0293-6

Ⅰ.①机… Ⅱ.①李… ②范… Ⅲ.①机械学-中等专业学校-教材 Ⅳ.①TH11

中国版本图书馆 CIP 数据核字（2021）第 181389 号

出版发行 / 北京理工大学出版社有限责任公司

社　　址 / 北京市海淀区中关村南大街 5 号

邮　　编 / 100081

电　　话 /（010）68914775（总编室）
　　　　　（010）82562903（教材售后服务热线）
　　　　　（010）68944723（其他图书服务热线）

网　　址 / http：//www.bitpress.com.cn

经　　销 / 全国各地新华书店

印　　刷 / 定州市新华印刷有限公司

开　　本 / 889 毫米×1194 毫米　1/16

印　　张 / 15　　　　　　　　　　　　　　责任编辑 / 陆世立

字　　数 / 311 千字　　　　　　　　　　　文案编辑 / 陆世立

版　　次 / 2021 年 9 月第 1 版　2021 年 9 月第 1 次印刷　　责任校对 / 周瑞红

定　　价 / 42.00 元　　　　　　　　　　　责任印制 / 边心超

前言

　　"机械基础"是讲授常用机械传动及应用、常用机构、常用工程材料、液压及气压传动，并同时进行材料选择的一门综合性技术基础课，是职业学校机械类及工程技术类相关专业的一门专业基础课程。通过本课程的学习，学生可以获得常用机械原理、工程材料选择等知识，为学习其他相关课程奠定基础。本书是参照《国家职业标准》的要求，经过行业企业调研、典型岗位能力分析，在重构课程体系的基础上，结合现代中等职业教育特点编写而成的。

　　本书具有以下主要特点。

　　1）针对中等职业学校学生的学习特点，实训过程、工作岗位的需要，本书在编写中遵循"实用、够用、好用"的原则，同时，每个学习活动之后配有相应的同步练习（※表示选做题），以巩固每个学习任务的相关知识。

　　2）在编写过程中，我们借鉴了国外先进的执教理念，结合国内中等职业学校的教育特点，强调理论与实践的结合、技能与岗位的结合，进行课程与教材的改革，从而提高教学质量和技能水平。

　　3）在本书的编写过程中，充分考虑中等职业学校学生的知识基础和学习特点，版式设计采取较为生动的图例，图文并茂，适合中等职业学校学生的认知特点。在语言表达上更贴近中职学生的年龄特征，文字叙述力求通俗易懂。同时，根据编者的教学体会，对一些重点、难点或需提示的内容，进行必要的图示或文字说明，既便于老师讲课、辅导，又便于学生自学。

　　4）本书采用新的国家标准，内容上尽量做到文字精练，语言通俗易懂，举例实用。

　　本书包括绪论和6个专题，具体内容如下。

　　绪论部分主要介绍机器与机构、机器的组成及作用、机械基础的课程性质及作用。

　　专题一介绍常用机械传动，包括带传动、链传动、齿轮传动、蜗轮蜗杆传动和轮系。

　　专题二介绍常用连接装置，包括键连接、销连接、螺纹连接，以及弹簧、联轴器与离合器。

　　专题三介绍支承零部件，包括轴、滑动轴承和滚动轴承。

专题四介绍常用机构，包括平面四杆机构、凸轮机构、间歇机构、变速机构和换向机构。

专题五介绍工程材料，包括黑色金属、有色金属及硬质合金、非金属、新型功能材料，以及工程材料的选择与运用。

专题六介绍液压与气压传动，包括液压与气压传动的原理、系统组成、常用元件、基本回路。

本书的建议学时如下，教师可根据实际情况进行调整。

专题	学习活动		建议学时
绪论	学习活动一	机器与机构	2
	学习活动二	本课程的性质及任务	1
专题一 常用机械传动	学习活动一	带传动	2
	学习活动二	V 带传动	2
	学习活动三	链传动	2
	学习活动四	齿轮传动	4
	学习活动五	蜗杆传动	2
	学习活动六	轮系	2
专题二 常用连接装置	学习活动一	键连接	2
	学习活动二	键连接的类型、特点及装配要点	2
	学习活动三	销的类型、特点及选择	2
	学习活动四	销连接的类型、特点及装配要点	2
	学习活动五	螺纹的类型、主要参数及代号	2
	学习活动六	螺纹连接的类型、特点及防松	2
	学习活动七	弹簧的类型、应用及特点	1
	学习活动八	联轴器的类型、结构及应用特点	1
	学习活动九	离合器的类型、结构及应用特点	1
专题三 支承零部件	学习活动一	轴	2
	学习活动二	滑动轴承	2
	学习活动三	滚动轴承	2
专题四 常用机构	学习活动一	平面四杆机构的结构特点、基本性质和常用类型	2
	学习活动二	凸轮机构的类型、特点及工作规律	2
	学习活动三	间歇机构、变速机构和换向机构	2

专题	学习活动	建议学时
专题五　工程材料	学习活动一　金属材料的性能	4
	学习活动二　合金	2
	学习活动三　铁碳合金	2
	学习活动四　钢的热处理	4
	学习活动五　碳钢	4
	学习活动六　铸铁	4
	学习活动七　合金钢	2
	学习活动八　铝合金	2
	学习活动九　铜合金与滑动轴承合金	2
	学习活动十　硬质合金与粉末冶金	2
	学习活动十一　塑料	2
	学习活动十二　汽车玻璃、黏结剂和摩擦材料	2
	学习活动十三　新材料	2
	学习活动十四　工程材料的选择与运用	2
专题六　液压与气压传动	学习活动一　液压与气压传动的基本原理	2
	学习活动二　液压与气压传动系统的基本组成及表示	1
	学习活动三　液压传动系统的常用元件	4
	学习活动四　液压传动系统的基本回路	4
	学习活动五　气压传动系统的常用元件及应用特点	2

　　本书由重庆市科能高级技工学校李小青、范琼英担任主编并负责统稿，重庆市科能高级技工学校董金山、徐浪担任副主编，重庆市科能高级技工学校姚建平担任主审。具体编写分工如下：绪论、专题一、专题三学习活动二、专题三学习活动三由重庆市科能高级技工学校董金山编写，专题二、专题四、专题六由重庆市科能高级技工学校徐浪编写，专题三学习活动一由重庆市科能高级技工学校陈柳、马兰编写，专题五由重庆市科能高级技工学校李小青编写。本书中的同步练习、图片、表格及数据由重庆市科能高级技工学校周甜甜、李雨松及重庆市机械高级技工学校李易整理汇总。

　　由于编写水平有限，时间有限，疏漏之处在所难免，恳请专家及读者批评指正。

目录

绪　论

情境导入

　　在现代生产中，机器已成为代替或减轻人类劳动、提高劳动生产率的主要手段。使用机器的水平是衡量一个国家现代化程度的重要标志。汽车、摩托车、机器人已进入我们的生活，物联网技术和消防技术跟我们的生活息息相关。它们能给我们带来很多便利。但是究竟什么是机器？它有哪些特征？机器和机械又有何关系呢？

学习活动一　机器与机构

学习目标

1. 掌握机器的概念及特征。
2. 了解机构的特征。
3. 掌握构件与零件的分类。
4. 掌握机器的组成。

学习过程

一、认识机器与机构

1. 机器

　　机器是人们根据使用要求而设计的一种执行机械运动的装置，它用来变换或传递能量（如电动机、内燃机等）、物料与信息，以代替或减轻人类的体力劳动和脑力劳动。

　　机器的种类很多，根据其用途不同，可以分为动力机器（如电动机、内燃机、发电机等）、加工机器（如机床、纺织机、包装机等）、运输机器（如汽车、拖拉机、输送机等）和信息处理机器（如计算机、机械积分仪、记账机等）。

虽然机器的构造、用途和功能各不相同，但它们都有一些共同的特征：

特征一 任何机器都是人为实物的组合体。图 0-1-1 所示的单缸内燃机，由气缸体（机架）、曲轴、飞轮、连杆、活塞、顶杆、凸轮及齿轮等组成。当燃气推动活塞做往复运动时，通过连杆使曲轴做连续转动，从而将燃气的热能转换成曲轴的机械能。为了保证曲轴的连续转动，通过齿轮、凸轮、推杆和弹簧等的作用，按一定的运动规律启闭阀门，以输入燃气和排除废气。

特征二 组成机器的各部分之间具有确定的相对运动。如图 0-1-1 所示，活塞在气缸中的往复运动可以转变为曲轴相对于两端轴承的连续转动。

特征三 所有机器都能做有效的机械功或可进行能量转换，从而代替或减轻人类的劳动。例如，汽车发动机燃烧燃料产生的热能转换成机械能，通过传动系将动力传给汽车车轮，最终驱动汽车行驶。

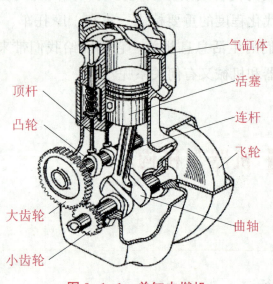

气缸体
顶杆
凸轮
活塞
连杆
飞轮
大齿轮
小齿轮
曲轴

图 0-1-1 单缸内燃机

2. 机构

机构是用来传递运动和动力的构件系统，如图 0-1-2~图 0-1-4 所示。机构具有机器的前两大特征，但没有第三个特征，即不能单独做机械功和实现能量转换。机器由机构组成，机器的主要功用是利用机械能做功或实现能量转换；机构的主要功用是传递或转变运动的形式。

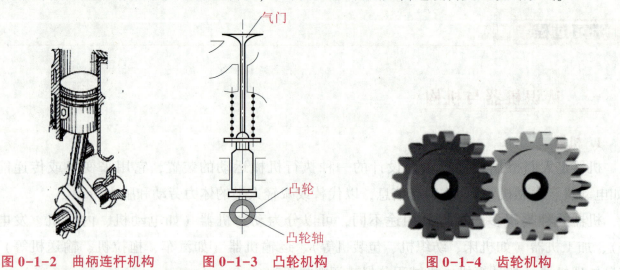

气门
凸轮
凸轮轴

图 0-1-2 曲柄连杆机构   图 0-1-3 凸轮机构   图 0-1-4 齿轮机构

3. 构件与零件

构件是机构中的运动单元，是相互能做相对运动的物体。图 0-1-5 所示连杆是由连杆体、连杆头、螺栓和螺母等装配成的一个整体。连杆体、连杆头、螺栓、螺母等称为机械零件，简称为零件。

零件是构件的组成部分，是机械中制造的单元，如图 0-1-6 所示阶梯轴。

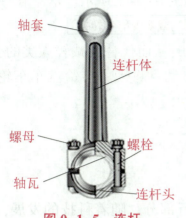

轴套
连杆体
螺母
螺栓
轴瓦
连杆头

图 0-1-5　连杆

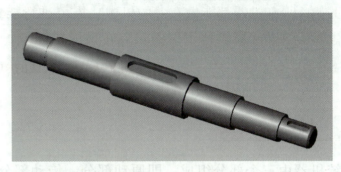

图 0-1-6　阶梯轴

由于机械的功用和类型日益增多，作为组成机械最基本单元的零件多种多样，通常把机械零件分为通用机械零件和专用机械零件两大类。

（1）通用机械零件

通用机械零件指在各类机械中具有同一功用和性能并经常使用的零件。零件按照用途可分为以下几种。

1）连接零件：如螺栓、铆钉、键、螺钉等，如图 0-1-7 所示。

2）传动零件：如带、链、齿轮等，如图 0-1-8 所示。

3）转动零件：如轴、轴承等，如图 0-1-9 所示。

图 0-1-7　连接零件

图 0-1-8　传动零件

图 0-1-9　转动零件

（2）专用机械零件

专用机械零件指只适用于一定类型或者特殊机械的零件，具有专门的功用及性能，如发动机活塞（图 0-1-1）专用零件、起重机的吊钩、卷筒、轧钢机的轧辊等。

综上所述，机器是由机构组成的，而机构却不能像机器一样实现能量转换。若仅从结构和运动的观点来看，机器与机构之间并无区别，所以机器和机构统称为机械。而机构中又包含若干构件，构件又可以由一个或多个零件组合而成。概括对机器、机构、构件、零件的分析，它们之间的关系如图 0-1-10 所示。

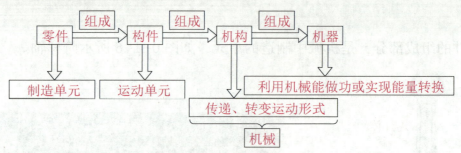

图 0-1-10　机械的构成

二、机器的组成

传统机器由三个部分组成，即原动部分、传动部分和执行部分。随着科技的发展，各个学科领域之间逐渐相互渗透和融合。如今在机械工程领域，自动控制、电子技术和计算机技术等的应用日益广泛和深入，因此从某种意义上来说，现代的机械系统应该是机电一体化的系统。一个现代化的机械系统包括四个方面，即原动部分、传动部分、执行部分和控制部分（表 0-1-1）。汽车产品就是一个典型的例子。

表 0-1-1　机器的组成

组成部分	作用	应用举例
动力部分	把其他类型的能量转换为机械能，以驱动机器各部件运动	电动机、内燃机、蒸汽机和空气压缩机等
传动部分	将原动机的运动和动力传递给执行部分	金属切削机床中的带传动、螺旋传动、齿轮传动、连杆机构等
执行部分	直接完成机器的工作任务，处于整个传动装置的终端	金属切削机床中的主轴、滑板等
控制部分	显示和反映机器的运行位置和状态，控制机器正常运行和工作	机电一体化产品（数控机床、机器人）中的控制装置、汽车的点火开关等

评价与分析

完成学习过程之后填写表 0-1-2。

表 0-1-2 学习过程评价表

班级		姓名		学号		日期	
序号	评价内容				配分	得分	总评
1	能准确描述机器的特征				20		A
2	能准确说出零件的分类				25		B
3	能准确说出机器的组成部分				30		C
4	能准确说出洗衣机的四大组成部分				25		D
小结与建议							

同步练习

简答题

1. 机器由哪四部分组成？现代机器中哪部分占比越来越大？

2. 零件是如何分类的？

 学习活动二 本课程的性质及任务

学习目标

1. 了解机械基础课程的性质和内容。

2. 熟悉机械基础课程的任务和要求。

3. 了解机械基础课程的学习方法。

学习过程

一、课程的性质和内容

机械基础是中等职业学校汽车、机械和机电类专业一门重要的专业基础课程。本课程内容较多，知识面较广，主要包括机械传动、常用连接装置、支承零部件、常用机构、工程材料、液压与气压传动等知识。

二、课程的任务和要求

通过本课程的学习，应达到以下要求：

1）了解机械传动的工作原理，掌握其应用特点及场合。

2）掌握各种常用的连接，熟悉其应用范围。

3）熟悉常用支承零部件，掌握其基本知识。

4）理解常用机构的工作原理，掌握其应用场合。

5）熟悉常用工程材料的牌号，能够合理选择常用工程材料。

6）了解液压与气压传动的基础知识。

三、课程的学习方法

本课程由于知识多、概念多、符号多、图表多和系统性差、逻辑性差等，学习时要多思考，在深入理解概念的基础上，多观察、多分析日常生产和工程实践中的实例。另外，同学之间应多讨论、多沟通、多交流，相互学习，共同提高。学习中要注意理论联系实际，有条件的要尽量多深入企业或实训楼；要把理论知识的学习与实践操作相结合，以加深对知识的消化与吸收。

通过本课程的学习，学生要逐步提高自己发现问题、分析问题与解决问题的能力。要特别注重实践能力和创新能力的培养，加强技能训练，全面提高自身综合素质和综合职业能力。

评价与分析

完成学习过程后填写表0-2-1。

表0-2-1　学习过程评价表

班级		姓名		学号		日期	
序号				配分	得分	总评	
1	能准确说出本课程的性质			35		A	
2	能准确说出本课程的内容			40		B	
3	能叙述本课程的学习方法			25		C D	
小结与建议							

同步练习

简答题

1. 机械基础是一门什么性质的课程？它主要包括哪些内容？

2. 学生学习完"机械基础"课程，应达到哪些基本要求？

常用机械传动

　　机械传动装置主要是指利用机械方式传递动力和运动的传动装置，在我们的生活和工作中应用非常广泛。通过传动装置改变运动的速度和传递转矩的大小，从而适应设备的需要。

　　机械传动装置主要可分为两类：

　　1）靠构件间的摩擦力传递动力和运动的摩擦传动，包括带传动、摩擦轮传动等。摩擦传动容易实现无级变速，大多能适应轴间距较大的传动场合，过载打滑还能起到缓冲和保护传动装置的作用，但这种传动一般不能用于大功率场合，也不能保证准确的传动比。

　　2）靠主动件与从动件啮合或借助中间件啮合传递动力或运动的啮合传动，包括齿轮传动、链传动、螺旋传动等。啮合传动能够用于大功率的场合，传动比较准确，但一般要求较高的制造精度和安装精度。

学习活动一　带传动

　　1. 掌握带传动的组成和原理。

　　2. 掌握带传动的类型及应用。

　　3. 掌握带传动的特点。

一、带传动的组成和原理

1. 带传动的组成

带传动一般由固连于主动件的带轮（主动轮）、固连于从动件的带轮（从动轮）和紧套在两轮上的挠性带组成，如图 1-1-1 所示。

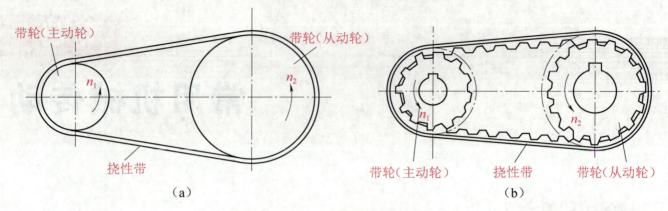

图 1-1-1　带传动的组成

（a）摩擦型带传动；（b）啮合型带传动

2. 带传动的工作原理

带传动是以张紧在至少两个轮上的带作为中间挠性件，依靠带与带轮接触面间产生的摩擦力（啮合力）来传递运动与力的。

目前，大多数带传动依靠摩擦力来传递运动和动力：主动轮通过摩擦力将运动和力传递给带，带又通过摩擦力将运动和力传递给从动轮，从而实现带传动的正常工作。摩擦力的大小不仅与带和带轮接触面的摩擦系数有关，还与接触面间的正压力有关。因此，带与带轮之间应有一定的张紧程度，以保证足够的摩擦力。

3. 机构传动比

机构中瞬时输入角速度与输出角速度的比值称为机构的传动比。传动比是机械传动中的一个重要概念，针对不同的机械传动，具体的表达式会有所不同，但基本概念是相同的。

带传动的传动比就是主动轮转速 n_1 与从动轮转速 n_2 之比，通常用 i_{12} 表示。

$$i_{12} = \frac{n_1}{n_2} = \frac{d_2}{d_1} \qquad (1-1-1)$$

式中：i_{12} 为传动比；n_1 和 n_2 为主、从动轮转速；d_1 和 d_2 为主、从动轮直径。

从式（1-1-1）中可以得出：

当 $0 < i < 1$ 时，机械传动为增速传动（从动轮转速大于主动轮转速）；

当 $i = 1$ 时，机械传动为等速传动（从动轮转速等于主动轮转速）；

当 $i > 1$ 时，机械传动为减速传动（从动轮转速小于主动轮转速）。

机械中常用的是减速传动。

i_{12} 与 i_{21} 的含义是不同的，在计算中不能混淆。

i_{12}：1 为主动轮，2 为从动轮，表示轮 1 与轮 2 的转速比；

i_{21}：2 为主动轮，1 为从动轮，表示轮 2 与轮 1 的转速比。

二、带传动的类型及应用

带传动的类型如图 1-1-2 所示。

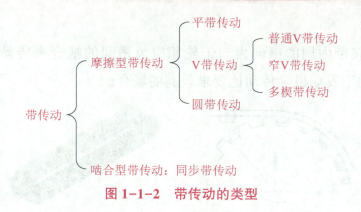

图 1-1-2　带传动的类型

1. 摩擦型带传动

摩擦型带传动依靠带与带轮接触面间产生的摩擦力来传动。

（1）平带

平带（图 1-1-3）的横截面形状为矩形，内表面为工作面。平带结构简单，带与带轮容易制造，常用于中心距较大的场合，如机场、码头等传输货物的传动带多为平带。

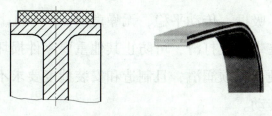

图 1-1-3　平带

（2）V 带

V 带（图 1-1-4）的横截面形状为梯形，两侧面为工作面。V 带摩擦力大，广泛应用于各类机械中，如车床电动机和主轴箱之间的带传动就是 V 带传动。

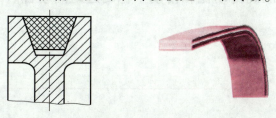

图 1-1-4　V 带

（3）圆带

圆带（图 1-1-5）的横截面形状为圆形。圆带摩擦力较小，常用于小功率传动，如家庭中的老式缝纫机。

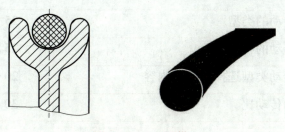

图 1-1-5　圆带

2. 啮合型带传动

啮合型带传动依靠带内周的横向齿与带轮相应齿槽间的啮合来传动。齿形带（同步带）（图1-1-6）主要应用于发动机等传动比要求较高的场合。

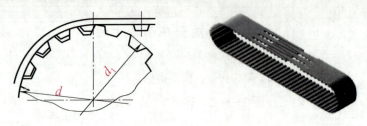

图1-1-6　齿形带

三、带传动的特点

目前各类机械中常采用摩擦型带传动，其特点如下：

1）具有弹性，能缓冲、吸振，传动平稳，无噪声。

2）过载时，传动带会在带轮上打滑，可防止其他重要零件损坏，起过载保护作用。

3）结构简单，维护方便，无须润滑，且制造和安装精度要求不高。

4）可实现较大中心距传动。

缺点是传动比不准确，传动效率低，带的使用寿命较短，外廓尺寸较大，不宜在高温、易燃及有油、水的场合使用。

相比较而言，啮合型带传动可以保证准确的传动比，实现同步传动；摩擦型带传动一般适用于中小功率、无须保证准确传动比和传动平稳的远距离场合。

评价与分析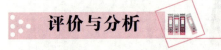

完成学习过程后填写表1-1-1。

表1-1-1　学习过程评价表

班级		姓名		学号		日期	
序号				配分	得分	总评	
1	能准确说出带传动的类型			25		A	
2	能准确说出带传动的特点			25		B	
3	能准确说出带传动类型选择的具体内容			20		C	
4	能计算带传动的传动比			30		D	
小结与建议							

同步练习

一、填空题

1. 带传动一般由_____、_____和紧套在两轮上的_____组成。

2. 带传动是以张紧在至少两个轮上的带作为中间挠性件，依靠带与带轮接触面间产生的_____来传递运动与力的。

3. 带传动的传动比就是_____与_____的_____，通常用_____表示。

4. 根据工作原理不同，带传动分为_____和_____两大类。

5. 啮合型带传动依靠带内周的_____与带轮相应齿槽间的_____来传动。

※二、综合题

铣床电动机的带轮直径 $D_1 = 125\text{mm}$，从动轮基准直径 $D_2 = 375\text{mm}$，求传动比 i_{12}。如果电动机的转速 $n_1 = 1620\text{r/min}$，求从动轮的转速 n_2。

学习活动二 V 带 传 动

学习目标

1. 掌握 V 带的类型。
2. 了解 V 带的特点。
3. 能够安装维护 V 带。

学习过程

一、V 带及带轮

V 带传动是由一条或数条 V 带和 V 带带轮组成的摩擦带传动。

1. V 带

V 带是一种无接头的环形带，由包布、顶胶、抗拉体和底胶等组成（图 1-2-1），其横截面为等腰梯形，工作面是与轮槽相接处的两侧面，带与轮槽底面不接触。

按结构不同，V 带可以分为帘布芯结构和线绳结构。帘布芯 V 带制造简单，抗拉强度高，价格低，应用广泛。线绳 V 带柔韧性好，适用于转速较高的场合。

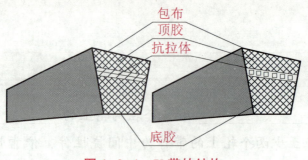

图 1-2-1　V 带的结构

2. V 带带轮

V 带带轮的常用结构有实心式、腹板式、孔板式和轮辐式，如图 1-2-2 所示。当基准直径较小时，采用实心式带轮；当基准直径大于 300mm 时，采用轮辐式带轮。

制造带轮的材料一般是铸铁，常用 HT150、HT200；转速高时，用铸钢、钢；低速、小功率时，用铝合金、塑料。

（a）　　　　　（b）　　　　　（c）　　　　　（d）

图 1-2-2　V 带带轮

（a）实心式；（b）腹板式；（c）孔板式；（d）轮辐式

实心式：当带轮直径 $d \leqslant (2.5 \sim 3) d_{S}$（带轮轴孔直径）时采用。

腹板式：当带轮直径 $d \leqslant 300mm$ 时采用。

孔板式：当带轮直径 $d \leqslant 300mm$ 时采用。

轮辐式：当带轮直径 $d \geqslant 300mm$ 时采用。

二、V 带传动的主要参数

1. 普通 V 带的横截面尺寸

V 带传动的主要参数如图 1-2-3 所示。

顶宽 b：V 带横截面中梯形轮廓的最大宽度。

节宽 b_{p}：V 带绕带轮弯曲时，长度和宽度不变的层面称为中性层，中性层的宽度称为节宽。

高度 h：梯形轮廓的高度。

相对高度 h/b_{p}：带的高度与节宽之比。

楔角 α（带的两侧面所夹的锐角）为 $40°$，相对高度（h/b_{p}）为 0.7 的 V 带称为普通 V 带。

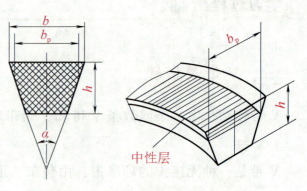

图 1-2-3　V 带传动的主要参数

普通 V 带已经标准化，按横截面尺寸由小到大分别为 Y、Z、A、B、C、D、E 七种型号，在相同的条件下，横截面尺寸越大，传递的功率越大。

为了保证带传动工作时带和带轮槽工作面接触良好，V带带轮轮槽角要适当减小，一般取34°、36°、38°。

2. V带带轮的基准直径 d_d

V带带轮的基准直径 d_d 指带轮上与所配用V带的节宽 b_p 相对应处的直径。

在带传动中，带轮基准直径越小，传动时带在带轮上的弯曲变形越严重，V带的弯曲应力越大，会降低带的使用寿命。为了延长传动带的使用寿命，对各种型号的普通V带带轮都规定了最小基准直径，如表1-2-1所示。

表 1-2-1　V 带基准直径　　　　　　　　（单位：mm）

V 带型号	Y	Z	A	B	C	D	E
d_{dmin}	20	50	75	125	200	355	500
d_d 的范围	20~125	50~630	75~800	125~1125	200~2000	355~2000	500~2500
推荐直径	≥28	≥71	≥100	≥140	≥200	≥355	≥500
d_d 的标准系列值	28，31.5，35.5，40，45，50，（53），56，（60），63，71，75，80，85，90，95，100，（106），112，（118），125，（132），140，150，160，（170），180，（190），200，212，224，236，250，（265），280，300，315，（335），355，（375），400，（425），（450），（475），500，530，560，（600），630，（670），710，（750），800，（850），900，（950），1000，1060，1120，1250，1400，1600，1800，2000，2250，2500，2800，3200，3600，4000						

注：括号内的直径尽量不用。

3. V带传动的传动比 i

$$i_{12} = \frac{n_1}{n_2} = \frac{d_{d2}}{d_{d1}} \tag{1-2-1}$$

式中：n_1 为主动轮转速，r/min；n_2 为从动轮转速，r/min；d_{d1} 为主动轮基准直径，mm；d_{d2} 为从动轮基准直径，mm。

通常 V 带传动比 $i \leq 7$，常用 2~7。

4. 小带轮包角 α_1

包角是带与带轮接触弧对应的圆心角（图1-2-4）。包角的大小反映了带与带轮轮缘表面接触弧的长短。两带轮中心距越大，小带轮包角越大，带与带轮接触弧越长，带能传递的功率也越大；反之，带能传递的功率越小。为了使带传动可靠，一般要求小带轮包角不小于120°。

图 1-2-4　包角

5. 中心距 a

中心距是两带轮中心连线的长度（图1-2-4）。两带轮中心距增大，使带传动能力提高；但中心距过大，又会使整个传动结构不够紧凑，在高速时易使带发生振动，反而使带的传动能力下降。因此，两带轮中心距一般为 0.7~2（d_{d1} +

d_{d2}）。

6. 带速 v

带速太低，会造成摩擦阻力增大。带速太高，离心力又会使带与带轮间的压紧程度减少，传动能力降低，因此带速一般取 5~25m/s。

7. V 带的根数 Z

V 带根数过多，传递功率大，但受力会不均匀，所以带的根数一般应小于 7。

三、普通 V 带的标记与应用特点

1. 普通 V 带的标记

中性层：V 带绕带轮弯曲时，其长度和宽度均保持不变的层面。

基准长度 L_d：在规定的张紧力下，沿 V 带中性层量得的周长，又称为公称长度。

标记示例：

A-1400　GB/T 11544—1997

其中，A 为型号；1400 为基准长度，mm；GB/T 11544—1997 为标准编号。

2. 普通 V 带传动的应用特点

普通 V 带传动广泛应用于各种机械中，和其他传动形式相比具有以下特点：

1）结构简单，制造安装精度要求不高，使用维护方便，适用于两轴中心距较大的场合。

2）传动平稳，噪声低，有缓冲、吸振的作用。

3）在过载时，传动带在带轮上打滑，可以防止薄弱零件的损坏，起安全保护作用。

4）不能保证准确的传动比。

5）外廓尺寸大，传动效率低。

四、V 带传动的安装与维护及张紧装置

1. V 带传动的安装与维护

1）安装 V 带时，用大拇指将带按下 15mm 左右（图 1-2-5），带的张紧程度就达到合适状态。

2）安装 V 带时，两轮轴线要平行，两轮槽对称平面应重合，偏角误差小于 20′（图 1-2-6）。

图 1-2-5　大拇指按下位置

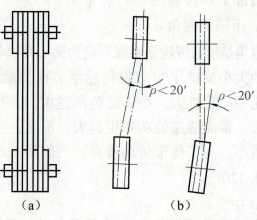

图 1-2-6　安装 V 带时两轮轴线的位置

（a）理想位置；（b）允许偏差

3）V带在轮槽内要有正确的位置。V带顶面应与带轮外缘表面平齐或略高一些，底面与槽底面应有一定间隙，如图1-2-7所示。

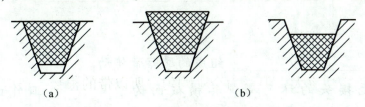

（a）　　　　　　　　　　（b）

图1-2-7　V带在轮槽内的位置

（a）正确位置；（b）错误位置

4）V带在使用过程中应定期检查并及时调整。

5）为了保证安全生产和V带清洁，应给V带传动加防护罩。

2. V带传动的张紧装置

V带常用的张紧方法有调整中心距法和采用张紧轮法，如表1-2-2所示。

表1-2-2　V带传动的张紧装置

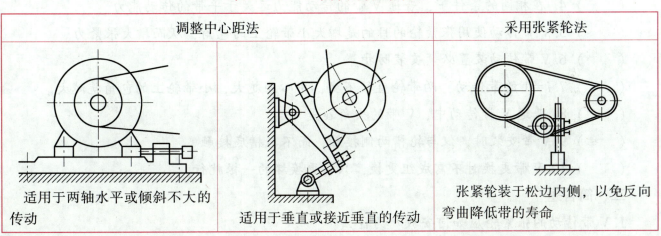

调整中心距法		采用张紧轮法
适用于两轴水平或倾斜不大的传动	适用于垂直或接近垂直的传动	张紧轮装于松边内侧，以免反向弯曲降低带的寿命

评价与分析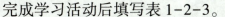

完成学习活动后填写表1-2-3。

表1-2-3　学习过程评价表

班级		姓名		学号		日期	
序号					配分	得分	总评
1	能准确说出V带的类型				25		A
2	能准确说出V带的主要参数				25		B
3	能准确说出V带的要求				20		C
4	能正确安装V带				30		D
小结与建议							

同步练习

一、填空题

1. V 带传动是由_____和_____组成的摩擦带传动。

2. V 带是一种无接头的环形带，其横截面为_____，工作面是与轮槽相接处的_____。

3. V 带带轮的常用结构有_____、_____、_____、_____。

4. 包角是指_____，一般要求小带轮包角大于等于_____。

二、判断题

（　　）1. 带传动一般属于啮合传动。

（　　）2. 一切摩擦传动的传动比都不准确。

（　　）3. 普通 V 带有七种型号，其传递功率能力，A 型 V 带最小，Z 型 V 带最大。

（　　）4. 在相同的条件下，普通 V 带的传动能力远大于平带的传动能力。

（　　）5. V 带传动使用张紧轮的目的是增大小带轮上的包角，从而增大张紧力。

（　　）6. V 带传动装置必须安装防护罩。

（　　）7. $i \neq 1$ 的带传动，两带轮直径不变，中心距越大，小带轮上的包角就越大。

（　　）8. 普通 V 带传动中，V 带的楔角 α 是 40°。

（　　）9. V 带安装时，仅与轮槽两侧接触，而不与槽底接触。

（　　）10. V 带更换时不需成组更换，只需更换坏的一根就行。

三、简答题

1. V 带传动的张紧轮应如何安放？为什么？

※2. 包角的大小对带传动有什么影响？

 ## 学习活动三   链传动

学习目标

1. 了解链传动的组成及工作原理。

2. 掌握链传动的类型。

3. 掌握链传动的应用特点。

一、链传动及其传动比

1. 链传动的组成及工作原理

链传动由主动链轮、链条和从动链轮组成，如图 1-3-1 所示。链传动通过链轮轮齿与链条的啮合力来传递运动和动力。

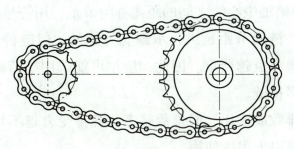

图 1-3-1　链传动的组成

2. 链传动的传动比

链传动的传动比是指主动链轮的转速 n_1 与从动链轮的转速 n_2 之比，即

$$i_{12} = \frac{n_1}{n_2} = \frac{z_2}{z_1} \qquad (1-3-1)$$

式中：n_1、n_2 为主、从动轮转速；z_1、z_2 为主、从动轮齿数。

按式（1-3-1）求得的传动比都是平均值，链传动的瞬时传动比不恒定。通常，链传动的传动比 $i \leqslant 6$。

二、链传动的常用类型

链传动的类型很多，按用途不同，可以分为传动链、输送链和起重链，如图 1-3-2 所示。

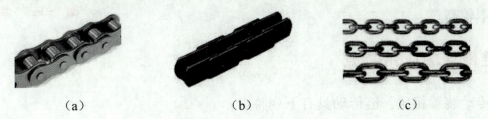

（a）　　　　　　　　　　（b）　　　　　　　　　　（c）

图 1-3-2　链传动的常用类型

（a）传动链；（b）输送链；（c）起重链

传动链主要用于一般机械中传递运动和动力，也可用于输送等场合。最常用的是滚子链和齿形链。

1. 滚子链（套筒滚子链）

（1）滚子链的结构

滚子链由内链板、外链板、销轴、套筒和滚子等组成，如图1-3-3所示。销轴和外链板、套筒和内链板分别采用过盈配合固定；而销轴与套筒、滚子与套筒之间则为间隙配合，保证链接屈伸时，内链板与外链板之间能相对转动。

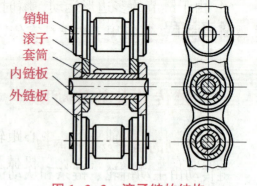

销轴
滚子
套筒
内链板
外链板

图1-3-3　滚子链的结构

（2）滚子链的主要参数

1）节距。链条相邻两销轴中心线之间的距离称为节距，用符号 P 表示。

节距是链的主要参数，链的节距越大，承载能力越强，但链传动的结构尺寸也会相应增大，传动的振动、冲击和噪声也越严重。因此，应尽可能选用小节距的链，高速、功率大时，可选用小节距的双排链或多排链。

滚子链的承载能力和排数成正比，但排数越多，各排受力越不均匀，所以排数不能过多，常用双排链或三排链，四排以上很少使用。

2）节数。滚子链的长度用节数来表示。为了使链条的两端便于连接，链节数应尽量选取偶数，以便连接时正好使内链板和外链板相接。链接头处可用开口销或弹簧夹锁定。当链节数为奇数时，链接头需采用过渡链节。

（3）滚子链的标记

滚子链是标准件，其标记为：链号-排数-链节数　标准编号。

标记示例：

08A　1　88　GB/T 1243—1997

其中，08A 为链号；1代表单排；88代表链节数为88节；GB/T 1243—1997 为标准编号。

2. 齿形链

齿形链又称无声链（图1-3-4），也属于传动链中的一种形式。和滚子链相比，其传动平稳性好、传动速度快、噪声较小、承受冲击性能较好，但结构复杂、装拆困难、质量较大、易磨损、成本较高。

图1-3-4　齿形链

三、链传动的应用特点

与其他传动装置相比，链传动具有下列特点：

1）与带传动相比，链传动能保持准确的平均传动比。

2）传动功率大，且张紧力小，作用在轴和轴承上的力小。

3）传动效率高，一般可达 0.95～0.98。

4）可用于两轴中心距较大的情况。

5）能在低速、重载和高温条件下，以及尘土飞扬、淋水、淋油等不良环境中工作。

6）由于链节的多边形运动，瞬时传动比是变化的，瞬时链速度不是常数，传动中会产生动载荷和冲击，不宜用于要求精密传动的机械上。

7）链条的铰链磨损后，链条节距变大，传动中链条容易脱落。

8）对安装和维护要求较高。

9）无过载保护作用。

链传动常用于两轴平行、中心距较远、传递功率较大且平均传动比要求准确的场合，在轻工机械、农业机械、石油化工机械及机床、汽车、摩托车、自行车灯的机械传动中得到了广泛应用。

评价与分析

完成学习活动后填写表 1-3-1。

表 1-3-1　学习过程评价表

班级		姓名		学号		日期	
序号				配分	得分	总评	
1	能准确说出链传动的类型			25		A	
2	能准确说出链传动的特点			25		B	
3	能准确说出链传动的组成			25		C	
4	能准确说出链传动在交通工具中的应用			25		D	
小结与建议							

同步练习

一、填空题

1. 链传动由_____、_____、_____组成。

2. 链传动按其用途不同，可以分为_____、_____和起重链三种。

3. 滚子链由内链板、外链板、_____、_____和_____等组成。

二、判断题

（　　）1. 链传动与齿轮传动均属啮合传动。

（　　）2. 链传动能保证准确的平均传动比，传动功率较大。

学习活动四　齿轮传动

学习目标

1. 掌握齿轮传动的特点。
2. 掌握齿轮传动的常用类型。
3. 掌握直齿圆柱齿轮的主要参数。
4. 了解直齿圆柱齿轮各部分的名称。
5. 掌握直齿圆柱齿轮几何尺寸的计算。

学习过程

　　齿轮传动是利用两齿轮的轮齿相互啮合来传递运动和动力的一种机械传动。齿轮在现代生产和生活中的应用非常广泛，如机械钟表、精密电子仪器仪表、机床的传动系统、汽车的变速器等。

一、齿轮传动的常用类型

　　根据轴的相对位置，齿轮传动可以分为两大类，即平面齿轮传动（两轴平行）与空间齿轮传动（两轴不平行）。

1. 平面齿轮传动

（1）按齿线形状分

　　根据齿线形状不同，平面齿轮传动可分为直齿圆柱齿轮传动、斜齿圆柱齿轮传动和人字齿斜齿圆柱齿轮传动，如图1-4-1所示。

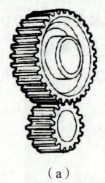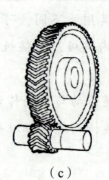

（a）　　　　　　　　　（b）　　　　　　　　　（c）

图1-4-1　按齿线形状分

（a）直齿圆柱齿轮传动；（b）斜齿圆柱齿轮传动；（c）人字齿斜齿圆柱齿轮

（2）按啮合形式分

根据啮合形式不同，平面齿轮传动可分为外啮合齿轮传动、内啮合齿轮传动和齿轮齿条传动，如图 1-4-2 所示。

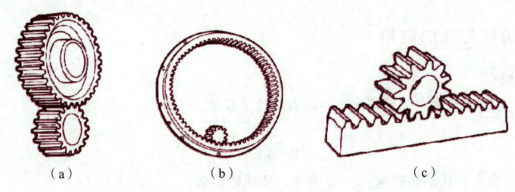

（a）　　　　　　（b）　　　　　　（c）

图 1-4-2　按啮合形式分

（a）外啮合齿轮传动；（b）内啮合齿轮传动；（c）齿轮齿条传动

2. 空间齿轮传动

（1）相交轴齿轮传动

相交轴齿轮传动可分为直齿圆锥齿轮传动和曲齿圆锥齿轮传动，如图 1-4-3 所示。

（a）　　　　　　　　　　（b）

图 1-4-3　相交轴齿轮传动

（a）直齿圆锥齿轮传动；（b）曲齿圆锥齿轮传动

（2）交错轴齿轮传动

交错轴齿轮传动可分为螺旋齿轮传动和蜗轮蜗杆传动，如图 1-4-4 所示。

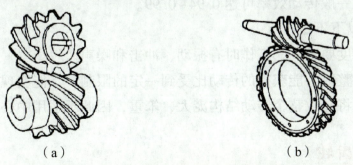

（a）　　　　　　　　　　（b）

图 1-4-4　交错轴齿轮传动

（a）螺旋齿轮传动；（b）蜗轮蜗杆传动

根据齿轮传动工作条件的不同，可将齿轮分为闭式齿轮和开式齿轮。前者齿轮副封闭在刚性箱体内，能保证良好的润滑；后者齿轮副外露，易受灰尘及有害物质侵袭，且不能保证良好的润滑。

二、齿轮传动的应用

1. 传动比

齿轮传动比与转速之比成正比，与齿数之比成反比。

$$i_{12} = \frac{n_1}{n_2} = \frac{z_2}{z_1} \qquad (1\text{-}4\text{-}1)$$

式中：n_1、n_2 为主、从动轮转速；z_1、z_2 为主、从动轮齿数。

【例 1-4-1】 一齿轮传动，已知主动轮齿轮转速 $n_1 = 960\text{r/min}$，齿数 $z_1 = 20$，从动轮齿数 $z_2 = 50$。试计算传动比 i 和从动轮转速 n_2。

解：由传动比公式 $i_{12} = \frac{n_1}{n_2} = \frac{z_2}{z_1}$ 可得

传动比 $i_{12} = \frac{z_2}{z_1} = \frac{50}{20} = 2.5$

从动轮转速 $n_2 = \frac{n_1}{i_{12}} = \frac{960}{2.5} = 384(\text{r/min})$

2. 应用特点

齿轮传动是现代机械中应用最广的一种机械传动形式，在工程机械、矿山机械、冶金机械、各种机床及仪器仪表中被广泛用来传递运动和动力。齿轮传动除传递回转运动外，还可把回转运动转变为直线往复运动（如齿轮齿条传动）。与其他传动装置相比，齿轮传动具有如下特点：

1）能保证瞬时传动比恒定，工作可靠性高，传递运动准确。

2）传递功率和圆周速度范围较宽。传递功率低至 1W（如仪表中的齿轮传动），高至 50000kW（如涡轮发动机的减速器），圆周速度达 300m/s。

3）结构紧凑，工作可靠，使用寿命长。

4）传动效率高，一般传动效率可达 0.94~0.99。

齿轮传动也存在以下不足：

1）制造和安装精度要求高，工作时有振动、冲击和噪声。

2）齿轮的齿数为整数，能获得的传动比受到一定的限制，不能实现无级变速。

3）中心距过大时将导致整个转动结构庞大、笨重，因此不适用中心距较大的场合。

三、直齿圆柱齿轮

1. 直齿圆柱齿轮各部分的名称及尺寸代号

直齿圆柱齿轮各部分的名称及尺寸代号如图 1-4-5 所示。

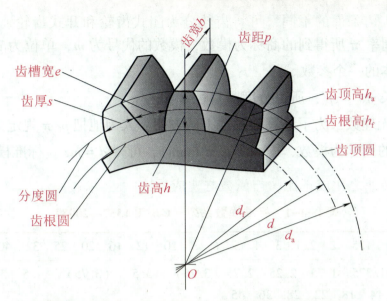

图 1-4-5 直齿圆柱齿轮各部分的名称及尺寸代号

1）齿顶圆：过轮齿顶部所在的圆称为齿顶圆，其直径用 d_a 表示。

2）齿根圆：齿槽底部所在的圆称为齿根圆，其直径用 d_f 表示。

3）分度圆：在齿顶圆和齿根圆之间规定的一个圆，作为计算齿轮各部分尺寸的基准，并把这个圆称为分度圆，其直径用 d 表示。注意：分度圆只是一个定义上的圆，实际在齿轮中并不存在。

4）齿厚：一个齿的两侧端面齿廓之间的分度圆弧长称为齿厚，用 s 表示。

5）齿槽宽：一个齿槽的两侧齿廓之间的分度圆弧长称为齿槽宽，用 e 表示。

6）齿距：两个相邻而同侧的端面齿廓之间的分度圆弧长称为齿距，用 p 表示，即

$$p = s + e$$

7）齿高：齿顶圆与齿根圆之间的径向距离称为齿高，用 h 表示。

8）齿顶高：齿顶圆与分度圆之间的径向距离称为齿顶高，用 h_a 表示。

9）齿根高：齿根圆与分度圆之间的径向距离称为齿根高，用 h_f 表示。

10）齿宽：沿齿轮轴线方向量得的齿轮宽度称为齿宽，用 b 表示。

2. 直齿圆柱齿轮的基本参数

直齿圆柱齿轮的基本参数有齿数 z、齿形角 α、模数 m、齿顶高系数 h_a^*、顶隙系数 c^* 五个。基本参数是齿轮各部分几何尺寸计算的依据。

（1）齿数 z

一个齿轮的轮齿总数即齿数。

（2）齿形角 α

就单个齿轮而言，在端平面上，过端面齿廓上任意一点的径向直线与齿廓在该点的切线所夹的锐角为该点的齿形角，用字母 α 表示。

通常所说的齿形角是指分度圆上的齿形角。国家标准规定，渐开线圆柱齿轮分度圆上的齿形角 $\alpha = 20°$。

（3）模数 m

齿距 p 除以圆周率 π 所得到的商称为模数，模数的代号为 m，单位为 mm。模数是齿轮几何尺寸计算中最基本的一个参数。

因为分度圆周长 $\pi d = zp$，所以分度圆直径 $d = zp/\pi$。

由于 π 为一个无理数，为了计算和制造上的方便，人为地把 p/π 规定为有理数，即齿距 p 除以圆周率 π 所得的商称为模数，即 $m = p/\pi$（mm），可得 $d = mz$。标准模数系列如表 1-4-1 所示。

表 1-4-1　标准模数系列（GB/T 1357—2008）　　　　　　（单位：mm）

第一系列	1　1.25　1.5　2　2.5　3　4　5　6　8　10　12　16　20　25　32　40　50
第二系列	1.125　1.375　1.75　2.25　2.75　（3.25）　3.5　（3.75）　4.5　5.5　（6.5）7　9　（11）　14　18　22　28　36　45

注：选取模数时应优先采用第一系列，括号内的模数尽可能不用。

齿数相等的齿轮，模数越大，齿轮尺寸就越大，轮齿也越大，承载能力越大。

（4）齿顶高系数 h_a^*

齿顶高与模数之比称为齿顶高系数，用 h_a^* 表示。标准直齿圆柱齿轮的齿顶高系数 $h_a^* = 1$。

（5）顶隙系数 c^*

当一对齿轮啮合时，为使一个齿轮的齿顶面不与另一个齿轮的齿槽底面相抵触，轮齿的齿根高应大于齿顶高，即应留有一定的径向间隙，称为顶隙，用 c 表示。

顶隙与模数之比称为顶隙系数，用 c^* 表示。标准直齿圆柱齿轮的顶隙系数 $c^* = 0.25$。

顶隙还可以存储润滑油，有利于齿面的润滑。

3. 标准直齿圆柱齿轮几何尺寸的计算

标准直齿圆柱齿轮采用标准模数 m，齿形角 $\alpha = 20°$，齿顶高系数 $h_a^* = 1$，顶隙系数 $c^* = 0.25$，端面齿厚 s 等于端面齿槽宽 e 的直齿圆柱齿轮。

标准直齿圆柱齿轮的几何尺寸代号和计算公式如表 1-4-2 所示。

表 1-4-2　标准直齿圆柱齿轮的几何尺寸代号和计算公式

名称	代号	计算公式	
		外啮合齿轮	内啮合齿轮
齿形角	α	标准齿轮为 20°	
齿数	z	通过传动比计算确定	
模数	m	通过计算或结构设计确定	
齿厚	s	$s = p/2 = \pi m/2$	
齿槽宽	e	$e = p/2 = \pi m/2$	
齿距	p	$p = \pi m$	

续表

名称	代号	计算公式	
		外啮合齿轮	内啮合齿轮
齿顶高	h_a	$h_a = h_a^* m = m$	
齿根高	h_f	$h_f = (h_a^* + c^*)m = 1.25m$	
齿高	h	$h = h_a + h_f = 2.25m$	
分度圆直径	d	$d = mz$	
齿顶圆直径	d_a	$d_a = d + 2h_a = m(z + 2)$	$d_a = d - 2h_a = m(z - 2)$
齿根圆直径	d_f	$d_f = d - 2h_f = m(z - 2.5)$	$d_f = d + 2h_f = m(z + 2.5)$
中心距	a	$a = (d_1 + d_2)/2 = m(z_1 + z_2)/2$	$a = (d_1 - d_2)/2 = m(z_1 - z_2)/2$

【例1-4-2】 某企业现有一标准直齿圆柱齿轮（外啮合齿轮），测得其齿顶圆直径 $d_a = 44$ mm，齿数 $z = 20$，试计算其模数、分度圆直径、齿根圆直径、齿距和齿高。

解： 先求出齿轮模数。

由式 $d_a = d + 2h_a = m(z + 2)$ 得

$$m = \frac{d_a}{z + 2} = \frac{44}{20 + 2} = 2(\text{mm})$$

将 m 代入各有关公式，得

$$d = mz = 2 \times 20 = 40(\text{mm})$$
$$d_f = d - 2h_f = m(z - 2.5) = 2 \times (20 - 2.5) = 35(\text{mm})$$
$$p = \pi m = 3.14 \times 2 = 6.28(\text{mm})$$
$$h = h_a + h_f = 2.25m = 2.25 \times 2 = 4.5(\text{mm})$$

4. 标准直齿圆柱齿轮正确啮合的条件

一对标准直齿圆柱齿轮能连续顺利地传动，需要各对轮齿依次正确啮合互不干涉。为保证传动时不出现两齿廓局部重叠或侧隙过大而引起的卡死或冲击现象，必须使两齿轮的基圆齿距相等，即 $p_{b1} = p_{b2}$，$m_1 \cos\alpha_1 = m_2 \cos\alpha_2$。

由于模数 m 和齿形角 α 均已标准化，标准直齿圆柱齿轮的正确啮合条件如下：

1）两齿轮的模数必须相等。

2）两齿轮分度圆上的齿形角必须相等，即 $\alpha_1 = \alpha_2$。

 评价与分析

完成学习过程后填写表1-4-3。

表1-4-3　学习过程评价表

班级		姓名		学号		日期	
序号				配分	得分	总评	
1	能准确说出齿轮的类型			25		A	
2	能准确说出齿轮传动的特点			25		B	
3	能准确说出直齿圆柱齿轮的主要参数			35		C	
4	能准确说出直齿圆柱齿轮正确啮合的条件			15		D	
小结与建议							

同步练习

一、填空题

1. 齿轮传动是利用两齿轮的轮齿相互_____来传递运动和动力的一种机械传动。

2. 根据齿线形状不同，平面齿轮传动可分为_____齿轮传动、_____齿轮传动和_____齿轮传动。

3. 根据啮合形式不同，平面齿轮传动可分为_____齿轮传动、_____齿轮传动和齿轮齿条传动。

4. 齿轮传动比与_____之比成正比，与_____之比成反比。

5. 齿轮传动能保证瞬时传动比_____，工作可靠性_____，传递运动_____。

6. 直齿圆柱齿轮基本参数有_____、_____、_____、齿顶高系数 h_a^*、顶隙系数 c^* 五个。

7. _____称为模数，模数的代号为_____，单位为_____。

8. 标准直齿圆柱齿轮的正确啮合条件是两齿轮的_____必须相等，两齿轮分度圆上的_____必须相等。

二、计算题

1. 已知一标准直齿圆柱齿轮的齿数 $z = 42$，齿顶圆直径 $d_a = 264$mm，试确定其分度圆直径 d、齿距 p 和齿高 h。

※2. 已知一标准直齿圆柱齿轮的齿距 $p = 25.12$mm，分度圆直径 $d = 416$mm，求该齿轮齿数 z 和齿顶圆直径 d_a。

学习活动五 蜗杆传动

 学习目标

1. 了解蜗杆传动的组成。
2. 掌握蜗杆传动的特点。
3. 掌握判定蜗杆回转方向的方法。

 学习过程

一、蜗杆传动的组成

蜗杆传动由蜗杆和蜗轮组成，通常由蜗杆（主动件）带动蜗轮（从动件）转动，并传递运动和动力，如图1-5-1所示。

蜗杆通常与轴合为一体，蜗轮常采用组合结构，如图1-5-2所示。

当一个齿轮作为一个交错轴齿轮副中的大齿轮而与配对蜗杆相啮合时，称为蜗轮。

图 1-5-1 蜗杆传动

图 1-5-2 蜗杆结构

二、蜗杆传动的特点

1. 传动比大

蜗杆传动用于动力传递时，传动比为10~30；用于一般传动时，传动比为8~60；用于分度机构时，传动比可达1000。

2. 传动平稳、噪声小

因为蜗杆与蜗轮齿的啮合是连续的，同时啮合的齿数较多，所以平稳性好。

3. 容易实现自锁

当蜗杆的螺旋角小于蜗杆副材料的当量摩擦角时，蜗杆传动具有自锁性，即只能由蜗杆带动蜗轮，而不能由蜗轮带动蜗杆。

4. 传动效率低

因为在传动中摩擦损失大，其效率一般为 0.7~0.8，具有自锁性传动时其效率一般为 0.4~0.5，故不适用于传递大功率和长期连续工作。

5. 成本较高

为了减少摩擦，蜗轮常用贵重的减摩材料（如青铜）制造，成本较高。

蜗轮回转方向的
判定方法

三、蜗轮回转方向的判定

1. 蜗杆或蜗轮旋向的判定

右手法则：手心对着自己，四指顺着蜗杆或蜗轮轴线方向摆正，若齿向与右手拇指指向一致，则该蜗杆或蜗轮为右旋，反之为左旋，如图 1-5-3 所示。

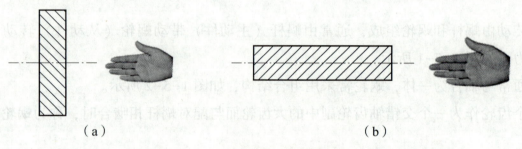

（a）　　　　　　　　　　　　　　　（b）

图 1-5-3　蜗杆或蜗轮旋向的判定

（a）右旋蜗杆；（b）左旋蜗杆

2. 蜗轮回转方向的判定

左、右手法则：左旋蜗杆用左手，右旋蜗杆用右手，用四指弯曲表示蜗杆的回转方向，拇指伸直代表蜗杆轴线，则拇指所指方向的相反方向即为蜗轮上啮合点的线速度方向，如图 1-5-4 所示。

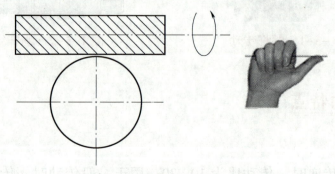

图 1-5-4　蜗轮回转方向的判定

评价与分析

完成学习过程后填写表1-5-1。

表1-5-1 学习过程评价表

班级		姓名		学号		日期	
序号				配分	得分	总评	
1	能准确说出蜗轮蜗杆传动的组成			25		A	
2	能准确说出蜗轮蜗杆传动的特点			50		B C	
3	能准确判断蜗轮的旋向			25		D	
小结与建议							

同步练习

一、填空题

1. 蜗杆传动由_____和_____组成，通常由_____（主动件）带动_____（从动件）转动，并传递运动和动力。

2. 蜗杆通常与_____合为一体，蜗轮常采用组合结构。

二、判定题

判定图1-5-5中蜗轮、蜗杆的回转方向或螺旋方向。

判定蜗轮n_2回转方向

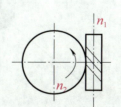
判定蜗杆n_1回转方向

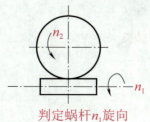
判定蜗杆n_1旋向

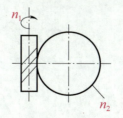
判定蜗轮n_2回转方向

图1-5-5 判定题图

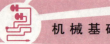

学习活动六　轮　　系

1. 掌握轮系的类型。
2. 掌握轮系的特点。
3. 掌握轮系的应用。

学习过程

由两个相互啮合的齿轮组成的齿轮副是齿轮传动中最简单的形式。在实际工作中，有时为了获得较大的传动比，或将主动轴的一种转速变换为从动轴的多种转速，或需改变从动件的回转方向，往往采用一系列相互啮合的齿轮，将主动轴和从动轴连接起来组成传动。

这种由一系列相互啮合的齿轮组成的传动系统称为轮系，如图1-6-1所示。

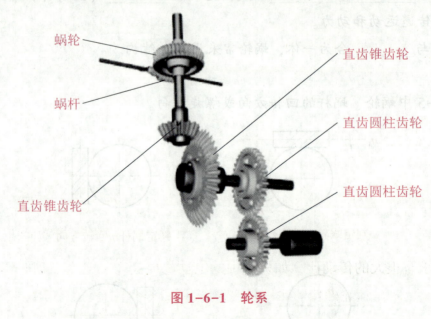

图1-6-1　轮系

一、轮系的分类

按轮系传动时各齿轮的几何轴线在空间的相对位置是否固定，轮系可分为定轴轮系和周转轮系两大类。

1. 定轴轮系

传动时，轮系中各齿轮的几何轴线位置都是固定的轮系称为定轴轮系，又称普通轮系，如图1-6-2所示。

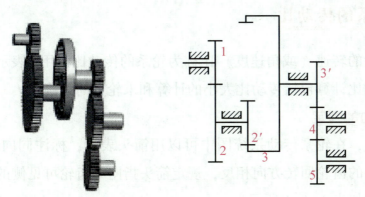

图1-6-2 定轴轮系

2. 周转轮系

传动时，轮系中至少有一个齿轮的几何轴线位置不固定，而是绕另一个齿轮的固定轴线回转，这种轮系称为周转轮系，如图1-6-3所示。

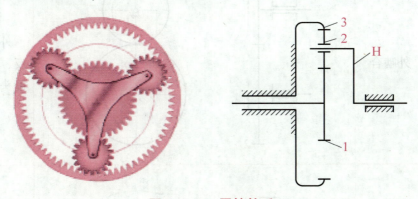

图1-6-3 周转轮系

二、轮系的应用特点

1. 可以获得很大的传动比

很多机械要求有很大的传动比，如机床中的电动机转速很高，而主轴的转速有时要求很低才能满足切削要求，一对齿轮的传动比只能达到3~5，若采用轮系，则可以达到很大的传动比。

2. 可以作较远距离的传动

当两轴中心距较远时，若仅用一对齿轮传动，势必将齿轮做得很大，结构不合理，而采用轮系传动，则结构紧凑、合理。

3. 可以实现变速、变向的要求

一般机器为了适应各种工作需要，多采用轮系组成各种机构，将转速分为多级进行变换，并能改变转动方向。

4. 可以合成或分解运动

采用周转轮系可以将两个独立运动合成一个运动，或将一个运动分解为两个独立运动。

三、定轴轮系的传动比

轮系中首末两轮的转速（或角速度）比称为轮系的传动比，用 i 表示。

定轴轮系的传动比计算包括传动比大小的计算和末轮方向的确定。

1. 定轴轮系方向的判定

齿轮的回转方向，在轮系传动系统图中可以用箭头表示，标注同向箭头的齿轮回转方向相同，标注反向箭头的齿轮回转方向相反，规定箭头指向为齿轮可见侧的圆周速度方向。

齿轮的方向标注如表 1-6-1 所示。

表 1-6-1　齿轮的方向标注

		运动结构简图	转向标注
圆柱齿轮传动	外啮合	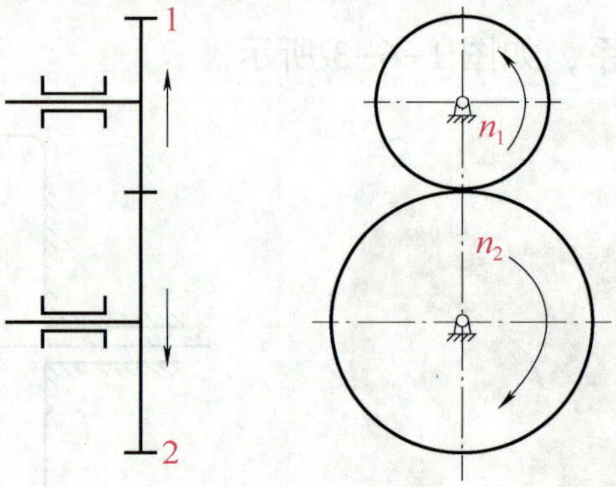	外啮合齿轮的转向相反，画两方向相反的箭头
	内啮合	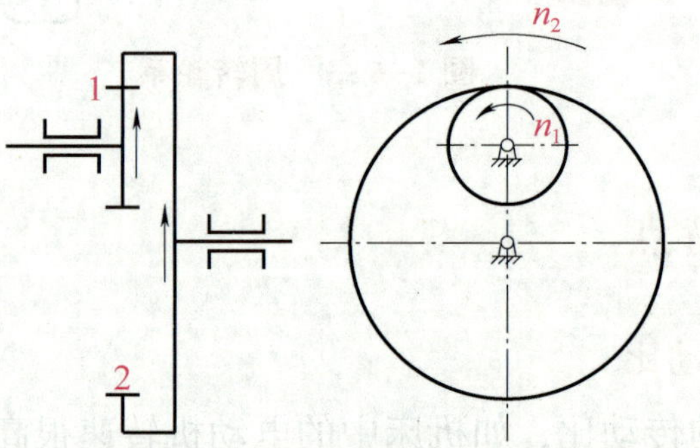	内啮合齿轮的转向相同，画两方向相同的箭头
锥齿轮传动		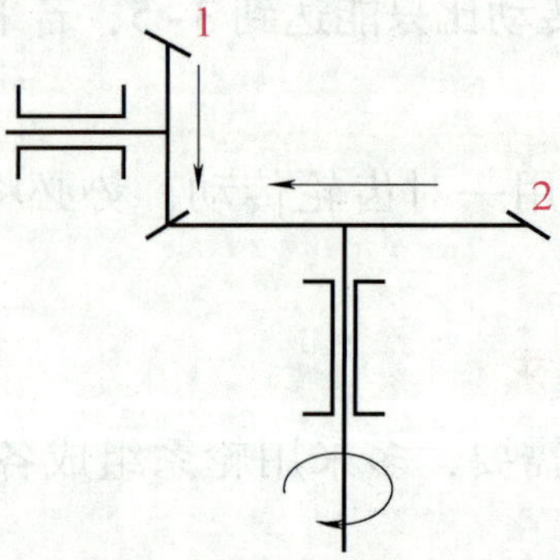	两箭头同时指向或同时背离啮合点

2. 定轴轮系传动比的计算

如图1-6-4所示定轴轮系的传动比 i 等于各级齿轮副传动比的连乘积，即

$$i = i_{12}i_{23}i_{45}i_{67}i_{89} = \frac{n_1}{n_2}\frac{n_2}{n_3}\frac{n_4}{n_5}\frac{n_6}{n_7}\frac{n_8}{n_9}$$

$$= \left(-\frac{z_2}{z_1}\right)\left(-\frac{z_3}{z_4}\right)\left(+\frac{z_5}{z_6}\right)\left(-\frac{z_7}{z_8}\right)\left(-\frac{z_9}{z_8}\right) \tag{1-6-1}$$

$$= (-1)^4 \frac{z_3 z_5 z_7 z_9}{z_1 z_4 z_6 z_8}$$

式（1-6-1）说明轮系的传动比等于轮系中所有从动轮齿数的连乘积与所有主动轮齿数的连乘积之比。

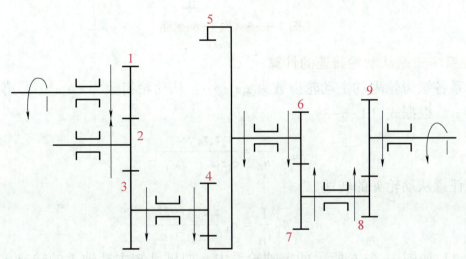

图1-6-4　定轴轮系中齿轮转向的标注

根据式（1-6-1），定轴轮系传动比的一般公式如下：

$$i = (-1)^m \frac{\text{各级齿轮副中从动齿轮齿数的连乘积}}{\text{各级齿轮副中主动齿轮齿数的连乘积}} \tag{1-6-2}$$

式中：m 为轮系中外啮合圆柱齿轮副的数目。

关于齿轮的转向，应注意以下几点：

1）在式（1-6-2）中，$(-1)^m$ 在计算中表示轮系首末两轮回转方向的异同，计算结果为正，两轮回转方向相同；计算结果为负，两轮回转方向相反。

2）当定轴轮系中有锥齿轮副、蜗杆副时，各级传动轴不一定平行，不能使用 $(-1)^m$ 来确定末轮的回转方向，而只能使用标注箭头的方法。传动比的计算公式可改写成

$$i = \frac{\text{各级齿轮副中从动齿轮齿数的连乘积}}{\text{各级齿轮副中主动齿轮齿数的连乘积}} \tag{1-6-3}$$

【例1-6-1】图1-6-5所示的定轴轮系，已知各齿轮的齿数分别为 $z_1 = 20$，$z_2 = 40$，$z_3 = 20$，$z_4 = 100$，$z_5 = 30$，$z_6 = 20$，$z_7 = 30$，求轮系的传动比 i_{17}。

解：由式（1-6-2）得

$$i_{17} = (-1)^3 \frac{z_2 z_4 z_6 z_7}{z_1 z_3 z_5 z_6}$$

$$= (-1)^3 \frac{40 \times 100 \times 20 \times 30}{20 \times 20 \times 30 \times 20} = -10$$

"−"表示首末两轮的方向相反。

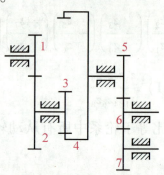

图1-6-5　例1-6-1图

3. 定轴轮系中任意从动轮转速的计算

设定轴轮系各级齿轮副的主动轮齿数为 $z_1 z_3 z_5 \cdots$，从动轮齿数为 $z_2 z_4 z_6 \cdots$，第 k 个齿轮为从动轮，齿数为 z_k。根据式（1-6-3）

$$i_{1k} = \frac{n_1}{n_k} = \frac{z_2 z_4 z_6 \cdots z_k}{z_1 z_3 z_5 \cdots z_{k-1}}$$

则定轴轮系中任意从动轮 k 的转速

$$n_k = n_1 \frac{1}{i_{1k}} = n_1 \frac{z_1 z_3 z_5 \cdots z_{k-1}}{z_2 z_4 z_6 \cdots z_k} \tag{1-6-4}$$

【例1-6-2】如图1-6-6所示的定轴轮系中，如果已知主动轴 I 的转速 $n_1 = 1000\text{r/min}$，各齿轮齿数 $z_1 = 1$，$z_2 = 40$，$z_3 = 18$，$z_4 = 54$，$z_5 = 24$，$z_6 = 32$，试计算轴 IV 的转速。

解：图示可以看出，轴 IV 的转速等于齿轮6的速度，根据式（1-6-4）得

$$n_k = n_1 \frac{z_1 z_3 z_5 \cdots z_{k-1}}{z_2 z_4 z_6 \cdots z_k} n_6 = n_1 = \frac{z_1 z_3 z_5}{z_2 z_4 z_6} = 1000 \frac{1 \times 18 \times 24}{40 \times 54 \times 32} = 6.25(\text{r/min})$$

因为轴 IV 的转速等于齿轮6的速度，得出结论轴 IV 的转速为6.25r/min。

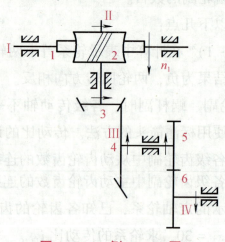

图1-6-6　例1-6-2图

评价与分析

完成学习过程后填写表1-6-2。

表1-6-2　学习过程评价表

班级		姓名		学号		日期	
序号				配分	得分	总评	
1	能准确说出轮系的类型			25		A	
2	能准确说出轮系的特点			25		B	
3	能准确判定定轴轮系的方向			25		C	
4	能准确计算定轴轮系的传动比和任意从动轮的转速			25		D	
小结与建议							

同步练习

一、填空题

1. 由一系列相互啮合的齿轮组成的传动系统称为_____。

2. 按传动时各齿轮的_____在空间的相对位置是否固定，可将轮系分为_____和_____两大类。

3. 定轴轮系的传动比是指轮系中_____的转速与_____的转速之比。

4. 轮系中的惰轮只改变从动轮的_____，而不改变主动轮与从动轮的_____大小。

5. 周转轮系由_____、_____和_____三种基本构件组成。

二、计算题

1. 图1-6-7所示定轴轮系中，已知$n_1 = 1440 \text{r/min}$，各齿轮齿数分别为$z_1 = z_3 = z_6 = 18$，$z_2 = 27$，$z_4 = z_5 = 24$，$z_7 = 81$，试求末轮7的转速n_7，并用箭头在图上标明各齿轮的回转方向。

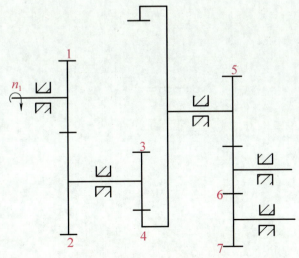

图1-6-7　计算题图1

2. 图 1-6-8 所示定轴轮系中，已知 $z_1 = 24$，$z_2 = 28$，$z_3 = 20$，$z_4 = 60$，$z_5 = 20$，$z_6 = 20$，$z_7 = 28$，设齿轮 1 为主动件，齿轮 7 为从动件。试求轮系的传动比 i_{17}，并根据齿轮 1 的回转方向判定齿轮 7 的回转方向。

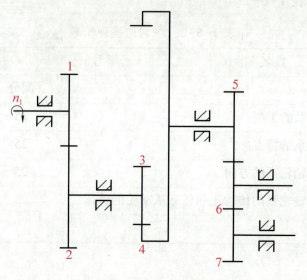

图 1-6-8 计算题图 2

※3. 图 1-6-9 所示定轴轮系中，已知 $z_1 = 30$，$z_2 = 60$，$z_3 = 20$，$z_4 = 40$，$z_5 = 1$，$z_6 = 40$，$n_1 = 1000 \text{r/min}$。试求轮系传动比 I_{16}，并计算轮 6 的转速大小和判断各轮的转向。

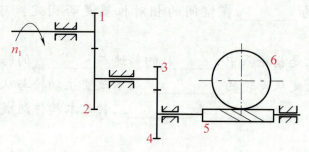

图 1-6-9 计算题图 3

常用连接装置

机械连接是利用力学原理将两个（种）机械零件连成一个复杂零件或部件，以实现相互位置固定或能量传递的过程。工程设备、汽车制造、物联网设备等领域的相关机械设备都要通过合理的机械连接方式和装置才能实现其设计功能。

学习活动一　键　连　接

学习目标

1. 了解键的类型。
2. 掌握各类型键的使用特点。
3. 掌握键的选择相关知识。

学习过程

键（图 2-1-1）是一种标准件，通过机械加工而成，通常用于连接轴与轴上旋转零件和摆动零件，周向固定轴上零件以传递旋转运动和转矩，部分类型的键也可以起单向轴向固定零件或用作轴上移动的导向装置。

图 2-1-1　键

键的类型

一、键的类型

根据键在机械连接中发挥的作用不同，通常将键分为平键、半圆键、楔键三类。

1. 平键

平键因上下两个面互相平行而得名。根据其用途不同，分为普通平键、导向型平键、滑键和薄型平键，如图 2-1-2 所示；根据其结构不同，分为圆头平键（A 型）、平头键（B 型）和单圆头平键（C 型）。

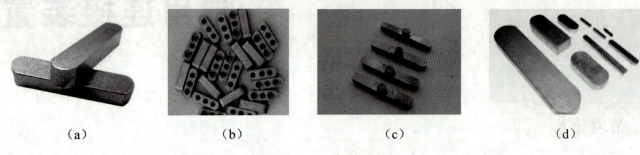

（a）　　　　　　　（b）　　　　　　　（c）　　　　　　　（d）

图 2-1-2　各种平键

（a）普通平键；（b）导向型平键；（c）滑键；（d）薄型平键

2. 半圆键

半圆键（图 2-1-3）俗称月牙键，是一种上表面为平面、下表面为半圆形弧面、两侧面为平行平面的键。

图 2-1-3　半圆键

3. 楔键

楔键是依靠上下表面工作的键。根据其结构和作用不同，分为普通楔键（图 2-1-4）和钩头楔键（图 2-1-5）两类。普通楔键上表面有 1∶100 的斜度，其他表面均为平面；钩头楔键区别于普通楔键的是，在键的大尺寸端设置了带 45°斜面的钩状键头，以便于拆卸作业。两个普通楔键配合可组成切向键。

图 2-1-4　普通楔键　　　　　　　**图 2-1-5　钩头楔键**

二、键的特点

1. 平键

1）普通平键的下半部分装在轴上的键槽中，上半部分装在轮毂的键槽中。键的顶面与轮毂之间有少量间隙，依靠两个侧面与键槽侧面的挤压来传递转矩，其对中性好，定位精度高，拆装方便，但无法实现轴上零件的轴向固定。平键是应用最广泛的一类键，适用于高精度、高速或承受变载、冲击的场合。

2）导向型平键是一种较长的平键，依靠螺钉键固定在轴上，键与轮毂键槽为间隙配合，轴上的零件可以依靠键导向沿轴移动。为了拆卸键的方便，设有起键螺钉孔，以便拧入螺钉使键退出键槽。该种键常用于轴上零件轴向移动量不大的场合，如变速箱中的滑移齿轮。

3）滑键固定在轮毂上，工作时与轮毂一起沿轴上的键槽移动，当零件需滑移的距离较大时，因所需导向型平键的长度过大，制造困难，故宜采用滑键。

4）薄型平键的高度为普通平键的 60%～70%，传递转矩较小，常用于薄壁结构、空心轴以及一些径向尺寸受限制的场合。

2. 半圆键

半圆键的工作表面为两个侧面，靠侧面来传递转矩，与平键一样具有良好的对中性，易加工，安装方便。其形似半圆，在轴槽中能绕槽底面曲率中心摆动，因此能自动适应轮毂键槽底面的倾斜。但轴上键槽较深，削弱了轴的强度，一般只在受力较小的部位采用。半圆键常用于锥形轴端的连接，如一个带锥度的轴头，通过半圆键的连接带动普通 A 型带轮转动。

3. 楔键

楔键的上下表面和与它相配合的轮毂键槽底面均有 1:100 的斜度，装配时需靠一定外力打入，使其上下表面受力挤压，以产生很大的预紧力，工作时靠挤压产生的摩擦力传递转矩，并能承受单方向的轴向力。缺点是会迫使轴和轮毂产生偏心。楔键适用于对定心精度要求不高、载荷平稳、转速较低的场合，其中钩头楔键用于不能从另一端将键打出的场合，钩头一般需加保护罩予以保护。

三、键的选择

键一般采用抗拉强度极限小于 600MPa 的碳钢制造，通常用 45 钢制造。键的选择包括类型选择和尺寸选择两个方面。

（1）类型选择

键的类型根据键连接的结构、使用特点及工作条件来选择。主要考虑的因素包括：键在连接中发挥的作用，如其在连接中起到传递转矩或导向作用；传递转矩的大小；轴上零件沿轴向是否有移动及移动距离的大小；连接的对中性要求；键在轴上的位置，如安装在轴的端部或是中部等。

（2）尺寸选择

键的尺寸由宽度 b、高度 h 和长度 L 三个参数组成。其中：宽度 b 和高度 h 可根据轴的公称直径在标准中查得，长度 L 一般按轮毂宽度结合标准系列尺寸参数选取，要求键长比轮毂略短 5~10mm；导向平键应按轮毂的长度及滑动距离而定。表 2-1-1 节选了《普通型　平键》（GB/T 1096—2003）中部分平键连接的尺寸参数。

表 2-1-1　普通平键的尺寸与公差　　　　　（单位：mm）

宽度 b	基本尺寸	2	3	4	5	6	8	10	12	14	16	18	20	22
	极限偏差（h8）	0 −0.014		0 −0.018			0 −0.022		0 −0.027				0 −0.033	

高度 h		基本尺寸	2	3	4	5	6	7	8	8	9	10	11	12	14
	极限偏差	矩形（h11）	—							0 −0.090				0 −0.110	
		方形（h8）	0 −0.014			0 −0.018		—					—		

倒角或倒圆 s	0.16~0.25	0.25~0.40	0.40~0.60	0.60~0.80

长度 L

基本尺寸	极限偏差（h14）	2	3	4	5	6	7	8	8	9	10	11	12	14
6	0 −0.36			—	—	—	—	—	—	—	—	—	—	—
8				—	—	—	—	—	—	—	—	—	—	—
10				—	—	—	—	—	—	—	—	—	—	—
12				—	—	—	—	—	—	—	—	—	—	—
14	0 −0.43													
16														
18														
20														
22	0 −0.52		—	标准									—	—
25			—										—	—
28			—										—	—
32			—										—	—
36			—										—	—
40	0 −0.62		—										—	—
45							长度							
50			—	—	—							—	—	

长度L		1	2	3	4	5	6	7	8	9	10	11	12	13
基本尺寸	极限偏差（h14）													
56		—	—	—										—
63	0	—	—	—	—									
70	−0.74	—	—	—										
80		—	—	—	—	—								
90	0	—	—	—	—	—					范围			
100	−0.87	—	—	—	—	—	—							
110		—	—	—	—	—	—							
125		—	—	—	—	—	—	—						
140	0	—	—	—	—	—	—	—						
160	−1.00	—	—	—	—	—	—	—	—					
180		—	—	—	—	—	—	—	—	—				
200	0	—	—	—	—	—	—	—	—	—	—			
220	−1.15	—	—	—	—	—	—	—	—	—	—	—		
250		—	—	—	—	—	—	—	—	—	—	—	—	—

宽度b	基本尺寸	25	28	32	36	40	45	50	56	63	70	80	90	100
	极限偏差（h8）	0 −0.033				0 −0.039				0 −0.046			0 −0.054	

高度h		基本尺寸	14	16	18	20	22	25	28	32	32	36	40	45	50
	极限偏差	矩形（h11）	0 −0.110				0 −0.130				0 −0.160				
		方形（h8）	—				—				—				

倒角或倒圆s	0.16~0.25	0.25~0.40	0.40~0.60	0.60~0.80

长度L														
基本尺寸	极限偏差（h14）													
70	0		—	—	—	—	—	—	—	—	—	—		
80	−0.74		—	—	—	—	—	—	—	—	—	—	—	—

续表

基本尺寸	极限偏差（h14）											
90	0 −0.87			—	—	—	—	—	—	—	—	—
100					—	—	—	—	—	—	—	—
110					—	—	—	—	—	—	—	—
125						—	—	—	—	—	—	—
140	0 −1.00						—	—	—	—	—	—
160		标准						—	—	—	—	—
180									—	—	—	—
200	0 −1.15									—	—	—
225											—	—
250			长度									
280	0 −1.30											
320	0 −1.40	—										
360		—	—			范围						
400		—	—	—								
450	0 −1.55	—	—	—	—	—						
500		—	—	—	—	—	—					

评价与分析

完成学习过程后填写表 2-1-2。

表 2-1-2　学习过程评价表

班级		姓名		学号		日期	
序号			配分	得分		总评	
1	能准确说出键的类型		25			A	
2	能准确说出各种类型键的特点		25			B	
3	能准确说出键的类型选择的具体内容		25			C	
4	能准确说出键的尺寸选择的具体内容		25			D	
小结与建议							

同步练习

一、填空题

1. 键是一种_____零件。

2. 根据在机械连接中发挥的作用不同，键通常分为_____、_____和_____三类。

3. 根据结构不同，平键的种类有_____、_____和_____。

4. 键的选择包括_____和_____两个方面。

5. 靠上下两个表面作为工作面，并利用摩擦力传递转矩的键是_____。

二、选择题

1. 一般采用（　　）加工 B 型普通平键的键槽。

A. 指状铣刀　　　　　B. 盘型铣刀　　　　　C. 插刀　　　　　D. 车刀

2. 薄型平键的高度为普通平键的（　　）。

A. 20%～30%　　　　B. 40%～50%　　　　C. 60%～70%　　　　D. 80%～90%

3. 键一般采用抗拉强度极限小于 600MPa 的碳钢制造，通常用（　　）制造。

A. 低碳钢　　　　　B. 中碳钢　　　　　C. 高碳钢　　　　　D. 合金钢

4. GB/T 1096—2003 中，20×12 表示（　　）。

A. 键宽×轴径　　　　B. 键高×轴径　　　　C. 键宽×键长　　　　D. 键宽×键高

5. 可实现轴上零件轴向少量移动的平键是（　　）。

A. 普通平键　　　　B. 导向型平键　　　　C. 滑键　　　　D. 薄型平键

※三、综合题

现有一台柴油内燃机，由于其飞轮与连接轴间的 A 型平键失效无法正常工作，需重新购买键进行更换。经测量，该内燃机传动轴公称直径为 58mm，飞轮外径尺寸为 380mm，飞轮厚度为 50mm。请根据 GB/T 1096—2003 查询需选购键的尺寸规格。

学习活动二　键连接的类型、特点及装配要点

学习目标

1. 掌握键连接的类型及特点。

2. 了解键连接的装配要点。

3. 了解键连接中键的失效形式。

键连接是一种可拆卸的连接方法，广泛用于机械的轴与轴上零件连接。连接分为可拆卸连接与不可拆卸连接。其中，不可拆卸连接包括折边连接、铆钉连接、黏结连接和焊接连接等，可拆卸连接包括键连接、螺纹连接、卡扣连接、铰链连接和销连接等。

一、键连接的类型及特点

　　根据键的结构形式，键连接可分为平键连接、半圆键连接、楔键连接和切向键连接四种形式。根据键的装配特点，键连接可以分为松键连接、紧键连接和花键连接三大类。其中，松键连接有普通平键、导向平键和半圆键，紧键连接有楔键链接和切向键连接。

1. 平键连接

　　平键连接（图2-2-1）依靠键的两个侧面与键槽侧面贴合构成松连接，靠键与键槽间的压力传递转矩。平键连接一般用于高速、高精度和承受变载、冲击的场合，能实现轴上零件的周向定位。普通平键连接用于带动轮毂零件周向运动，是一种静连接。导向平键连接可用于轴向移动，具体情形有两种：其一为键固定在轴上，轮毂沿着键移动；其二为滑键固定在轮毂上，键随着轮毂一同沿着轴上键槽移动。导向平键和滑键属于动连接。

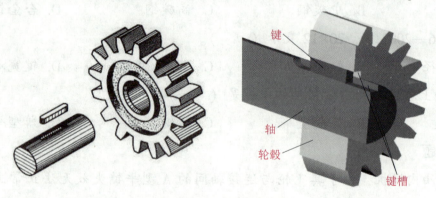

图 2-2-1　平键连接

2. 半圆键连接

　　半圆键连接（图2-2-2）与平键连接方式基本相同，但较平键连接拆装容易。由于半圆键适应斜度性能好，其连接形式尤其适用带锥度轴与轮毂连接。其缺点是削弱了轴的强度，一般只在受力较小的部位采用。

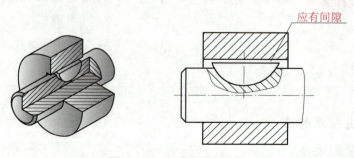

图 2-2-2　半圆键连接

3. 楔键连接

楔键连接（图2-2-3）是依靠楔键的上下两面作为工作面的连接形式，装配时需打入以形成紧键连接。由于其连接面有较大的预紧力，工作时可以靠摩擦力传递转矩，并能承受单方向的轴向力。但是由于其安装过程中会迫使轴和轮毂产生偏心，该类连接形式仅适用于对定心要求不高、载荷平稳和低速的连接。

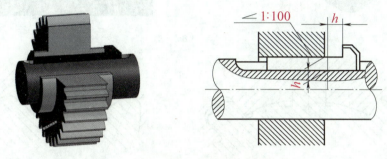

图 2-2-3　楔键连接

4. 切向键连接

切向键连接（图2-2-4）由两个斜度为1∶100的楔键组成。其上下两面（窄面）为工作面，其中一个面在通过轴心线的平面内。工作面上的压力沿轴的切线方向作用，能传递很大的转矩。一个切向键只能传递一个方向的转矩，传递双向转矩时，须用互成120°~130°角的两个键。切向键连接一般用于载荷很大、对中要求不严的场合。由于键槽对轴削弱较大，切向键连接常用于直径大于100mm的轴上，如大型带轮及飞轮、矿用大型绞车的卷筒及齿轮等与轴的连接。

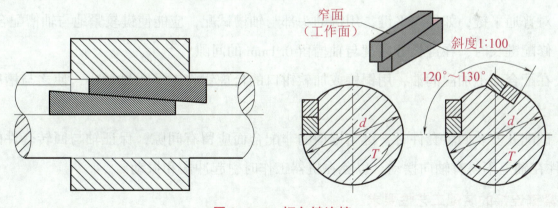

图 2-2-4　切向键连接

5. 花键连接

花键连接（图2-2-5）是由内花键和外花键组成的一种键连接形式。其中，内、外花键均为多齿零件，在内圆柱表面上的花键为内花键，在外圆柱表面上的花键为外花键。键齿侧面是工作面，靠键齿侧面的挤压来传递转矩。花键连接具有较高的承载能力，定心精度高，导向性能好，可实现静连接或动连接，因此在飞机、汽车、拖拉机、机床和农业机械中得到广泛的应用。花键连接已标准化，按齿形不同，分为矩形花键和渐开线花键两种。

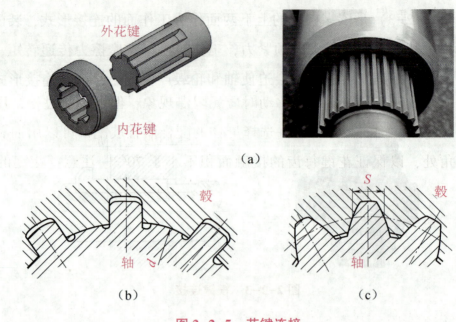

图 2-2-5　花键连接

（a）花键结构及连接；（b）矩形花键连接；（c）渐开线花键连接

二、键连接的装配工艺性要求

1. 松键连接的装配工艺性要求

1）清理键及键槽上的毛刺，保证键与键槽能精密贴合。

2）对重要的键连接，装配前要检查键的直线度和键槽对轴线的对称度及平行度等。

3）对普通平键，如导向平键，用键的头部与轴槽试配，应能使键较紧地与轴槽配合。

4）修配键长时，在键长方向键与轴槽留 0.1mm 的间隙。

5）在配合面上加湿润油，用铜棒或加软钳口的台虎钳将键压入轴槽中，使之与槽底良好接触。

6）试配并安装回转套件时，键与键槽的非配合面应留有间隙，保证轴与回转套件的同轴度，套件在轴上不得有轴向摆动，以免在机器工作时引起冲击和振动。

2. 紧键连接的装配工艺性要求

紧键连接装配时，首先要清理键及键槽上的毛刺，装配时要用涂色法检查楔键上下表面与轴槽、轮毂槽的接触状况，一般要求接触率大于 65%，若接触不良，可用锉刀或刮刀修整键槽，接触合格后，用软锤将楔键轻敲入键槽，直至套件的周向、轴向都可靠紧固。

3. 花键连接的装配工艺性要求

花键连接可以按集中方式分类。其中，按花键工作方式可以分为过盈连接和间隙连接两种。

过盈连接花键副上的套件应在花键轴上轴向固定，故应保证配合后有少量的过盈量。装配时可用软锤轻轻打入，但不能过紧，以防止拉伤配合表面。如果过盈量较大，可先将套件加热至80℃～120℃，再进行装配。

间隙连接花键副的套件可以在花键轴上自由滑动，应保证精确的间隙配合。试装时用周向调换键齿的配合位置，各位置沿轴向移动时应无阻滞现象，但也不能过松，用手摆动套件时，不应感觉到有明显的周向间隙。允许选择最佳的配合位置装配，可以用油石或细锉修整花键的两侧或尖角处，以保证花键每齿的接触面积不小于70%。注意：花键的定心面不得修整。

装配后的花键副应检查花键轴与被连接零件的同轴度和垂直度。

三、键连接中键的失效形式

键连接常见的失效形式有较弱零件工作面被压溃（静连接）、磨损（动连接）、键的剪断（一般极少出现）。

评价与分析

完成学习过程后填写表2-2-1。

表2-2-1　学习过程评价表

班级		姓名		学号		日期	
序号				配分	得分	总评	
1	能准确说出键连接的类型			25		A	
2	能准确说出各种类型键连接的特点			25		B	
3	能准确说出键连接的装配工艺性要求			25		C	
4	能准确说出键连接中键的失效形式			25		D	
小结与建议							

同步练习

一、填空题

1. 键连接是一种_____连接方法，广泛用于机械的轴与轴上零件连接。

2. 根据装配特点，键连接可以分为_____、_____和_____三大类。

3. 花键连接是由＿＿＿＿＿＿＿和＿＿＿＿＿＿组成的一种键连接形式。

4. ＿＿＿＿＿＿键连接既可传递转矩，又可承受单向轴向载荷。

5. 键的失效形式中静连接的失效形式是＿＿＿＿＿＿，动连接的失效形式是＿＿＿＿＿＿。

二、选择题

1. 为了保证键连接系统的强度，两个切向键最后布置成（　　　）。

A. 在轴的同一母线上
B. 80°~90°
C. 120°~130°
D. 170°~180°

2. 能构成紧连接的两种键是（　　　）。

A. 楔键和半圆键
B. 半圆键和切向键
C. 平键和楔键
D. 楔键和切向键

3. 设计键连接时，键的截面尺寸 $b \times h$ 通常根据（　　　）由标准中选择。

A. 传递力矩的大小
B. 传递功率的大小
C. 轴的直径
D. 轴的长度

4. 松键装配中修配键长时，在键长方向键与轴槽留（　　　）的间隙。

A. 0.01mm
B. 0.1mm
C. 1mm
D. 10mm

5. 由于键槽对轴的削弱作用较大，切向键常用于直径大于（　　　）的轴上。

A. 20mm
B. 50mm
C. 100mm
D. 500mm

※三、简答题

1. 常用普通平键有哪几种类型？其适用场合分别有哪些？

2. 试述平键连接和楔键连接的工作原理及特点。

3. 试述紧键连接的装配工艺性要求。

学习活动三　销的类型、特点及选择

学习目标

1. 了解销的类型。

2. 掌握各类型销的特点。

3. 掌握销的选用相关知识。

销是一种标准件，形状和尺寸都已标准化、系列化，主要用于机械零部件间的定位、连接、锁定等，在机械结构和装配过程中经常使用。

一、销的类型

根据销在机械连接中发挥作用的不同，销的类型有圆柱销、圆锥销、带孔销、开口销和安全销等。

1. 圆柱销

圆柱销（图 2-3-1）的整体形态呈圆柱状。根据其适用要求和结构的不同，有普通圆柱销、内螺纹圆柱销、外螺纹圆柱销和弹性圆柱销等类型，其中普通圆柱销应用最为广泛。

图 2-3-1　圆柱销

2. 圆锥销

圆锥销（图 2-3-2）的整体形态呈圆锥体状，其锥体锥度通常为 1 : 50。根据其适用要求和结构的不同，有普通圆锥销、内螺纹圆锥销、外螺纹螺尾圆锥销和开尾圆锥销等类型，其中普通圆锥销应用最为广泛。

图 2-3-2　圆锥销

3. 带孔销

带孔销（图 2-3-3）主要指销轴、槽销和带各类孔洞的销。

图 2-3-3　带孔销

4. 开口销

开口销（图 2-3-4）指从销的一端开始沿销的轴线方向开有较长开口的销。

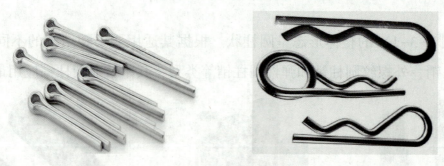

图 2-3-4　开口销

5. 安全销

安全销（图 2-3-5）是用于保护连接件安全的一类销，其结构上通常切有环形沟槽，以形成结构薄弱截面。

图 2-3-5　安全销

二、销的特点

1. 圆柱销

圆柱销一般用于机械零件的定位，也可用于连接和传递少量载荷。

1）普通圆柱销：通常用于零部件间的高精度定位和传递不大的机械载荷。普通圆柱销的定位依靠形位尺寸和表面质量较高的圆柱表面实现，因此其表面一般需要经过磨削等精密加工。圆柱销两端大小相等，常用于通孔零件的定位，具有可双向装拆、使用简单、操作便捷等优点，但不便用于盲孔零件定位。由于圆柱销主要用于定位，系统零件的紧固主要靠螺钉等其他形式实现，销本身设计强度要求不高，不能用于传递较大载荷的环境。其安装依靠外圆柱表面与零件孔的内表面完成固定，反复装拆对销表面的磨损会极大降低其定位精度和连接紧固性。

2）内螺纹圆柱销：带内螺纹的圆柱销除具备普通圆柱销的相关特点外，还可用于盲孔零部件的定位、紧固和连接，且十分便于在盲孔零件中装拆。由于销体内制造有螺纹，其强度较普通圆柱销弱，制造难度较普通圆柱销高。

3）外螺纹圆柱销：常用于装配精度要求不高，且对销钉自身稳定性有要求的场合的定位，通常依靠自带螺纹而不依靠外圆柱面固定。

4）弹性圆柱销：具有弹性，装入销孔后能自动与孔壁压紧，不易松脱，可多次装拆、互换性好，常用于有冲击振动的场合；其结构强度较低，刚性较差，不宜用于高精度定位。

2. 圆锥销

圆锥销主要用于定位，也可用于连接、传递部分载荷和零部件的单项紧固。其带有 1：50 的锥度，以小头直径长度代表规格。

1）普通圆锥销：其特点与普通圆柱销相似，但由于带有锥度，不能双向装拆，只能从销的小头方向装入，从销的大头方向拆除。圆锥销具有较大的容错性，能极大减小销体表面磨损对定位精度和零件紧固的影响，重复定位精度比圆柱销高，可用于装拆频繁的场合。

2）内螺纹圆锥销：带内螺纹的圆锥销除具备普通圆锥销的相关特点外，主要用于盲孔零部件的定位、紧固和连接。其一端带有内螺纹，十分便于在盲孔零件中装拆。由于销体内制造有螺纹，其强度较普通圆锥销弱，制造难度较普通圆锥销高。

3）外螺纹螺尾圆锥销：其一端带有外螺尾，主要用于紧固力度较大、不便拆卸的场合。

4）开尾圆锥销：用于有冲击、振动的场合。

3. 带孔销

销上开槽或孔主要起锁定销钉、防止松动等作用，便于装拆，常用于具有严重振动和冲击的场合。

4. 开口销

主要用于锁定其他紧固件，通常具有制造精度要求不高、工作可靠、拆卸方便等特点。

5. 安全销

结构简单、形式多样，常用于传动装置和机器的过载保护。为保障使用性能，通常在销上切除环形槽，形成结构薄弱断面，以保障系统过载时该区域首先破坏，从而起到保护连接零部件和系统的作用。

三、销的选择

销的选择包括类型选择和尺寸选择两个方面。

1）类型选择：销的类型根据需连接的结构、使用特点及工作条件来选择。主要考虑的因素是键在连接中发挥的作用，如其在连接中是起到定位、紧固，还是传递转矩等作用。

2）尺寸选择：销的尺寸因其类型不同而有所区别，主要根据公称直径 D 和长度尺寸 L 选择。

表 2-3-1 所示为常用销的类型、标准、特点及应用。

表 2-3-1　常用销的类型、标准、特点及应用

类型		图形	标准 规格/mm	特点	应用
圆柱销	圆柱销		GB/T 119.1—2000 GB/T 119.2—2000 $d=0.6\sim50$ $l=2\sim200$	销孔需铰制，多次装拆后会降低定位的精度和连接的坚固。只能传递不大的载荷	直径公差带有 m6、h8、h11 和 u8 四种，以满足不同的使用要求　主要用于定位，也可用于连接
	内螺纹圆柱销		GB/T 120.1—2000 GB/T 120.2—2000 $d=6\sim50$ $l=16\sim200$		直径偏差只有 m6 一种，内螺纹供拆卸用　B 型用于盲孔
	螺纹圆柱销		GB/T 878—1986 $d=4\sim20$ $l=10\sim60$		直径偏差较大，定位精度低　用于精度要求不高的场合
	弹性圆柱销		GB/T 897.1—200~ GB/T 897.5—200 $d=0.8\sim50$ $l=4\sim200$	具有弹性，装入销孔后与孔壁压紧，不易松脱。销孔精度要求较低，可不铰制，互换性好，可多次装拆。刚性较差，不适于高精度定位，载荷大时几个套在一起使用，相邻内外两销的缺口应错开 180°	用于有冲击、振动的场合，可代替部分圆柱销、圆锥销、开口销或轴

续表

类型		图形	标准 规格/mm	特点	应用
圆锥销	圆锥销		GB/T 117—2000 $d=0.6\sim50$ $l=2\sim200$	有 1∶50 的锥度，便于安装。定位精度比圆柱销高 在受横向力时能自销，销孔需铰制 螺纹供拆卸用，螺尾圆锥销制造不便 开尾圆锥销打入销孔后，末端可稍张开，以防止松脱	主要用于定位，也可用于固定零件，传递动力。多用于经常装卸的场合
	内螺纹圆锥销		GB/T 118—2000 $d=6\sim50$ $l=16\sim200$		用于盲孔
	螺尾锥销		GB/T 881—2000 $d=5\sim50$ $l=40\sim400$		用于拆卸困难的场合，如盲孔
	开尾圆锥销		GB/T 877—1986 $d=3\sim16$ $l=30\sim200$		用于有冲击、振动的场合
槽销				销上有辗压或模锻出的三条纵向沟槽，打入销孔后与孔壁压紧，不易松脱。能承受振动和变载荷。销孔不需铰制，可多次装拆	与圆锥销相同
					用于严重振动和冲击载荷的场合
销轴			GB/T 882—1986 $d=3\sim16$ $l=6\sim200$	用开口销锁定，拆卸方便	用于铰接处
带孔销			GB/T 880—1986 $d=3\sim25$ $l=8\sim200$		
开口销			GB/T 91—2000 $d=0.6\sim20$ $l=4\sim280$	工作可靠，拆卸方便	用于锁定其他坚固件
			GB/T 4355—1997 $d=15\sim18$ $l=180\sim290$		用于尺寸较大时

续表

类型	图形	标准 规格/mm	特点	应用
安全销			结构简单，形式多样。必要时在锁上切出槽口。为防止断销时损坏孔壁，可在孔内加销套	用于传动装置和机器的过载保护，如安全联轴器等的过载剪断元件

评价与分析

完成学习过程后填写表 2-3-2。

表 2-3-2　学习过程评价表

班级		姓名		学号		日期		
序号					配分	得分		总评
1	能准确说出销的类型				25			A B C D
2	能准确说出常用类型销的特点				25			
3	能准确说出销的类型选择的具体内容				25			
4	能准确说出销的尺寸选择的具体内容				25			
小结与建议								

同步练习

一、填空题

1. 销是一种_____零件。

2. 销的类型有_____、_____、带孔销、开口销和安全销等。

3. 圆锥销主要用于_____。

4. 圆锥销一般带有_____的锥度。

5. 销的选择包括_____选择和_____选择两个方面。

二、选择题

1. （　　）安装方便，定位精度高，可多次拆装。

A. 开口销　　　　　B. 圆锥销　　　　　C. 槽销　　　　　D. 销轴

2. 用于传递动力或转矩的销称为（　　）。

A. 连接销　　　　　B. 安全销　　　　　C. 定位销　　　　　D. 开口销

3. 定位销的数目一般为（　　）。

A. 一个　　　　　B. 两个　　　　　C. 三个　　　　　D. 四个

4. 圆锥销以（　　）尺寸代表公称直径。

A. 小端　　　　　B. 大端　　　　　C. 中间　　　　　D. 小端和大端

 学习活动四 销连接的类型、特点及装配要点

学习目标

1. 掌握销连接的类型及特点。
2. 了解销连接的装配要点。
3. 了解常用销连接的装配。

学习过程

采用销连接的机械形式叫作销连接。销连接在工程设备、汽车制造、物联网设备等领域的机械中主要用来固定两个或两个以上零件之间的相对位置，也用于连接零件并可传递不大的载荷，有时还作为安全装置中的过载剪断元件。

一、销连接的类型及特点

1. 根据销的作用分类及特点

根据销在机械连接中的作用不同，销连接的类型有定位型、连接型和保护型三类，如图 2-4-1 所示。

定位型主要采用圆柱销和圆锥销，依靠尺寸精度较高、表面粗糙度较低的销和销孔进行精确定位，定位精度与销和销孔制造精度有关，一般销外圆通过磨削加工，销孔通过铰削加工。

连接型主要采用带孔销和开口销，销起连接作用时通常要参与传递转矩，同时要防止机械结构运动中松动。该连接一般对销的精度要求不高，对销的强度和安装稳定性有一定要求。带孔销一般用于需要传递转矩的连接，开口销一般用于强度要求不高的连接中。

保护型主要采用安全销，此类销一般要参与传递转矩，但在转矩等条件较大，且会对系

统零部件产生破坏时优先破坏以断开零部件连接，实现保护系统零部件的要求，因此安全销应根据系统受力要求严格计算选用。

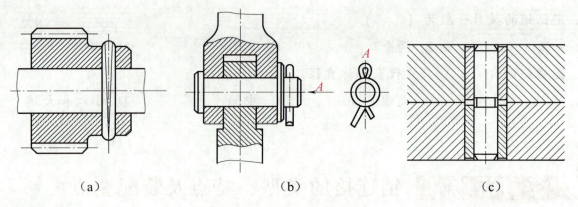

图 2-4-1 销的作用类型

（a）定位型；（b）连接型；（c）保护型

2. 根据销的类型分类及特点

根据销的类型，可以将销连接分为圆柱销连接、圆锥销连接和异型销连接三大类。其中圆柱销连接和圆锥销连接使用最为广泛，如图 2-4-2 所示。

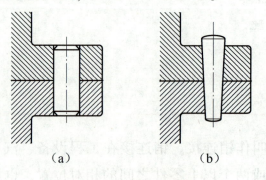

图 2-4-2 销的结构类型

（a）圆柱销；（b）圆锥销

圆柱销连接依靠圆柱销的圆柱表面和销孔的内表面配合实现定位、连接或者传递转矩等功能，主要用于机械零部件之间的定位。对销和销孔的尺寸、形状、表面粗糙度等要求较高。圆柱销连接零件制造较为简单、装拆方便，不适用于需要反复装拆和有振动的场合。

圆锥销连接依靠圆锥销外表面和带同样锥度的销孔内表面配合实现定位、连接或者传递转矩等功能。圆锥销一般也是少量过盈固定在销孔中，对销孔的尺寸、形状、表面粗糙度等要求较高。圆锥销连接只能单向装拆，使用过程中应注意连接方向。

由于带孔销、开口销和安全销往往需要根据实际连接场合设定开孔、开槽或开口位置，通常将此类销称为异型销，此类销钉的连接称为异型销连接。异型销连接种类繁多，通常需根据具体工作要求选择销的形式和连接方式。

二、销连接的装配工艺性要求

1. 装配技术要求

（1）有适当的过盈量

配合的过盈量应根据连接要求的紧固程度确定。过盈量太小，不能满足传递转矩的要求；过盈量过大，则易造成装配困难。一般选择最小过盈量较为经济。销孔在装配前须铰削，通常被连接件的两孔应同时钻铰，孔壁的表面粗糙度不大于 $1.6\mu m$。

（2）有较高的配合表面精度

配合表面应具有较高的位置精度和较小的表面粗糙度。装配时保证配合表面的清洁，装配中注意保持孔的同轴度，以保证装配后有较高的对中性。

（3）有适当的倒角

为了便于装配，销和销孔的端部应按图 2-4-3 所示设置倒角 $5°\sim10°$。其中，a 一般取 $0.5\sim3mm$，A 一般取 $1\sim3.5mm$。

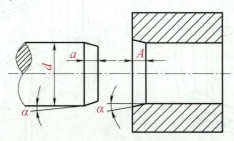

图 2-4-3　销的装配参数示意图

2. 装配方法

销钉装配是依靠轴、孔尺寸差获得过盈量实行紧固的，根据过盈量的不同，可采用压装法、热装法和冷装法等装配方法。其中，选用热装法和冷装法比压装法能多承受 3 倍的转矩和轴向力，并且不需要增加紧固件。

（1）压装法

当过盈量及配合尺寸较小时，一般采用在常温下将销压入销孔的装配方法。图 2-4-4（a）为用手锤加垫块敲击压入的压装法，其方法简便，但导向性不好，易出现装配歪斜，适用于配合要求较低或配合长度较短的连接中，主要用于单件生产。图 2-4-4（b）~（d）分别为螺旋压力机、专用螺旋 C 形夹头和齿条压力机，为专用压装设备，其导向性比敲击压装好，生产效率高，一般适用于压装较小过盈量的场合，常用于小批量生产。图 2-4-4（e）为气动杠杆压力机，一般配合专用夹具使用，导向性能好，适用于有较大过盈量的场合，常用于成批生产中。

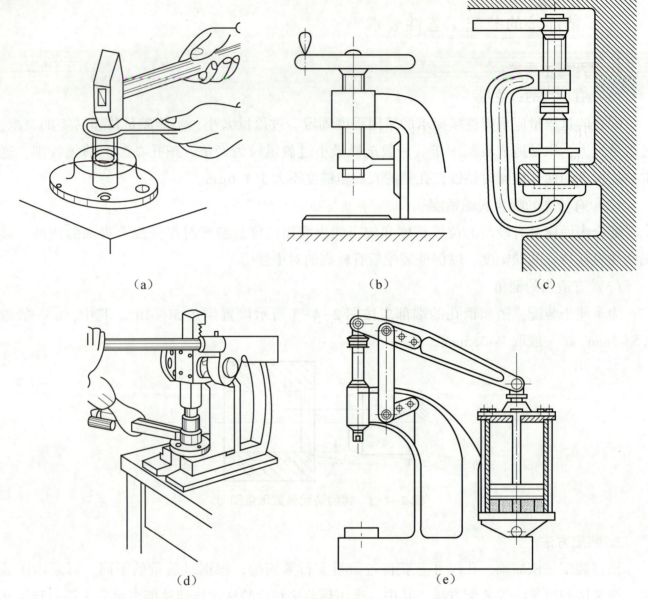

图 2-4-4　销的装配方式

（a）手锤和垫块；（b）螺旋压力机；（c）专用螺旋 C 形夹头；（d）齿条压力机；（e）气动杠杆压力机

（2）热装法

热装法又称红套，是利用金属材料热胀冷缩的物理特性进行装配的。其方法是将孔加热，使之胀大，然后将轴装入胀大的孔中，待孔冷却收缩后，轴孔形成过盈连接。

（3）冷装法

冷装法是将轴进行低温冷却，使之缩小，然后将其装入孔中的装配方法。冷装法一般用于小过盈量的连接装配中。

以上三种装配方法一般用于圆柱形销体的装配。圆锥形销体是利用销和销孔轴向位移相互压紧而获得过盈连接的。在对圆锥销紧固性有较高要求的场合，可配合螺母进行紧固，具体如图 2-4-5 所示。

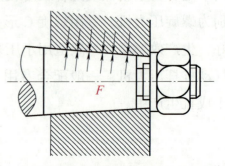

图 2-4-5　销的冷装配方式

3. 装配要点

（1）清洁

装配前，要注意配合件的清洁，尤其是对零件进行了加热或冷却处理，装配前必须将配合面清洗、擦拭干净。

（2）润滑

采用压装时，配合表面必须用油润滑，以避免压入时擦伤表面。压入速度不宜太快，一般为 2~4mm/s。压入过程应连续，压入行程应控制精确。

（3）过盈量和形状误差

装配时，应根据过盈量合理选择装配方法，最后垂直压入，以防止装配变形产生形状误差。

三、常用销连接的装配

1. 圆柱销的装配

圆柱销通常用于定位，为保证连接质量，被连接件的两孔应同时钻铰。其对销孔尺寸、形状、表面粗糙度要求较高，孔壁的表面粗糙度应不大于 1.6μm。装配时，应先在销的表面涂上油，再用铜棒轻轻打入销孔。

2. 圆锥销的装配

圆锥销装配前，钻孔以小头直径选用钻头，根据其大小头直径差确定需选用的钻头规格和钻孔层数，最后选用 1∶50 的锥形铰刀进行连接孔的加工。装配时，被连接件的两孔应同时钻铰，连接孔铰制过程中应通过试装法控制孔径。以圆锥销自由插入全长的 80%~85% 为宜，连接孔加工完成后，用手锤敲入销，销的大头可稍微露出不超过倒棱值，或与被连接件表面平齐。盲孔须选用带螺纹的圆锥销。拆卸带内螺纹的圆柱销和圆锥时，可用拔销器拔出，有螺尾的圆锥销可用螺母旋出，通孔中的圆锥销可以从小头向外敲出。圆锥销的装配和拆卸方式如图 2-4-6 所示。

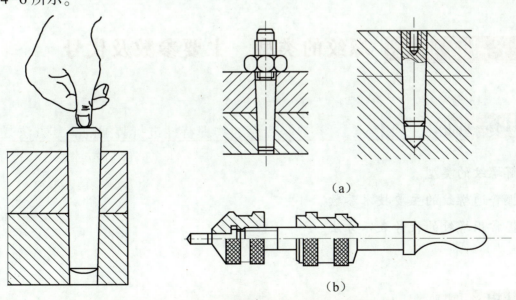

（a）

（b）

图 2-4-6　圆锥销的装配和拆卸方式

（a）带螺纹圆锥销；（b）拔销器

评价与分析

完成学习过程后填写表2-4-1。

表 2-4-1　学习过程评价表

班级		姓名		学号		日期	
序号				配分	得分	总评	
1	能准确说出销的作用及连接特点			25		A	
2	能准确说出销连接的装配工艺性要求			25		B	
3	能准确说出销的各种装配方法的适用场合			25		C	
4	能准确说出常用销的装配要求			25		D	
小结与建议							

同步练习

填空题

1. 根据销在机械连接中作用的不同，销连接的类型有_____、_____和保护型三类。

2. 销连接的装配方法，常用的有_____、_____和_____三种。

3. 用于销连接的孔，其表面粗糙度不大于_____。

4. 冷装法是将轴进行低温冷却，使之_____，然后将其装入孔中的装配方法。

学习活动五　螺纹的类型、主要参数及代号

学习目标

1. 了解螺纹的类型。

2. 掌握普通螺纹的主要技术参数。

3. 掌握常用螺纹的代号表示方法。

学习过程

螺纹是在圆柱或圆锥母体表面上制出的螺旋线形的、具有特定截面的连续凸起结构。在

机械结构中螺纹应用十分广泛，它既可以用于工程设备、汽车制造、物联网设备等领域机械零部件的紧固连接，又可以用于传递运动和动力。

一、螺纹的类型及特点

1）螺纹按牙型截面形状，可分为矩形螺纹、三角形螺纹、梯形螺纹和锯齿形螺纹，如图2-5-1所示。

矩形螺纹：牙型为矩形，主要用于传递动力（螺旋传动），可用于双向传力系统中，传动效率较高。但牙根强度低，精加工较困难，属于非标准螺纹。

三角形螺纹：牙型为三角形，主要用于紧固连接。三角形螺纹一般分为粗牙螺纹和细牙螺纹两种，粗牙应用最广，细牙一般用于薄壁零件连接和机械结构的微调中。

梯形螺纹：牙型为梯形，牙根强度较高，易于加工，广泛用于机床设备的螺旋传动中。由于其结构强度较高、易于加工，有逐渐替代矩形螺纹的趋势。

锯齿形螺纹：牙型为锯齿形，牙根强度较高，但该型螺纹只能用于单传递动力，多用于起重机械或压力机械中。

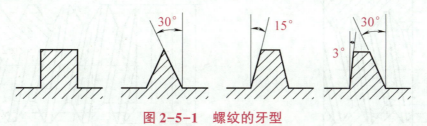

图 2-5-1　螺纹的牙型

（a）矩形螺纹；（b）三角形螺纹；（c）梯形螺纹；（d）锯齿形螺纹

2）按螺纹的旋向，可分为左旋螺纹和右旋螺纹，如图2-5-2所示。其中，右旋螺纹应用最为广泛，其特点是顺时针旋入，逆时针旋出；左旋螺纹与之相反。

3）按螺旋线的根数，可分为单线螺纹和多线螺纹，如图2-5-3所示。单线螺纹的螺旋线为一条，多用于螺纹连接；多线螺纹的螺旋线为两条及以上，多用于螺旋传动。

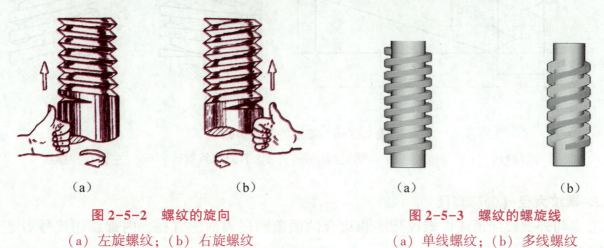

| （a） | （b） | （a） | （b） |

图 2-5-2　螺纹的旋向　　　　　图 2-5-3　螺纹的螺旋线

（a）左旋螺纹；（b）右旋螺纹　　　（a）单线螺纹；（b）多线螺纹

4）按回转体的内外表面，可分为外螺纹和内螺纹，如图 2-5-4 所示。外螺纹是螺纹结构在回转体外表面的螺纹，出现在轴结构中；内螺纹是螺纹结构在回转体内表面的螺纹，出现在孔结构中。

5）按螺旋的用途，可分为普通螺纹、管螺纹、锥螺纹等，如图 2-5-5 所示。

图 2-5-4　内螺纹和外螺纹

图 2-5-5　螺纹的螺旋用途类型

二、普通螺纹的主要技术参数

螺纹的基本参数如图 2-5-6 所示。

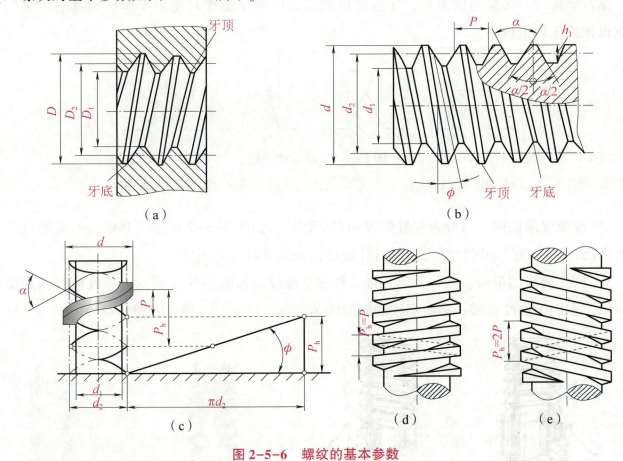

图 2-5-6　螺纹的基本参数
（a）内螺纹；（b）外螺纹；（c）螺旋线展开；（d）右旋单线螺纹；（e）左旋双线螺纹

1. 螺纹大径（公称直径）

它是与外螺纹牙顶或内螺纹牙底相重合的假象圆柱表面的直径。内螺纹用代号 D 表示，外螺纹用代号 d 表示。

2. 螺纹中径

它是指一个假想圆柱面的直径，该圆柱的母线过牙型上沟槽和凸起宽度相等的地方。内螺纹用代号 D_2 表示，外螺纹用代号 d_2 表示。

3. 螺纹小径

它是外螺纹牙底或内螺纹牙顶相重合的假想圆柱面的直径。内螺纹用代号 D_1 表示，外螺纹用代号 d_1 表示。

4. 螺纹升角

它是中径圆柱上螺旋线的切线与垂直于螺纹轴线的平面之间的夹角。一般用代号 ϕ 表示。

5. 牙型角

它是螺纹牙型在相邻两牙侧间的夹角。牙型角用 α 表示，普通螺纹的牙型角 $\alpha = 60°$。牙型半角是牙型角的一半，用 $\alpha/2$ 表示。

6. 牙型高度

它是螺纹牙型上牙顶到牙底在垂直于螺纹轴线方向上的距离，一般用 h_1 表示。

7. 螺距

它是相邻两牙在中径上对应两点间的轴向距离，一般用 P 表示。

8. 导程

它是同一条螺旋线上相邻两牙在中径上对应两点间的轴向距离，一般用 P_h 表示。

9. 线数

它是螺纹绕圆柱表面沿轴线方向呈螺旋状上升的螺旋线数量，一般用 Z 表示。导程、螺距和线数的关系为 $P_h = ZP$。

三、螺纹的代号标注

常用螺纹的代号标注如表 2-5-1～表 2-5-3 所示。

表 2-5-1 普通螺纹的代号标注

螺纹类别		特征代号	螺纹标注示例	内、外螺纹配合标注示例
普通螺纹	粗牙	M	M12LH—7g—L M：粗牙普通螺纹 12：公称直径 LH：左旋 7g：外螺纹中径和顶径公差带代号 L：长旋合长度	M12LH—6H/7g 6H：内螺纹中径和顶径公差带代号 7g：外螺纹中径和顶径公差带代号

续表

螺纹类别		特征代号	螺纹标注示例	内、外螺纹配合标注示例
普通螺纹	细牙	M	M12×1—7H 8H M：细牙普通螺纹 12：公称直径 1：螺距 7H：内螺纹中径公差带代号 8H：内螺纹顶径公差带代号	M12×1LH—6H/7g 8g 6H：内螺纹中径和顶径公差带代号 7g：外螺纹中径公差带代号 8g：外螺纹顶径公差带代号

注：

1）普通螺纹同一公称直径可以有多种螺距，其中螺距最大的为粗牙螺纹，其余的为细牙螺纹。细牙螺纹的每一个公称直径对应着数个螺距，因此必须标出螺距值，而粗牙普通螺纹不标螺距值。

2）左旋螺纹不标注旋向代号，左旋螺纹则用 LH 表示。

3）旋合长度有长旋合长度 L、中等旋合长度 N 和短旋合长度 S 三种，中等旋合长度 N 不标注。旋合长度是指两个相互旋合的螺纹，沿轴线方向相互结合的长度，所对应的具体数值可根据公称直径和螺距在有关标准中查到。

4）公差带代号中，前者为中径公差带代号，后者为顶径公差带代号，两者一致时，则只标注一个公差带代号。内螺纹用大写字母，外螺纹用小写字母。

内、外螺纹配合的公差带代号中，前者为内螺纹公差带代号，后者为外螺纹公差带代号，中间用"/"分开。

表 2-5-2　梯形螺纹的代号标注

螺纹类别	特征代号	螺纹标注示例	内、外螺纹配合标注示例
梯形螺纹	Tr	Tr24×10（P5）LH—7H Tr：梯形螺纹 24：公称直径 10：导程 P5：螺距 LH：左旋 7H：中径公差带代号	Tr24×5LH—7H/7e 7H：内螺纹公差带代号 7e：外螺纹公差带代号

注：

1）单线螺纹只标注螺距，多线螺纹同时标注螺距和导程。

2）右旋螺纹不标注旋向代号，左旋螺纹则用 LH 表示。

3）旋合长度有长旋合长度 L 和中等旋合长度 N 两种，中等旋合长度 N 不标注。旋合长度的具体数值可根据公称直径和螺距在有关标准中查到。

4）公差带代号中，螺纹只标注中径公差带代号。内螺纹用大写字母，外螺纹用小写字母。

5）内、外螺纹配合的公差带代号中，前者为内螺纹公差带代号，后者为外螺纹公差带代号，中间用"/"分开。

表 2-5-3　管螺纹的代号标注

螺纹类别		特征代号	螺纹标注示例	内、外螺纹配合标注示例
管螺纹	非螺纹密封	G	G1A—LH G：非螺纹密封管螺纹 1：尺寸代号 A：外螺纹公差等级代号 LH：左旋	G1/G1A—LH
	螺纹密封	R_C	R_C2—LH R_C：圆锥内螺纹 2：尺寸代号 LH：左旋	R_P2/R2—LH R_C2/R2
		R_P	R_P2 R_P：圆柱内螺纹 2：尺寸代号	
		R	R2—LH R：圆锥外螺纹 2：尺寸代号 LH：左旋	

注：

1）管螺纹尺寸代号不再称作公称直径，也不是螺纹本身的任何直径尺寸，只是一个无单位的代号。

2）管螺纹为英制细牙螺纹，其公称直径近似为管子的内孔直径，以英寸为单位。管螺纹的内孔直径可根据尺寸代号在有关标准中查到。

3）右旋螺纹不标注旋向代号，左旋螺纹则用 LH 表示。

4）非螺纹密封管螺纹外螺纹的公差等级有 A、B 两级，A 级精度较高；内螺纹的公差等级只有一个，故无公差等级代号。

5）内、外螺纹配合在一起时，内、外螺纹的标注用"/"分开，前者为内螺纹的标注，后者为外螺纹的标注。

 评价与分析

完成学习过程后填写表 2-5-4。

表 2-5-4　学习过程评价表

班级		姓名		学号		日期	
序号				配分	得分	总评	
1	能准确说出螺纹的类型			25		A	
2	能准确说出各类螺纹的特点			25		B	
3	能准确说出普通螺纹的主要参数			25		C	
4	能准确说出螺纹的代号标注含义			25		D	
小结与建议							

同步练习

一、解释下列螺纹代号的含义

1. $R_c1/R1$

2. $Tr20×10$（P5）—7H

3. $M12×1LH$—6H

4. G2B—LH

二、填空题

1. 导程 P_h、螺距 P 和线数 Z 的关系为_____。

2. 所有管螺纹本身都具有密封性吗？_____（填"是"或"否"）。

3. 普通螺纹的公称直径是指螺纹的_____。

学习活动六　螺纹连接的类型、特点及防松

学习目标

1. 了解螺纹连接的基本类型。

2. 掌握常用螺纹连接类型的应用特点。

3. 了解螺纹连接的常用防松形式。

学习过程

螺纹连接一般是通过螺纹结构相互配合而形成的一种连接形式。螺纹连接一般起紧固作用，不用于传递运动和动力。

一、螺纹连接的基本类型及其特点

螺纹的类别

1. 螺栓连接

螺栓连接（图2-6-1）按加工精度不同，分为粗制螺栓和精制螺栓两种。螺栓头部常用的有标准六角头、小六角头、方头等样式。螺栓连接是在被连接件上制通孔，用螺栓、螺母连接的一种连接形式，其结构简单、连接力大、装拆方便。螺栓连接主要用于需要螺栓承受横向载荷或需靠螺杆精确固定被连接件相对位置的场合，通常连接零件较薄。

图 2-6-1　螺栓连接

2. 双头螺柱连接

双头螺柱连接（图 2-6-2）两端均制有螺纹，当连接件较厚时，在被连接件上制盲孔，且在盲孔上切制螺纹；当连接薄件时，在被连接件上制通孔，无须切制螺纹。双头螺柱连接具有多次装拆而不损坏被连接件、连接力的特点，适用于其中一个零件较厚、结构紧凑和经常拆装的场合。

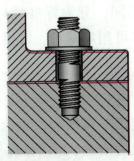

图 2-6-2　双头螺柱连接

3. 螺钉连接

螺钉结构形状与螺栓类似，但螺钉头部形式有内六角头、外六角头、圆头和十字头等。螺钉连接（图 2-6-3）不需用螺母，将螺钉穿过一被连接件的通孔，旋入另一被连接件的螺纹孔中即可。螺钉连接连接力较小，适用于其中一个零件较厚或另一端不能装螺母的场合，不适用于经常拆装的场合。

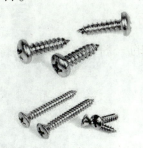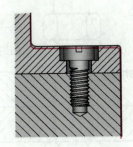

图 2-6-3　螺钉连接

4. 紧定螺钉连接

其头部和尾部的形式很多，常用尾部形状有锥端、平端和圆柱端，一般要求尾端有足够的硬度。该连接（图 2-6-4）利用紧定螺钉旋入另一零件的螺纹孔中，并以末端顶住另一零件的表面或顶入该零件的凹坑中。紧定螺钉连接常用于固定两个零件的相对位置，并可传递不大的力或转矩。

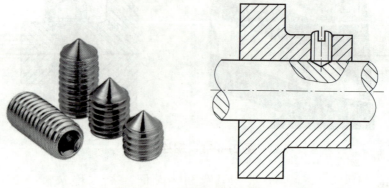

图 2-6-4　紧定螺钉连接

5. 螺母连接

螺母连接（图 2-6-5）是利用螺母与切制有螺纹的连接件（或螺栓、双头螺柱、螺钉等）相连的形式。常用的六角螺母，也有粗制和精制之分。按其高度不同，分为标准螺母、扁螺母及厚螺母。如要求减小质量且不常拆卸，可用扁螺母，常拆卸时可用厚螺母。

图 2-6-5　螺母连接

二、螺纹连接的防松

机械设备中螺栓连接一旦松懈，就会引起螺栓脱落导致重大安全隐患，或螺栓松弛预紧力下降导致螺栓连接疲劳寿命大大缩短。因此，在设计中要选用适当的防松措施保证螺栓在实际使用中不松脱。通常采用的防松方法有增加摩擦力防松、机械固定防松和不可拆卸防松，设计中常用的具体防松措施有如下几种。

1. 双螺母防松

双螺母防松（图 2-6-6）也称对顶螺母防松，当两个对顶螺母拧紧后，两个对顶的螺母之间始终存在相互作用的压力，两螺母中有任何一个要转动都需要克服旋合螺纹之间的摩擦力。即使外载荷发生变化，对顶螺母之间的压力也一直存在，因此可以起到防松作用。

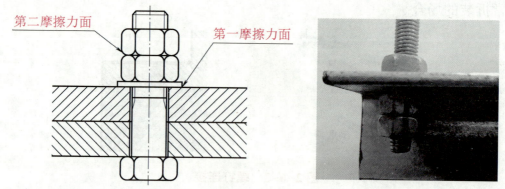

第二摩擦力面　　　第一摩擦力面

图 2-6-6　双螺母防松

2. 自锁螺母防松

自锁螺母防松（图 2-6-7）一般是靠摩擦力，其原理是通过压花齿压入钣金的预置孔里，一般方预置孔的孔径略小于压铆螺母。自锁螺母防松运用螺母与锁紧机构相连，当拧紧螺母时，锁紧机构锁住螺栓螺纹。

图 2-6-7　自锁螺母防松

3. 螺纹锁固胶防松

螺纹锁固胶是由（甲基）丙烯酸酯、引发剂、助促进剂、稳定剂（阻聚剂）、染料和填料等按一定比例配合在一起所组成的胶黏剂。螺纹锁固胶防松如图 2-6-8 所示。

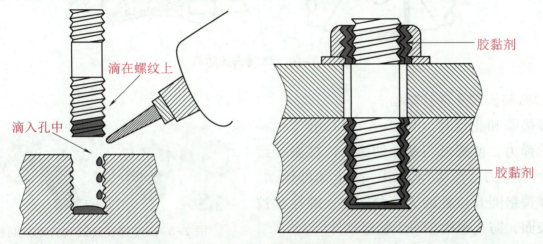

滴在螺纹上

滴入孔中

胶黏剂

胶黏剂

图 2-6-8　螺纹锁固胶防松

4. 开槽螺母与开口销防松

开槽螺母与开口销防松（图 2-6-9）是指螺母拧紧后，把开口销插入螺母槽与螺栓尾部孔内，并将开口销尾部扳开，防止螺母与螺栓相对转动。

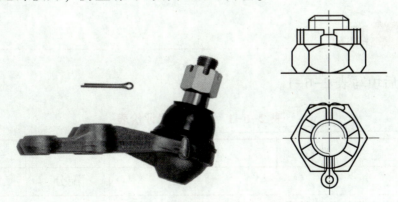

图 2-6-9　开槽螺母与开口销防松

5. 串联钢丝防松

串联钢丝防松（图 2-6-10）是将钢丝穿入螺栓头部的孔内，将各螺栓串联起来，起到相互牵制的作用。这种防松方式非常可靠，但拆卸比较麻烦。

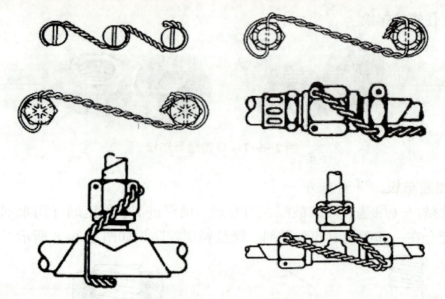

图 2-6-10　串联钢丝防松

6. 弹簧垫圈和止动片防松

弹簧垫圈和止动片（图 2-6-11）会产生一个持续的弹力，使螺母与螺栓的螺纹连接副持续保持一个摩擦力，产生阻力矩，防止螺母松动。同时，弹簧垫圈开口处的尖角分别嵌入螺栓和被连接件表面，防止螺栓相对于被连接件回转。

图 2-6-11　弹簧垫圈和止动片防松

7. 其他防松

除上述螺纹防松方法外，生产中还经常利用冲铆、焊接、破坏螺纹牙型和改变螺杆形状等方式进行螺纹防松。

评价与分析

完成学习活动后填写表 2-6-1。

表 2-6-1　学习过程评价表

班级		姓名		学号		日期	
序号				配分	得分	总评	
1	能准确说出螺纹连接的类型			25		A B C D	
2	能准确说出各种类型螺纹连接的特点			25			
3	能准确说出螺纹连接的防松方式			25			
4	能准确说出各种类型螺纹防松方式的原理			25			
小结与建议							

同步练习

一、填空题

1. 常用螺纹连接中，自锁性最好的螺纹是_____。

2. 传动效率最高的螺纹是_____。

3. 单线螺纹的螺距_____导程。

4. 普通三角形螺纹的牙型角为_____。

5. 常用连接螺纹的旋向为_____旋。

二、选择题

1. 当两个被连接件不太厚时，宜采用（　　　）连接。

A. 双头螺柱　　　　　B. 螺栓　　　　　C. 螺钉　　　　　D. 紧定螺钉

2. 常见的连接螺纹是（　　　）。

A. 左旋单线　　　　　B. 右旋双线　　　　　C. 右旋单线　　　　　D. 左旋双线

3. 管螺纹的公称直径是指（　　　）。

A. 螺纹的外径　　　B. 螺纹的内径　　　C. 螺纹的中径　　　D. 管子的内径

学习活动七　弹簧的类型、应用及特点

学习目标

1. 了解弹簧的类型。
2. 了解弹簧的作用。
3. 掌握弹簧的应用特点。

学习过程

弹簧是一种弹性元件，广泛应用于各种机器中（如汽车减震和悬架系统中）。和多数零件的要求相反，弹簧要求刚性小、弹性高，受外力后能有相当大的变形，而随着载荷的卸除，变形消失，能恢复原状。

一、弹簧的类型

1. 根据外形来分

根据外形来分，主要有板弹簧和螺旋弹簧，螺旋弹簧又有圆柱螺旋弹簧、变径螺旋弹簧、

平面涡卷弹簧等形式。板弹簧由几片宽度相同、长度不同的弹簧钢板叠合而成，螺旋弹簧由金属丝或金属片按螺旋线或涡旋状卷绕而成。常用弹簧外形如图2-7-1所示。

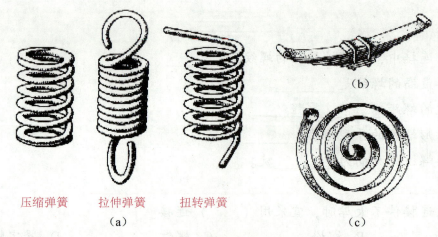

压缩弹簧　　　拉伸弹簧　　　扭转弹簧
（a）

（b）

（c）

图2-7-1　常用弹簧外形

（a）圆柱螺旋弹簧；（b）板弹簧；（c）平面涡卷弹簧

2. 根据承受的载荷类别不同来分

根据承受的载荷类别不同，螺旋弹簧可分为拉伸弹簧、压缩弹簧和扭转弹簧三类。其中，拉伸弹簧用来承受轴向拉力，压缩弹簧用来承受轴向压力，扭转弹簧用来承受转矩。

拉伸弹簧末端形状因装配情况不同通常有图2-7-2（a）所示三种样式。其中，后两种结构强度较好，第一种由于加工弯扭结构强度受到一定影响。

压缩弹簧两端一般要求平整，其结构有如图2-7-2（b）所示两种样式：第一种的端部通过3/4~7/4圈并紧使弹簧端部平直，这几圈不参与工作变形，称为支承圈（又称死圈），此类弹簧一般用于精度要求不高的场合；第二种在另一种的基础上端部经平面磨削加工平直，一般用于精度要求较高的重要场合。

扭转弹簧根据其承载扭转方向的不同，分为左旋弹簧和右旋弹簧，如图2-7-2（c）所示。其中，左旋弹簧的扭力向左旋转，只能用在需要向左旋转的位置；右旋弹簧的扭力向右旋转，只能用在需要向右旋转的位置。

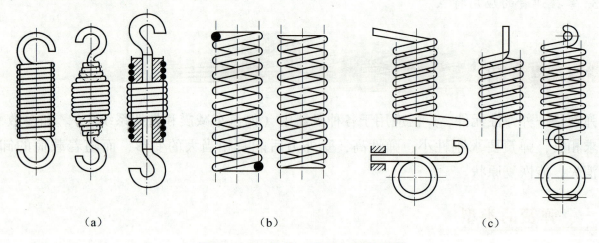

（a）　　　　　　　　（b）　　　　　　　　（c）

图2-7-2　拉伸、压缩、扭转弹簧

（a）拉伸弹簧；（b）压缩弹簧；（c）扭转弹簧

二、弹簧的应用特点

弹簧的类型、简图及应用特点如表 2-7-1 所示。

表 2-7-1 弹簧的类型、简图及应用特点

类型		承载方式	简图	特点及应用
螺旋弹簧	圆柱形弹簧	压缩		刚度稳定，结构简单，制造方便，应用最广
		拉伸		
		扭转		在各种装备中用于压紧、储能或传递转矩
	圆锥形弹簧	压缩		结构紧凑，稳定性好，刚度随载荷增大而增大，多用于载荷较大和需要减振的场合
其他弹簧	碟形弹簧	压缩		刚度大，缓冲吸振能力强，适用于载荷很大而弹簧的轴向尺寸受到限制的场合，如常用作重型机械、大炮等的缓冲和减振弹簧
	环形弹簧	压缩		能吸收较多能量，有很高的缓冲和吸振能力，常用作重型车辆和飞机起落架等的缓冲弹簧
	盘簧	扭转		变形角大，能储存的能量大，轴向尺寸较小，多用于钟表、仪器中的储能弹簧
	板弹簧	弯曲		缓冲和减振性能好，主要用作汽车、拖拉机、火车车辆等悬挂装置中的缓冲和减振弹簧

三、弹簧的常用材料及许用剪应力

制造弹簧的材料通常为优质碳素刚、合金钢、不锈钢和有色金属合金等。弹簧的材料及相关参数如表 2-7-2 所示。

表 2-7-2　弹簧的材料及相关参数

材料		许用剪应力			剪切弹模量 G/MPa	推荐使用温度/℃
类别	代号	Ⅰ类弹簧	Ⅱ类弹簧	Ⅲ类弹簧		
优质碳素钢	Ⅰ Ⅱ Ⅲ	$0.3\sigma_b$	$0.4\sigma_b$	$0.5\sigma_b$	80000	-40~120
	65Mn	420	560	700	80000	-40~120
合金弹簧钢丝	60Si2MnA	480	640	800	80000	-40~200
	65Si2MnA	570	760	950	80000	-40~250
	50CrVA	450	600	750	80000	-40~210
不锈钢丝	1Cr18Ni9	330	440	550	76000	-250~300
	4Cr13	450	600	750	73000	-40~300

评价与分析

完成学习活动后填写表 2-7-3。

表 2-7-3　学习过程评价表

班级		姓名		学号		日期	
序号				配分	得分	总评	
1	能根据弹簧的外形简要描述弹簧的类型			25		A	
2	能根据弹簧的载荷类别简要描述弹簧的类型			25		B	
3	能准确说出各类弹簧的应用特点			25		C	
4	能准确说出弹簧的材料类别			25		D	
小结与建议							

同步练习

填空题

1. 根据外形来分，弹簧主要有_____弹簧和_____弹簧。

2. 主要用于承受轴向拉力的弹簧是_____。

3. 对两端质量要求较高的是_____弹簧。

4. 稳定性最好的是_____弹簧。

学习活动八 联轴器的类型、结构及应用特点

学习目标

1. 掌握联轴器的结构类型。
2. 了解各类型联轴器的应用特点。

学习过程

联轴器是机械传动中的常用部件（如汽车的传动轴上常使用联轴器），它是用来连接两传动轴，使其一起转动并传递转矩的装置，有时也可作为安全装置使用，以保护超载情况下其连接的两端结构。

一、联轴器的类型

联轴器可分为刚性联轴器和挠性联轴器两大类。

1）刚性联轴器（图2-8-1）不具有缓冲性和补偿两轴线相对位移的能力，要求两轴严格对中，但此类联轴器结构简单，制造成本较低，装拆、维护方便，能保证两轴有较高的对中性，传递转矩较大，应用广泛。常用的有凸缘联轴器、套筒联轴器和夹壳联轴器等。

图2-8-1 刚性联轴器

2）挠性联轴器又可分为无弹性元件挠性联轴器和有弹性元件挠性联轴器。无弹性元件挠性联轴器只具有补偿两轴线相对位移的能力，但不能缓冲和减振，常见的有滑块联轴器［图2-8-2（a）］、齿轮联轴器［图2-8-2（b）］、万向联轴器［图2-8-2（c）］和链条联轴器等；有弹性元件挠性联轴器因含有弹性元件，除具有补偿两轴线相对位移的能力外，还具有缓冲和减振作用，但传递的转矩因受到弹性元件强度的限制，一般不及无弹性元件挠性联轴器，常用的有弹性套柱销联轴器、弹性柱销联轴器、梅花形联轴器［图2-8-2（d）］、轮胎式联轴器［图2-8-2（e）］、蛇形弹簧联轴器和簧片联轴器［图2-8-2（f）］等。

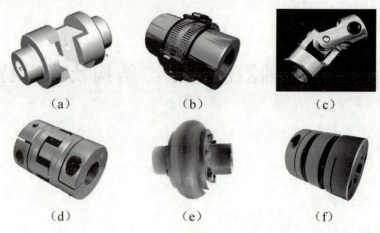

图 2-8-2　挠性联轴器

（a）滑块联轴器；（b）齿轮联轴器；（c）万向联轴器；
（d）梅花形联轴器；（e）轮胎式联轴器；（f）簧片联轴器

二、联轴器的结构及应用特点

常用类型联轴器的结构及应用特点如表 2-8-1 所示。

表 2-8-1　常用类型联轴器的结构及应用特点

类型		图示	结构特点及应用
刚性联轴器		凸缘联轴器	利用两个半联轴器上的凸肩与凹槽相嵌合而对中。结构简单，装拆较方便，可传递较大的转矩。适用于两轴对中性好、低速、载荷平稳及经常拆卸的场合
		套筒联轴器	结构简单，径向尺寸小，但被连接的两轴拆卸时需做轴向移动。通常用于传递转矩较小的场合，被连接轴的直径一般不大于 60～70mm
挠性联轴器	无弹性元件挠性联轴器	万向联轴器	允许两轴间有较大的角位移，传递转矩较大，但传动中将产生附加动载荷，使传动不平稳。一般成对使用，广泛应用于汽车、拖拉机及金属切削机床中

续表

类型		图示	结构特点及应用
挠性联轴器	无弹性元件挠性联轴器	滑块联轴器	可适当补偿安装及运转时两轴间的相对位移，结构简单，尺寸小，但不耐冲击、易磨损。适用于低速、轴的刚度较大、无剧烈冲击的场合
		齿轮联轴器	具有良好的补偿性，允许有综合位移。可在高速重载下可靠地工作，常用于正反转变化多、启动频繁的场合
	有弹性元件挠性联轴器	半联轴器　柱销　橡胶圈弹性套柱销联轴器	结构与凸缘联轴器相似，只是用带有橡胶弹性套的柱销代替了连接螺栓。制造容易，装拆方便，成本较低，但使用寿命短。适用于载荷平稳，启动频繁，转速高，传递中、小转矩的轴
		弹性柱销联轴器	结构比弹性套柱销联轴器简单，制造容易，维护方便。适用于轴向窜动量较大、正反转启动频繁的传动和轻载的场合

评价与分析

完成学习活动后填写表 2-8-2。

表 2-8-2　学习过程评价表

班级		姓名		学号		日期	
序号					配分	得分	总评
1	能准确说出联轴器的类型				25		A B C D
2	能准确说出刚性联轴器的结构特点				25		
3	能准确说出挠性联轴器的结构特点				25		
4	能准确说出联轴器的应用特点				25		
小结与建议							

同步练习

填空题

1. 联轴器的主要作用是_____。
2. 对于低速、刚性大的短轴，常用的联轴器是_____。
3. 高速重载，且不易对中处，常用的联轴器是_____。
4. 联轴器可分为_____和_____两大类。

学习活动九　离合器的类型、结构及应用特点

学习目标

1. 掌握离合器的结构类型。
2. 了解各类型离合器的应用特点。

学习过程

离合器也是机械传动中用以连接两轴，并使其一起转动和传递转矩的常用部件（如汽车发动机和变速箱之间安装离合器可以保证汽车平稳起步）。离合器也可用于过载保护，通过离合器连接的两轴可在工作状态下自由断开和连接。离合器通常用于机械传动系统的启动、停止、换向及变速等操作中。

一、离合器的类型

离合器的类型很多，按其结构和用途不同，可分为啮合式离合器、摩擦式离合器、超越式离合器、齿形离合器和安全离合器等类型。下面重点介绍前三种。

离合器的类别和应用特点

1. 啮合式离合器

啮合式离合器是利用两个零件上相互啮合的齿爪传递运动和转矩的离合器。根据结构形状不同，又有牙嵌式和齿轮式两种。

牙嵌式离合器由两个端面带齿爪的零件组成，如图 2-9-1（a）和（b）所示，右半离合器与轴平键连接（或花键连接），并可以沿平键在轴上移动。端面带齿爪的齿轮与轴空套连接。用操纵杆移动右半离合器，使它与齿轮端面上的齿爪啮合，便可使齿轮与轴一起旋转，齿爪脱开，只有齿轮（或轴）旋转。

齿轮式离合器由具有普通圆柱齿轮形状的两个零件组成，如图 2-9-1（c）和（d）所示，其中一个为外齿轮，另一个为内齿轮，两者的齿数和模数完全相同。当它们相互啮合时，便可将空套齿轮与轴或同轴线的两轴连接而一起旋转。当它们相互脱开时，运动联系便断开。

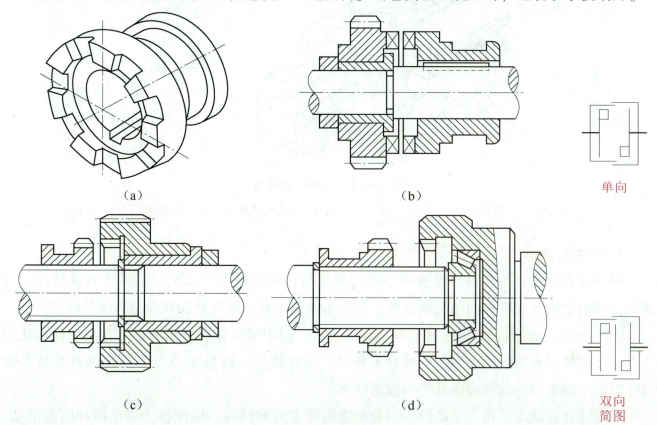

（a）	（b）	单向
（c）	（d）	双向 简图

图 2-9-1　啮合式离合器

2. 摩擦式离合器

摩擦式离合器利用相互压紧的两个零件接触面间产生的摩擦力传递运动和转矩，其结构形式很多，机床上应用最广的是多片摩擦离合器。

图 2-9-2 所示为机械式多片摩擦离合器的一种结构。它由形状不同的两组摩擦片组成。一组是内摩擦片，其内孔为花键孔，与轴上的花键相连接；另一组是外摩擦片，其内孔是光滑圆孔，空套在轴的花键外圆上，而其外圆上有四个凸齿，卡在空套齿轮右端套筒部分的缺口内。内外摩擦片相间安装，在未被压紧时，它们互不联系。当用操纵机构使压套向左移动时，压套带动螺母把内外摩擦片压紧，通过摩擦片间的摩擦力，将转矩由轴传给空套齿轮，或者相反地由齿轮传给轴，运动被接通。

多片摩擦离合器还有采用电磁力、液压力压紧摩擦片的，常称为电磁摩擦离合器与液压摩擦离合器。

摩擦式离合器可在运转中接合，接合过程平稳，载荷过大时，接触面间可产生相对滑动，使传动比不准确，但可起过载保护作用。摩擦式离合器在接合过程中有磨损和发热，且尺寸较大，一般用在转速较高的传动轴上。电磁离合器和液压离合器能进行远距离操纵，易于实现机床工作自动化，所以常用于自动和半自动机床的传动装置中。

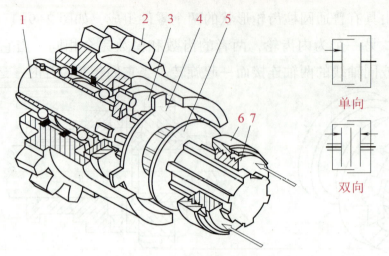

图 2-9-2　摩擦式离合器

1—轴；2—空套齿轮；3—垫片；4—外摩擦片；5—内摩擦片；6—调整螺母；7—压套

3. 超越离合器

超越离合器主要用在有快慢速两个动力源交替传动的轴上，以实现运动的自动转换。超越离合器的结构形式有单向超越离合器、带拨爪的单向超越离合器和双向超越离合器等。

图 2-9-3（a）所示为滚柱式单向超越离合器，图中星形体和套筒分别装在主动件和从动件上，星形体和套筒间的楔形空腔内装有滚柱，滚柱数目一般为 3~8 个，每个滚柱都被弹簧顶杆以不大的推力向前推进而处于半楔紧状态。

星形体和套筒均可作为主动件。当套筒逆时针方向回转时，以摩擦力带动滚柱向前滚动，进一步楔紧内外接触面，从而驱动星形体一起转动，离合器处于接合状态。套筒的运动经星形体带动传动轴旋转。在套筒带动星形体旋转的同时，启动传动轴的快速移动（也是逆时针方向），传动轴将使星形体的运动超前于套筒，滚柱则克服弹簧力而滚到楔形空腔的宽敞部分，离合器处于分离状态，因此套筒的运动和星形体的运动互不干涉。当传动轴的快速移动停止后，又自动恢复为套筒带动传动轴旋转的低速运动。

这种结构的超越离合器，套筒的低速运动只能单方向旋转，所以称为单向超越离合器。如果需要慢速运动和快速运动都能正反向旋转，则可以采用图 2-9-3（b）所示双向超越离合器。

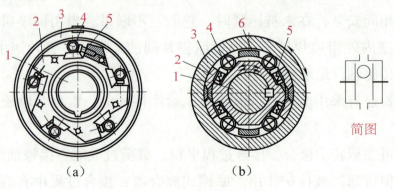

（a）　　　　　（b）

图 2-9-3　超越离合器

1—轴；2—星形体；3—套筒；4—滚柱；5—弹簧；6—拨爪

二、离合器的结构及应用特点

常用离合器的类型和应用特点如表 2-9-1 所示。

表 2-9-1　常用离合器的类型和应用特点

类型	图示	结构特点	应用
啮合式离合器	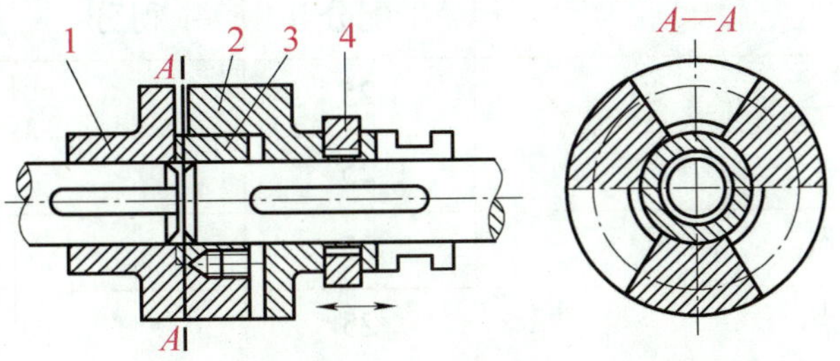 *A—A* 1、2—半离合器；3—对中环；4—滑环	由端面带牙的两半离合器 1、2 组成，通过啮合的齿来传递转矩。工作时利用操纵杆带动滑环使半离合器 2 做轴向移动，从而实现离合器的分离和接合。结构简单，尺寸小，操作方便，能传递较大的转矩	适用于低速或停机时的接合
齿形离合器	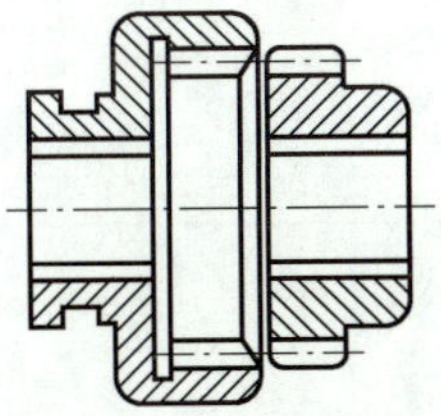	利用内、外齿组成嵌合副，操作方便	多用于机床变速箱中
摩擦式离合器	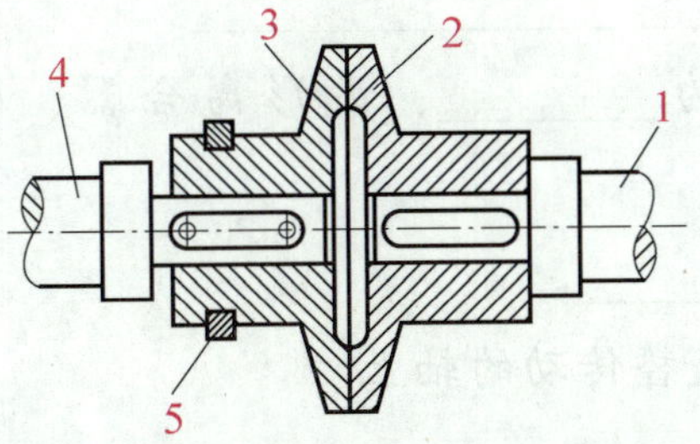 1—主动轴；2—主动盘；3—从动盘；4—从动轴；5—滑环	操纵滑环使主、从动盘压紧或松开，从而实现两轴的离合。结构简单，接合平稳，散热性好，冲击和振动小，有过载保护作用，但传递的转矩较小	用于经常启动、制动或频繁改变速度大小和方向的机械，如汽车、拖拉机等
超越离合器	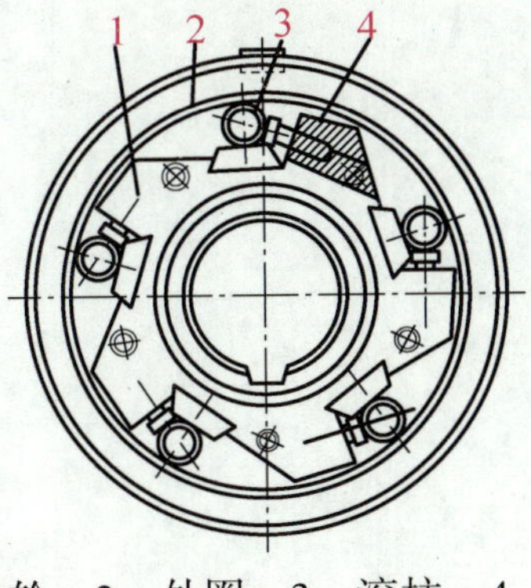 1—星轮；2—外圈；3—滚柱；4—弹簧	图示为滚柱式超越离合器，若星轮为主动件，当它做顺时针方向转动时，因滚柱被楔紧而使离合器处于接合状态；当它做逆时针方向转动时，因滚柱被放松而使离合器处于分离状态。若外圈为主动件，则情况刚好相反。接合和分离平稳，无噪声，可在高速运转中接合	广泛用于金属切削机床、汽车、摩托车和各种起重设备的传动装置中

评价与分析

完成学习过程后填写表2-9-2。

表2-9-2　学习过程评价表

班级		姓名		学号		日期	
序号				配分	得分	总评	
1	能准确说出离合器的类型			25		A B C D	
2	能准确说出常用离合器的类型			25			
3	能准确说出各种类型离合器的特点			25			
4	能准确说出常用离合器的应用特点			25			
小结与建议							

同步练习

填空题

1. 离合器的作用是_____。

2. 按结构和用途不同，可将离合器分为_____、齿形离合器、摩擦式离合器、_____和_____。

3. 适用于低速或停机时接合的离合器是_____。

4. _____主要用在有快慢速两个动力源交替传动的轴上。

 情境导入

　　机械零件的正常转动离不开轴、轴承的支撑。支承零部件是机械零件的重要组成部分。本专题主要学习常见轴、滑动轴承、滚动轴承的结构、特点，为正确使用和维护机械零部件做准备。

学习活动一　　轴

■ 学习目标

　　1. 掌握轴的用途和分类。
　　2. 掌握轴的材料及其选择。

■ 学习过程

　　轴（图 3-1-1）在人们的生产、生活中随处可见，如减速器的转轴、自行车的轮轴、汽车中的传动轴及内燃机中的曲轴等。轴是机器中比较基本和重要的零件之一。

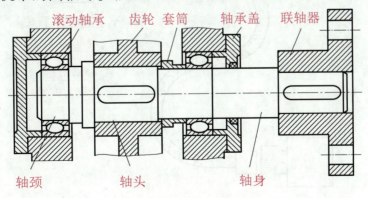

滚动轴承　　齿轮　套筒　　轴承盖　　联轴器

轴颈　　　　轴头　　　　　轴身

图 3-1-1　轴

一、轴的用途和分类

轴的主要功能是支承回转零件、传递运动和动力。

轴的类别及特点

1）根据轴线形状的不同，轴可以分为直轴、曲轴和挠性钢丝软轴（简称挠性轴），而直轴又可以分为光轴、阶梯轴。

光轴（图 3-1-2）形状简单，加工容易，应力集中源较少；轴上零件不易装配及定位。

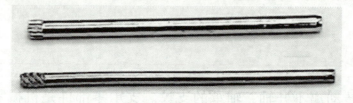

图 3-1-2　光轴

阶梯轴加工复杂，应力集中源较多，容易实现轴上零件装配及定位。阶梯轴常作转轴，如减速器中的轴。

曲轴（图 3-1-3）常用于将回转运动转变为直线往复运动或将直线往复运动转变为回转运动。曲轴主要用于各类发动机中，如内燃机、空气压缩机等。

图 3-1-3　曲轴

挠性钢丝软轴（图 3-1-4）由几层紧贴在一起的钢丝构成，可以把回转运动灵活地传到任何位置，适用于连续振动的场合，具有缓和冲击的作用。挠性钢丝软轴常用于医疗器械和电动手持小型机具。

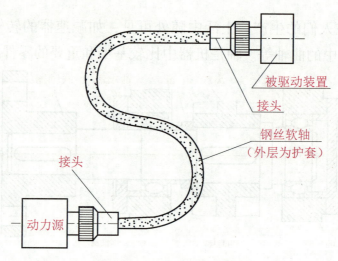

被驱动装置

接头

钢丝软轴
（外层为护套）

接头

动力源

图 3-1-4　挠性钢丝软轴

2）根据承载情况的不同，直轴又可以分为传动轴、心轴和转轴，其特点和示例如表3-1-1所示。

表3-1-1 传动轴、心轴和转轴的特点和示例

分类	应用特点	示例	
传动轴	只承受转矩	汽车后桥轴 汽车变速箱	
心轴	只承受弯矩	自行车前轮轴 铁路机车轮轴	
转轴	既承受弯矩 又承受转矩	减速器中的轴	展开式两级圆柱齿轮减速器

二、轴的材料及其选择

1. 轴的主要失效形式

轴的主要失效形式是疲劳断裂（工作时所承受的应力一般是交变循环应力）。

2. 对轴材料的要求

1）具有一定的疲劳强度，对应力集中的敏感性低。

2）具有一定的刚度和韧性。

3）具有足够的耐磨性。

4）具有良好的经济性、工艺性。

3. 常用材料

1）碳素钢：30 钢、35 钢、45 钢、50 钢（正火或调质），其中 45 钢应用最广，价格低廉，对应力集中不敏感，加工性良好，经热处理后可获得良好的综合机械性能，常用于受力较小或不重要的场合。

2）中、低碳合金钢：有更好的机械性能和热处理工艺性，对应力集中较敏感，常用于高速、重载、耐磨、耐高温等特殊场合。

3）球墨铸铁：价格低廉、强度高、吸振性好、切削加工性较好，适用于形状复杂的轴。

4）合金钢：对于强度较高、尺寸较小或有其他特殊要求的轴，可以采用合金钢材料。

评价与分析

完成学习过程后填写表 3-1-2。

表 3-1-2　学习过程评价表

班级		姓名		学号		日期	
序号				配分	得分	总评	
1	能准确说出轴的类型			25		A	
2	能准确说出各种类型轴的特点			25		B	
3	能准确说出轴的材料要求			25		C	
4	能准确说出轴的常用材料			25		D	
小结与建议							

同步练习

一、填空题

1. 根据轴线形状的不同，轴可以分为_____、_____和_____三类。

2. 根据承载情况的不同，直轴又可以分为_____、_____和_____三类。

3. _____轴有良好的挠性，可以把回转运动灵活地传到任何空间位置。

4. 轴的主要功能是_____和_____。

5. 自行车的前轮属于_____轴，减速器中的轴属于_____轴，汽车中的变速箱属于_____轴。

二、综合题

试述轴材料的常用要求和轴的常用材料。

 **学习活动二 滑 动 轴 承**

学习目标

1. 掌握滑动轴承的分类。
2. 掌握轴瓦的分类。
3. 掌握滑动轴承的润滑方式。

学习过程

在机器中，轴承的功用是支承转动的轴及轴上零件，并保持轴的正常工作位置和旋转精度，轴承性能的好坏直接影响机器的使用性能。所以，轴承是机器的重要组成部分。根据摩擦性质的不同，轴承分为滑动轴承和滚动轴承两大类。下面主要介绍滑动轴承。

一、滑动轴承的分类

滑动轴承

滑动轴承按承载方向不同，分为径向滑动轴承（承受径向载荷，图3-2-1）、止推滑动轴承（承受轴向载荷，图3-2-2）和径向止推滑动轴承（同时承受径向载荷和轴向载荷）三种形式。按轴系和拆装的需要，分为整体式滑动轴承和对开式滑动轴承。滑动轴承的主要优点是运转平稳可靠，径向尺寸小，承载能力大，抗冲击能力强，能获得很高的旋转精度，可实现液体润滑，并能在较恶劣的条件下工作。滑动轴承适用于低速、重载或转速特别高、对轴的支承精度要求较高以及径向尺寸受限制的场合。

图3-2-1 径向滑动轴承

图3-2-2 止推滑动轴承

1. 径向滑动轴承

常用的径向滑动轴承有整体式和对开式两种形式。整体式径向滑动轴承（图3-2-3）由轴承座、轴瓦、轴颈等组成。其特点是结构简单，价格低廉，但轴的拆装不方便，磨损后轴承的径向间隙无法调整，适用于轻载、低速或间歇工作的场合。

对开式径向滑动轴承（图3-2-4）结构复杂，可以调整磨损造成的间隙，安装方便，适用于中高速、重载工作的机器中。

图 3-2-3　整体式径向滑动轴承

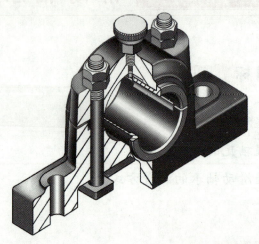

图 3-2-4　对开式径向滑动轴承

2. 止推滑动轴承

用来承受轴向载荷的滑动轴承称为止推滑动轴承，它是靠轴的端面或轴肩、轴环的端面向推力支承面传递轴向载荷的。

二、轴瓦

轴瓦有整体式和剖开式两种，通常整体式滑动轴承采用整体式轴瓦（又称轴套）。轴瓦上制有油孔与油沟，以便给轴承注入润滑油。油沟开在非承载区，为使润滑油能均匀地分布在整个轴颈上，油沟应有足够的长度，但不能开通，以免润滑油从轴瓦端部大量流失，一般为轴瓦长度的80%。

1. 整体式轴瓦

整体式轴瓦如图3-2-5所示。

2. 剖开式轴瓦

剖开式轴瓦如图3-2-6所示。

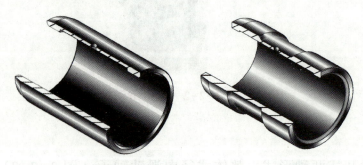

图 3-2-5　整体式轴瓦

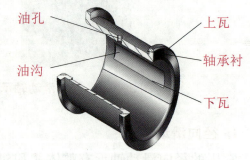

油孔
油沟
上瓦
轴承衬
下瓦

图 3-2-6　剖开式轴瓦

三、滑动轴承润滑剂的选择

滑动轴承润滑的目的是减少工作表面的摩擦和磨损，同时起冷却、散热、防锈蚀及减振等作用。合理正确的润滑对保证机器的正常运转、延长使用寿命具有重要意义。常用的轴承润滑方式有间歇润滑和连续润滑。

1. 润滑脂及其选择

特点：半固体润滑剂，流动性差，无冷却效果。

应用：要求不高、难以经常供油，常用于低速重载及摆动运动之中。

选择原则：

1）当压力高和滑动速度低时，选择针入度小的品种；反之，选择针入度大的品种。

2）润滑脂滴点较轴承工作温度高 20℃～30℃，以免润滑脂过多流失。

3）在有水淋或潮湿的环境下，选择防水性强的钙基或钠基润滑脂。

2. 润滑油及其选择

当转速高、压力小时，应选黏度较低的润滑油；当转速低、压力大时，应选黏度较高的润滑油；在较高温度下工作的轴承，所用润滑油的黏度要高一些。

3. 固体润滑剂

固体润滑剂在摩擦表面上形成固体膜，以减小摩擦阻力，通常只用于有特殊要求的场合。

评价与分析

完成学习过程后填写表 3-2-1。

表 3-2-1 学习过程评价表

班级		姓名		学号		日期	
序号				配分	得分	总评	
1	能准确说出滑动轴承的类型			25		A	
2	能准确说出各种滑动轴承的特点			25		B	
3	能准确说出轴瓦的分类			25		C	
4	能准确说出滑动轴承润滑剂的分类和特点			25		D	
小结与建议							

同步练习

一、填空题

1. 根据承载方式的不同，滑动轴承有_____、_____和_____等主要形式。

2. 径向滑动轴承有_____和_____两种形式。

3. 轴瓦分_____和_____两种。

4. 滑动轴承润滑的目的是减少工作表面的_____和_____。

二、简答题

试述滑动轴承润滑剂的种类和选择原则。

 学习活动三　滚动轴承

学习目标

1. 掌握滚动轴承的结构。
2. 了解滚动轴承的分类。
3. 掌握滚动轴承的代号。
4. 掌握滚动轴承的类型选择。
5. 了解滚动轴承的密封。

学习过程

一、滚动轴承的结构

滚动轴承

滚动轴承（图 3-3-1）一般由内圈、外圈、滚动体和保持架组成。一般情况下，内圈装在轴颈上，与轴一起转动；外圈装在机座的轴承孔内固定不动（惰轮、张紧轮、压紧轮装配的轴承是外圈转，内圈不转）。内、外圈上设置有滚道，当内、外圈相对旋转时，滚动体沿着滚道滚动。常见的滚动体有球形滚子、圆柱形滚子、鼓形滚子、滚针、圆锥形滚子，如图 3-3-2 所示。

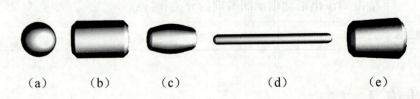

(a)　　(b)　　(c)　　(d)　　(e)

图 3-3-1　滚动轴承

图 3-3-2　滚动体

（a）球形滚子；（b）圆柱形滚子；（c）鼓形滚子；（d）滚针；（e）圆锥形滚子

二、滚动轴承的分类

按滚动体和套圈的结构，滚动轴承可分为深沟球轴承、滚针轴承、角接触轴承、调心球轴承、调心滚子轴承、推力球轴承、推力滚子轴承、圆柱滚子轴承、圆锥滚子轴承、带座外球面球轴承等。

1. 深沟球轴承

深沟球轴承结构简单、使用方便，是生产批量最大、应用范围最广的一类轴承。它主要用以承受径向载荷，也可承受一定的轴向载荷。当径向游隙加大时，深沟球轴承具有角接触轴承的功能，可承受较大的轴向载荷。其广泛应用于汽车、拖拉机、机床、电动机、水泵、农业机械、纺织机械等。

2. 滚针轴承

滚针轴承装有细而长的滚子（滚子长度为直径的3～10倍，直径一般不大于5mm），因此径向结构紧凑，其内径尺寸和载荷能力与其他类型轴承相同时，外径最小，特别适用于径向安装尺寸受限制的支承结构。根据使用场合不同，可选用无内圈的轴承或滚针和保持架组件，此时与轴承相配的轴颈表面和外壳孔表面直接作为轴承的内、外滚动表面。为保持载荷能力和运转性能与有套圈轴承相同，轴或外壳孔滚道表面的硬度、加工精度和表面质量应与轴承套圈的滚道相仿。此种轴承仅能承受径向载荷，广泛应用于万向节轴、液压泵、薄板轧机、凿岩机、机床齿轮箱、汽车及拖拉机变速箱等。

3. 角接触轴承

角接触轴承极限转速较高，可以同时承受径向载荷和轴向载荷，也可以承受纯轴向载荷，其轴向载荷能力由接触角决定，并随接触角增大而增大。此种轴承多用于油泵、空气压缩机、各类变速器、燃料喷射泵、印刷机械等。

4. 调心球轴承

调心球轴承有两列钢球，内圈有两条滚道，外圈滚道为内球面形，具有自动调心的性能。其可以自动补偿由于轴的绕曲和壳体变形产生的同轴度误差，适用于支承座孔不能保证严格同轴度的部件中。此种轴承主要承受径向载荷，在承受径向载荷的同时，也可承受少量的轴向载荷，通常不用于承受纯轴向载荷，如承受纯轴向载荷，只有一列钢球受力。其主要用在联合收割机等农业机械、鼓风机、造纸机、纺织机械、木工机械、桥式吊车走轮及传动轴上。

5. 调心滚子轴承

调心滚子轴承有两列滚子，主要承受径向载荷，同时也能承受任一方向的轴向载荷。此种轴承径向载荷能力高，特别适用于在重载或振动载荷下工作，但不能承受纯轴向载荷；调心性能良好，能补偿同轴承误差。其广泛应用于造纸机械、减速装置、铁路车辆车轴、轧钢机齿轮箱座、破碎机、各类产业用减速机等。

6. 推力球轴承

推力球轴承是一种分离型轴承，轴圈、座圈可以和保持架、钢球的组件分离。轴圈是与轴相配合的套圈,座圈是与轴承座孔相配合的套圈,和轴之间有间隙。推力球轴承只能承受轴向负荷,单向推力球轴承只能承受一个方向的轴向负荷,双向推力球轴承可以承受两个方向的轴向负荷。推力球轴承不能限制轴的径向位移,极限转速很低。单向推力球轴承可以限制轴和壳体一个方向的轴向位移,双向推力球轴承可以限制两个方向的轴向位移。推力球轴承主要应用于汽车转向机构、机床主轴。

7. 推力滚子轴承

推力滚子轴承用于承受轴向载荷为主的轴、径向联合载荷,但径向载荷不得超过轴向载荷的 55%。与其他推力滚子轴承相比,此种轴承摩擦因数较低,转速较高,并具有调心能力。29000 型轴承的滚子为非对称型球面滚子,能减少滚子和滚道在工作中的相对滑动,并且滚子长、直径大,滚子数量多,载荷容量大,通常采用油润滑,个别低速情况可采用脂润滑。在设计选型时,应优先选用推力滚子轴承,其主要应用于水力发电机、起重机吊钩等。

8. 圆柱滚子轴承

圆柱滚子轴承的滚子通常由一个轴承套圈的两个挡边引导,保持架、滚子和引导套圈组成一组合件,可与另一个轴承套圈分离,属于可分离轴承。此种轴承安装、拆卸比较方便,尤其是当要求内、外圈与轴、壳体都是过盈配合时更显示出其优点。此类轴承一般只用于承受径向载荷,只有内、外圈均带挡边的单列轴承可承受较小的定常轴向载荷或较大的间歇轴向载荷。其主要用于大型电动机、机床主轴、车轴轴箱、柴油机曲轴以及汽车、拖拉机的变速箱等。

9. 圆锥滚子轴承

圆锥滚子轴承主要适用于承受以径向载荷为主的径向与轴向联合载荷,而大锥角圆锥滚子轴承可以承受以轴向载荷为主的径、轴向联合载荷。此种轴承为分离型轴承,其内圈(含圆锥滚子和保持架)和外圈可以分别安装。在安装和使用过程中,可以调整轴承的径向游隙和轴向游隙,也可以预过盈安装。其广泛用于汽车后桥轮毂、大型机床主轴、大功率减速器、车轴轴承箱、输送装置的滚轮。

10. 带座外球面球轴承

带座外球面球轴承由两面带密封的外球面球轴承和铸造的(或钢板冲压的)轴承座组成。带座外球面球轴承的内部结构与深沟球轴承相同,但此种轴承的内圈宽于外圈。外圈具有截球形外表面,与轴承座的凹球面相配能自动调心。通常此种轴承的内孔与轴之间有间隙,用顶丝、偏心套或紧定套将轴承内圈固定在轴上,并随轴一起转动。带座外球面球轴承结构紧凑,装卸方便,密封完善,适用于简单支承,常用于采矿、冶金、农业、化工、纺织、印染、输送机械等。

三、滚动轴承的代号

滚动轴承的类型很多,同一类型的轴承又有各种不同的结构、尺寸、公差等级和技术性能等。例如，较为常用的深沟球轴承，在尺寸方面有大小不同的内径、外径和宽度，在结构上有带防尘盖的轴承和外圈上有止动槽的轴承等。为了完整地反映滚动轴承的外形尺寸、结构及性能参数，国家标准在轴承代号中规定了各个相应的项目，其具体内容如表 3-3-1 所示。

表 3-3-1　滚动轴承代号的构成

前置代号	基本代号					后置代号						
	一	二	三	四	五							
轴承分部件代号	类型代号	尺寸系列代号		公称内径代号		内部结构代号	密封与防尘结构代号	保持架及其材料代号	特殊轴承材料代号	公差等级代号	游隙代号	其他代号
		宽度系列代号	直径系列代号									

注：国家标准对滚针轴承的基本代号另有规定。

滚动轴承代号由前置代号、基本代号和后置代号三部分构成，其中基本代号是滚动轴承代号的核心。

1. 基本代号

基本代号由类型代号、尺寸系列代号、公称内径代号组成，是轴承代号的基础。

1）类型代号：用数字或字母表示（尺寸系列代号如有省略，则为第 4 位），用字母表示时，则类型代号与右边的数字之间空半个汉字宽度。轴承的类型如表 3-3-2 所示。

表 3-3-2　轴承的类型

代号	轴承类型	代号	轴承类型
0	双列角接触球轴承	6	深沟球轴承
1	调心球轴承	7	角接触球轴承
2	调心滚子轴承	8	推力圆柱滚子轴承
3	圆锥滚子轴承	N	圆柱滚子轴承
4	双列深沟球轴承	U	外球面球轴承
5	推力球轴承	NA	滚针轴承

2）尺寸系列代号：表示轴承在结构、内径相同的条件下具有不同的外径和宽度，包括宽度系列代号和直径系列代号。

宽度系列表示轴承的内径、外径相同，宽度不同的系列，常用代号有 0（窄）、1（正常）、2（宽）3、4、5、6（特宽）等。

直径系列表示同一内径不同的外径系列，常用代号有 0（特轻）、2（轻）、3（中）、4（重）等。

3）公称内径代号：

①d = 10、12、15、17mm 时，用代号 00、01、02、03 表示。

②内径 $d=20\sim480$mm，且为 5 的倍数时，用代号 $=d/5$ 或 $d=$代号$\times5$（mm）表示。

③$d<10$mm 或 $d>500$mm，以及 $d=22$、28、32mm 时，用代号/内径尺寸（mm）表示。

2. 前置代号和后置代号

前置代号和后置代号是轴承代号的补充，只有在轴承的结构形状、尺寸、公差、技术要求等有所改变时才使用，一般情况下可部分或全部省略，其在《机械设计手册》中有相关规定。这里仅对后置代号中的部分内容进行介绍。

后置代号反映轴承的结构、公差、游隙及材料的特殊要求等，共 8 组代号，如表 3-3-3 所示。

表 3-3-3　后置代号分组

分组代号	后置代号							
	1	2	3	4	5	6	7	8
表示意义	内部结构	密封与防尘套圈变型	保持架及其材料	轴承材料	公差等级	游隙	配置	其他

1）内部结构代号。内部结构代号用字母表示轴承内部结构的变化情况。例如，角接触球轴承的三种不同公称接触角，其内部结构代号分别标注如下。

① 公称接触角 $\alpha=15°$时，标注为 7210C；

② 公称接触角 $\alpha=25°$时，标注为 7210AC；

③ 公称接触角 $\alpha=40°$时，标注为 7210B。

2）公差等级代号。滚动轴承的公差等级分为六级，其代号用 "/P+数字" 表示，数字代表公差等级，如表 3-3-4 所示。

表 3-3-4　公差等级代号

代号	公差等级	说明	示例
/PO	0 级	公差等级符合标准规定的 0 级，代号中省略，不表示	6203
/P6	6 级	精度高于 0 级	6203/P6
/P6X	6x 级	精度高于 0 级，仅适用于圆锥滚子轴承	6203/P6x
/P5	5 级	精度高于 6 级、6x 级	6203/P5
/P4	4 级	精度高于 5 级	6203/P4
/P2	2 级	精度高于 4 级	6203/P2
/SP		尺寸精度相当于 P5 级，旋转精度相当于 P4 级	234420/SP
/UP		尺寸精度相当于 P4 级，旋转精度相当于 P4 级	234730/UP

3）游隙代号。游隙是指轴承内、外圈之间的相对极限移动量。游隙代号用 "/C+数字" 表示，数字为游隙组号。游隙组有 1、2、0、3、4、5 六组，游隙量按由小到大的顺序排列。其中游隙 0 组为基本游隙，"/C0" 在轴承代号中省略不表示。

四、滚动轴承的类型选择

1. 载荷的大小、方向和性质

1）载荷大小。载荷较大，使用滚子轴承；载荷中等以下，使用球轴承。例如，深沟球轴承既可承受径向载荷，又可承受一定轴向载荷，极限转速较高。圆柱滚子轴承可承受较大的冲击载荷，极限转速不高，不能承受轴向载荷。

2）载荷方向。主要承受径向载荷，使用深沟球轴承、圆柱滚子轴承和滚针轴承；承受纯轴向载荷，使用推力轴承；同时承受径向载荷和轴向载荷，使用角接触轴承或圆锥滚子轴承。当轴向载荷比径向载荷大很多时，使用推力轴承和深沟球轴承的组合结构。

3）载荷性质。承受冲击载荷，使用滚子轴承。因为滚子轴承是线接触，承载能力大，抗冲击和振动。

2. 转速

转速较高，旋转精度较高，使用球轴承，否则使用滚子轴承。

3. 调心性能

跨距较大或难以保证两轴承孔的同轴度的轴及多支点轴，使用调心轴承。但调心轴承需成对使用，否则将失去调心作用。

轴承外圈滚道做成球面，所以内、外圈可以绕几何转动。偏转后内、外圈轴心线间的夹角 θ 称为倾斜角。倾斜角的大小代表轴承自动调整轴承倾斜的能力，是轴承的性能参数，故称为调心轴承。

4. 装调性能

圆锥滚子轴承和圆柱滚子轴承的内、外圈可分离，便于装拆。

5. 经济性

在满足使用要求的情况下，优先使用球轴承、精度低和结构简易的轴承，其价格低廉。

五、滚动轴承的密封

密封的目的是防止灰尘、水分、杂质等侵入轴承和阻止润滑剂的流失。良好的密封可保证机器正常工作，降低噪声，并延长轴承的使用寿命。常用的密封方式有接触式密封和非接触式密封两类。

1. 接触式密封

接触式密封的图例、适用场合和说明如表 3-3-5 所示。

表 3-3-5　接触式密封的图例、适用场合和说明

类型		图例	适用场合	说明
接触式密封	毛毡圈密封		脂润滑。要求环境清洁，轴颈圆周速度不大于 4 ~ 5m/s，工作温度不大于 90℃	矩形断面的毛毡圈被安装在梯形槽内，它对轴产生一定的压力而起到密封作用
	皮碗密封		脂润滑或油润滑。圆周速度不大于 7m/s，工作温度不大于 100℃	皮碗（又称油封）是标准件，其主要材料为耐油橡胶。皮碗密封唇朝里，主要防止润滑剂泄漏；密封唇朝外，主要防止灰尘、杂质侵入

2. 非接触式密封

非接触式密封的图例、适用场合和说明如表 3-3-6 所示。

表 3-3-6　非接触式密封的图例、适用场合和说明

类型		图例	适用场合	说明
非接触式密封	间隙密封		脂润滑。干燥清洁环境	靠轴与轴承盖孔之间的细小间隙密封，间隙越小越长，效果越好，间隙一般取 0.1 ~ 0.3mm，油沟能增强密封效果
	曲路密封	径向	脂润滑或油润滑。密封效果可靠	将旋转件与静止件之间的间隙做成曲路形式，在间隙中充填润滑油或润滑脂，以加强密封效果
		轴向		

评价与分析

完成学习过程后填写表 3-3-7。

表 3-3-7　学习过程评价表

班级		姓名		学号		日期	
序号				配分	得分	总评	
1	能准确说出滚动轴承的结构			25		A	
2	能准确说出各种滚动轴承的分类和特点			25		B	
3	能准确说出滚动轴承的公差等级代号			25		C	
4	能准确说出滚动轴承的密封方式			25		D	
小结与建议							

同步练习

填空题

1. 滚动轴承通常由_____、_____、_____和_____等组成。

2. 滚动轴承代号由_____代号、_____代号和_____代号三部分构成。

3. 载荷较大，使用_____轴承；载荷中等以下，使用_____轴承。

4. 跨距较大或难以保证两轴承孔的同轴度的轴及多支点轴，使用_____轴承。

5. 密封的目的是防止灰尘、_____、_____等侵入轴承和阻止_____的流失。

常 用 机 构

情境导入

　　机构是机器设备能够实现目标运动的基础结构，它是由两个或两个以上构件通过活动连接形成的，是具有确定相对运动的构件组合，是用来传递运动和动力的机械系统。它在工程设备、汽车制造、物联网设备等领域的机械设备中普遍使用。按各构件间相对运动的不同，机构可分为平面机构（如平面连杆机构、圆柱齿轮机构等）和空间机构（如空间连杆机构、蜗轮蜗杆机构等）；按运动副类别，机构可分为低副机构（如连杆机构等）和高副机构（如凸轮机构等）；按结构特征，机构可分为连杆机构、齿轮机构、斜面机构、棘轮机构等；按所转换的运动或力的特征，机构可分为匀速和非匀速转动机构、直线运动机构、换向机构、间歇运动机构等；按功用，机构可分为安全保险机构、联锁机构、擒纵机构等类型。

学习活动一　平面四杆机构的结构特点、基本性质和常用类型

学习目标

　　1. 掌握平面四杆机构的组成及结构特点。
　　2. 掌握平面四杆机构的基本性质。
　　3. 了解常用的平面四杆机构及其演变形式。

学习过程

　　平面四杆机构是由四个刚性构件用低副连接组成的，各个运动构件均在同一平面内运动的机构。平面四杆机构是最常用的平面连杆机构，它的基本形式是四个构件通过转动副相连的平面铰链四杆机构。

一、平面四杆机构的基本组成和常用类型

1. 基本组成

平面四杆机构的基本结构由机架、连杆和连架杆等部分组成。如图 4-1-1 所示，固定不动的构件为机架，不与机架直接相连的构成为连杆，连接连杆与机架的构件为连架杆。

平面四杆机构的类别

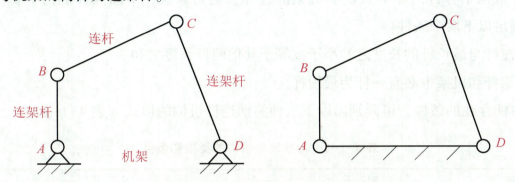

图 4-1-1　平面四杆机构的基本结构

2. 常用类型

结构中如果连架杆能做整周旋转运动，则称为曲柄。如果连架杆仅能在小于 180°的范围内摇摆，则称为摇杆。根据两连架杆的运动形式不同，平面四杆机构的基本形式可分为曲柄摇杆机构、双曲柄机构和双摇杆机构三种类型。

1）曲柄摇杆机构：平面四杆机构中一个连架杆是曲柄，另一个连架杆是摇杆的机构。如图 4-1-2 所示，AB 杆为曲柄，CD 杆为曲柄。

2）双曲柄机构：平面四杆机构中两个连架杆均是曲柄的机构。如图 4-1-3 所示，AB 杆和 CD 杆均为曲柄，车辆的雨刮系统就是采用的这一机构原理。

3）双摇杆机构：平面四杆机构中两个连架杆均是摇杆的机构。如图 4-1-4 所示，AB 杆和 CD 杆均为曲柄，汽车的转向系统就是采用的这一机构原理。

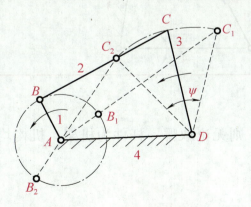

图 4-1-2　曲柄摇杆机构

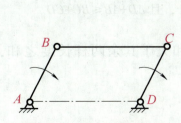

图 4-1-3　双曲柄机构

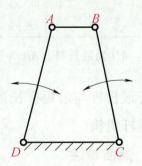

图 4-1-4　双摇杆机构

二、平面四杆机构的基本性质

1. 曲柄存在的条件和判别方法

平面四杆机构中只有曲柄能做整周旋转运动，只有这种能做整周旋转的构件才能用电动机等连续转动的装置来带动，因此曲柄的存在对系统具有重要意义。系统中是否存在曲柄，主要取决于机构中各杆的相对长度和机架的选择。确切来说，平面四杆机构中要存在曲柄，必须同时满足以下两个条件：

1）最短杆与最长杆的长度之和小于或等于其他两杆长度之和。

2）连架杆和机架中必有一杆为最短杆。

根据曲柄存在的条件，可判别出以下三种曲柄连杆机构的形式（表 4-1-1）。

表 4-1-1   曲柄连杆机构的类型和条件

类型	说明	图示
曲柄摇杆机构	连架杆之一为最短杆	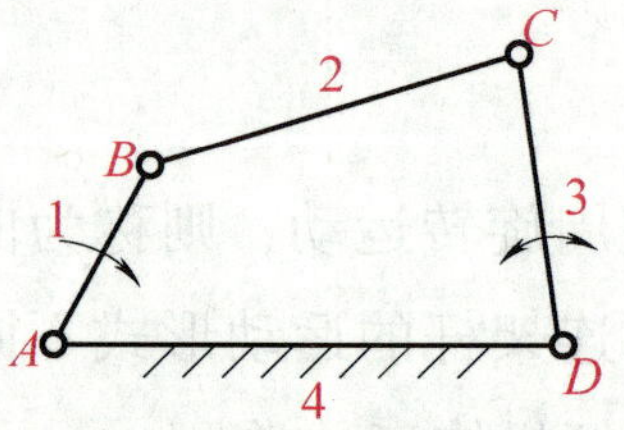 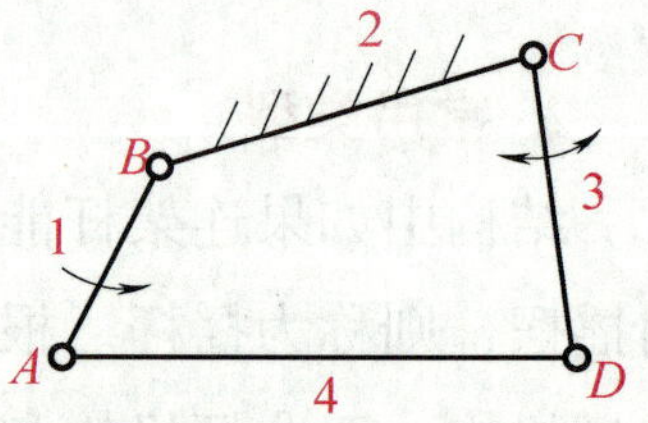
双曲柄机构	机架为最短杆	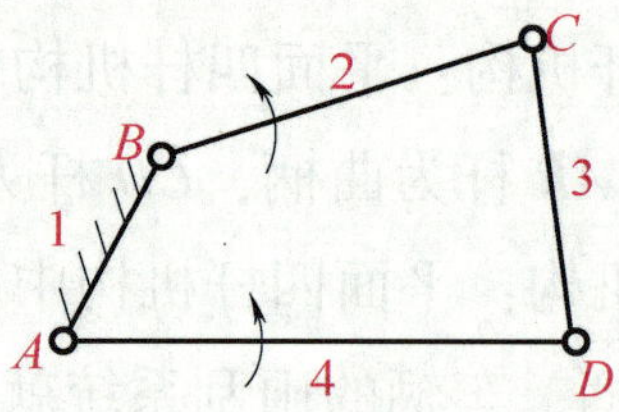
双摇杆机构	连杆为最短杆	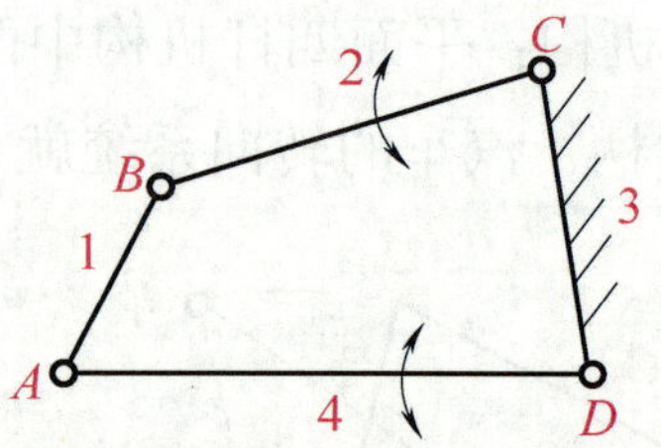

注：AD 为最长杆，AB 为最短杆，且 $AD+AB \leqslant BC+CD$。

若最长杆与最短杆长度之和大于其余两杆长度之和，则无论取哪一杆件为机架，机构均为双摇杆机构。

2. 急回特性

如图 4-1-5 所示曲柄摇杆机构，设曲柄 AB 为主动件，在其转动一周的过程中有两次与连杆共线，这时摇杆 CD 分别处于两极限位置 C_1D 和 C_2D，机构所处的这两个位置称为极位。机构在两个极位时，原动件 AB 所在两个位置之间的夹角 θ 称为极位夹角。

当曲柄以等角速度 ω_1 顺时针转过 $a_1 = 180° + \theta$ 时，摇杆将由位置 C_1D 摆到 C_2D，其摆角为 φ，设所需时间为 t_1，C 点的平均速度为 v_1；当曲柄继续转过 $\alpha_1 = 180° - \theta$ 时，摇杆又从位置 C_2D 回到 C_1D，摆角仍然是 φ，设所需时间为 t_2，C 点的平均速度为 v_2。因为曲柄为等角速度转动，而 $\alpha_1 > \alpha_2$，所以有 $t_1 > t_2$，$v_2 > v_1$。摇杆这种性质的运动称为急回运动。

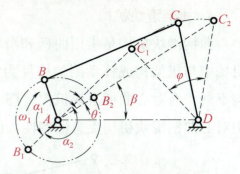

图 4-1-5　急回特性示意图

极位夹角越大，机构的急回特性越明显；极位夹角为零时，机构往返时间相同，此时机构无急回特性。应用中常利用平面四杆机构的急回特性来节省工作时间，提高生产效率。例如，牛头刨床中退刀速度明显高于工作速度，就是利用了摆动导杆机构的急回特性。

3. 死点及其位置

如图 4-1-6 所示曲柄摇杆机构，设曲柄 CD 为主动件，曲柄 AB 为从动件。当从动件摆动到极限位置 C_1D 或 C_2D 时，连杆 BC 与从动曲柄 AB 共线。此时，主动摇杆 CD 通过连杆 BC 传递给从动曲柄 AB 的动力将经过从动件的铰链中心 A，无压力角，对从动件的作用力或力矩为零，使机构不动或出现运动不确定现象。机构处于的这种位置称为死点，又称止点。主动杆与从动杆处于的直线位置称为死点位置。

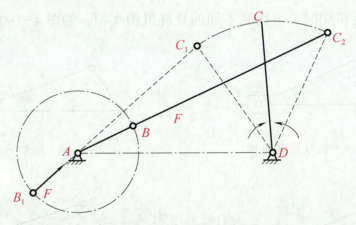

图 4-1-6　死点位置示意图

为了使机构能够顺利通过死点位置，通常采用的方法有利用从动曲柄的质量或附加一个转动惯性大的飞轮（如柴油机的飞轮），依靠惯性冲过死点位置。也可采用多组机构错列，相互避开死点位置，一般两组机构的曲柄错开 90°，如火车车轮的联动装置。

三、平面四杆机的演变形式

平面四杆机构的演变形式一般是通过改变机构中的某些构件形状、相对长度或选择不同构件作为机架等方式演化而来的。

1. 曲柄滑块机构

曲柄滑块机构是指用曲柄和滑块来实现转动和移动相互转换的平面连杆机构。曲柄滑块机构中与机架构成移动副的构件为滑块，通过转动副连接曲柄和滑块的构件为连杆。根据结构不同，有对心曲柄滑块机构（图 4-1-7）和偏置曲柄滑块机构（图 4-1-8）两种形式，其中对心曲柄滑块机构无急回特性，偏置曲柄滑块机构有急回特性。

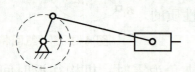 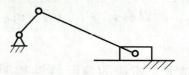

图 4-1-7　对心曲柄滑块机构　　　　图 4-1-8　偏置曲柄滑块机构

曲柄滑块机构广泛应用于往复活塞式发动机、压缩机、冲床等的主机构中，把往复移动转换为不整周或整周的回转运动；压缩机、冲床以曲柄为主动件，把整周转动转换为往复移动。

2. 导杆机构

连架杆中至少有一个构件为导杆的平面四杆机构称为导杆机构。导杆是机构中与另一运动构件组成移动副的构件。

导杆机构是通过改变曲柄滑块机构中固定件的位置演化而来的。当曲柄滑块机构（图 4-1-9）选取不同构件为机架时，可得到不同的导杆机构类型，如图 4-1-10~图 4-1-12 所示。

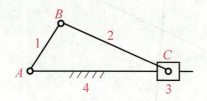 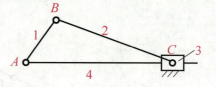

图 4-1-9　曲柄滑块机构　　　　　　图 4-1-10　移动导杆机构

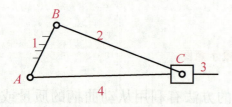 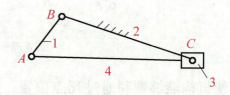

图 4-1-11　定块机构　　　　　　　图 4-1-12　摇块导杆机构

 评价与分析

完成学习过程后填写表 4-1-2。

表 4-1-2 学习过程评价表

班级		姓名		学号		日期	
序号				配分	得分	总评	
1	能准确说出平面四杆机构的基本组成			25		A B C D	
2	能准确说出平面四杆结构的常用类型			25			
3	能准确说出平面四杆机构中曲柄存在的条件			25			
4	能准确说出平面四杆机构急回特性的定义			25			
小结与建议							

同步练习

填空题

1. 平面四杆机构是由_____个刚性构件用低副连接组成的。

2. 平面四杆机构中用于连接连杆与机架的构件为_____。

3. 面和面接触的运动副在接触部位的压强较低,被称为_____。

4. 平面四杆机构由一些刚性构件用_____副和_____副相互连接而成。

学习活动二 凸轮机构的类型、特点及工作规律

学习目标

1. 掌握凸轮机构的常用类型。

2. 了解凸轮机构的结构和应用特点。

3. 了解凸轮机构的运动规律。

学习过程

在工程设备、汽车制造、物联网设备等领域的一些机械中,要求从动件的位移、速度和加速度必须严格地按照预定规律变化,此时可采用凸轮机构来实现(如活塞发动机的气门控制机构)。凸轮机构广泛应用于各种机械和自动控制装置中。

凸轮机构是一种常见的运动机构,它是由凸轮、从动件和机架组成的高副机构。其中,凸轮是一个具有曲线轮廓或凹槽的构件,一般为主动件,做等速回转运动或往复直线运动。

当从动件的位移、速度和加速度必须严格地按照预定规律变化，尤其当原动件做连续运动而从动件必须做间歇运动时，则采用凸轮机构最为简便。凸轮从动件的运动规律取决于凸轮的轮廓线或凹槽的形状，凸轮可将连续的旋转运动转化为往复的直线运动，可以实现复杂的运动规律。只要适当地设计凸轮的轮廓曲线，就可以使推杆得到各种预期的运动规律。当凸轮机构用于传动机构时，可以产生复杂的运动规律，包括变速范围较大的非等速运动，以及暂时停留或各种步进运动；凸轮机构也适宜于用作导引机构，使工作部件产生复杂的轨迹或平面运动；当凸轮机构用作控制机构时，可以控制执行机构的自动工作循环。因此，凸轮机构的设计和制造方法对现代制造业具有重要意义。

凸轮机构因可以准确实现各种复杂的运动规律要求，而且结构简单、紧凑，广泛地应用于轻工、纺织、食品、交通运输、机械传动等领域的自动机械、仪器和操纵控制装置中。

一、凸轮机构的类型

工程实际中所使用的凸轮机构形式多种多样，常用的分类方法有以下几种。

凸轮机构的构成及分类

1. 按凸轮形状分类

1）盘形凸轮（图4-2-1）：这种凸轮是一个绕固定轴转动并且具有变化向径的盘形零件。当其绕固定轴转动时，可推动从动件在垂直于凸轮转轴的平面内运动。它是凸轮最基本的形式，结构简单，应用最广。

2）移动凸轮（图4-2-2）：当盘形凸轮的转轴位于无穷远处时，就演化成了移动凸轮（或楔形凸轮）。凸轮呈板状，相对于机架做直线移动。

在以上两种凸轮机构中，凸轮与从动件之间的相对运动均为平面运动，故又统称为平面凸轮机构。

3）圆柱凸轮（图4-2-3）：如果将移动凸轮卷成圆柱体，即演化成圆柱凸轮。图4-2-3为自动机床的进刀机构。在这种凸轮机构中，凸轮与从动件之间的相对运动是空间运动，故属于空间凸轮机构。

图4-2-1　盘形凸轮　　　图4-2-2　移动凸轮　　　图4-2-3　圆柱凸轮

2. 按从动件形状分类

1）尖顶从动件［图4-2-4（a）］：从动件的尖端能够与任意复杂的凸轮轮廓保持接触，

从而使从动件实现任意的运动规律。这种从动件结构最简单，但尖端处易磨损，故只适用于速度较低和传力不大的场合。

2）滚子从动件［图4-2-4（b）］：为减小摩擦磨损，在从动件端部安装一个滚轮，把从动件与凸轮之间的滑动摩擦变成滚动摩擦，因此摩擦磨损较小，可用来传递较大的动力，故这种形式的从动件应用很广。

3）平底从动件［图4-2-4（c）］：从动件与凸轮轮廓之间为线接触，接触处易形成油膜，润滑状况好。此外，在不计摩擦时，凸轮对从动件的作用力始终垂直于从动件的平底，受力平稳，传动效率高，常用于高速场合。缺点是与之配合的凸轮轮廓必须全部为外凸形状。

4）曲面从动件［图4-2-4（d）］：为了克服尖端从动件的缺点，可以把从动件的端部做成曲面，称为曲面从动件。这种结构形式的从动件在生产中应用较多。

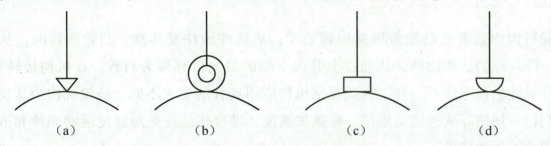

（a）　　　　　　　（b）　　　　　　　（c）　　　　　　　（d）

图4-2-4　凸轮的从动件结构形式

（a）尖顶从动件；（b）滚子从动件；（c）平底从动件；（d）曲面从动件

3. 按从动件运动形式分类

按照从动件的运动形式，分为移动从动件凸轮和摆动从动件凸轮机构（如封闭型凸轮）。移动从动件凸轮机构又可根据其从动件轴线与凸轮回转轴心的相对位置，分成对心（如盘型凸轮）和偏置两种（如圆柱凸轮）。

4. 按高副接触分类

1）力封闭型凸轮机构（图4-2-5）：指利用重力、弹簧力或其他外力使从动件与凸轮轮廓始终保持接触的凸轮机构。

2）形封闭型凸轮机构（图4-2-6）：指利用高副元素本身的几何形状使从动件与凸轮轮廓始终保持接触的凸轮机构。

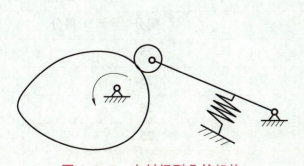

图4-2-5　力封闭型凸轮机构

图4-2-6　形封闭型凸轮机构

二、凸轮机构的应用特点

1. 优点

结构简单紧凑、设计方便、工作可靠，能实现规律停歇运动，只要做出适当的凸轮轮廓，就能使从动杆得到任意预定的运动规律。

2. 缺点

凸轮为高副接触（点或线），压力较大，接触易磨损；凸轮轮廓加工困难，费用较高；只适合于传力不大、工作行程不大的场合。

三、凸轮机构的运动规律

凸轮机构中通常是凸轮做等速回转运动，从动件做往复移动。凸轮回转时，从动件做升—停—降—停的运动循环，从动件上升或下降的最大位移称为行程。在机构运转过程中，不同条件系统的稳定性不一样，因此根据机构应用场合的要求不同，凸轮机构中从动件有等速运动规律、加速等减速运动规律、余弦加速度运动规律、正弦加速度运动规律和五次多项式运动规律等运动规律。

其中，等速运动规律中凸轮机构会产生强烈的刚冲击，因此等速运动规律只适用于低速回转、轻载的场合；加速等减速运动规律中凸轮机构有柔性冲击，适用于中速回转、轻载的场合；余弦加速度运动规律中凸轮机构起止位置有柔性冲击，适用于中速回转、重载的场合；正弦加速度运动规律中凸轮机构无冲击，适用于中速回转、轻载的场合；五次多项式运动规律中凸轮机构无冲击，适用于高速回转、中载的场合。

评价与分析

完成学习过程后填写表4-2-1。

表4-2-1　学习过程评价表

班级		姓名		学号		日期	
序号					配分	得分	总评
1	能准确说出凸轮机构的组成				25		A
2	能准确说出凸轮机构的类型				25		B
3	能准确区分低副和高副的定义				25		C
4	能准确说出凸轮机构的应用特点				25		D
小结与建议							

同步练习

填空题

1. 在凸轮机构几种常用的推杆运动规律中，_____规律只适用于低速。

2. 凸轮机构能使从动件按照_____实现各种复杂的运动。

3. 力封闭型凸轮利用_____、_____或其他外力使从动件与凸轮轮廓始终保持接触。

4. 从动杆的形式一般有_____、_____、平底从动件和_____等。

学习活动三　间歇机构、变速机构和换向机构

学习目标

1. 了解间歇机构、变速机构和换向机构的类型和特点。
2. 掌握间歇机构、变速机构和换向机构的工作原理。

学习过程

机器工作过程中，有时需要在同一输入转速下输出不同的转速（如汽车的变速机构），有时需要同一机器既能正传又能反转（如汽车的前进和后退），有时还需要机器实现间歇性工作（如电影放映机卷片传送装置）。为满足现实工况中的这些需求，人们设计了变速机构、换向机构和间歇机构等特别的机械结构。

在输入转速不变的条件下，获得不同输出转速的装置称为变速机构。在输入转向不变的条件下，可获得输出转向改变的机构称为换向机构。能够将主动件的连续运动转换成从动件的周期性运动或停歇的机构称为间歇机构，前面学的凸轮机构就是间歇机构的一种。

一、间歇机构的类型、特点和工作原理

间歇运动机构可分为单向运动和往复运动两类。常见的间歇运动机构有棘轮机构、槽轮机构、不完全齿轮机构和连杆机构。下面详细介绍前三种。

常用的间歇机构

1. 棘轮机构

棘轮机构是由摇杆、棘轮和棘爪组成的一种单向间歇运动机构。摇杆为运动输入构件，棘轮为运动输出构件，棘爪是运动传输或锁止机构。

棘轮根据其结构形式，可分为齿式棘轮机构和摩擦式棘轮机构。其中，齿式棘轮机构又有外啮合齿式棘轮机构和内啮合齿式棘轮机构之分。

图 4-3-1 所示外啮合齿式棘轮机构的工作原理为：当摇杆 1 逆时针摆动时，铰接在杆上的棘爪 4 推动棘轮沿顺时针转过一个棘齿角度，同时棘爪 2 滑入棘齿中。当摇杆顺时针摆动时，棘爪 2 推动棘轮沿顺时针转过一个棘齿角度，同时棘爪 4 滑入棘齿中。这样，当摇杆做连续往复摆动时，棘轮便得到单向的间歇转动。

图 4-3-2 所示内啮合齿式棘轮机构的工作原理为：当摇杆（棘爪 2 的轴心）带动棘爪 2 沿顺时针转动时，棘爪 2 突出结构插入棘轮 1 凹槽内，随着棘爪 2 继续顺时针转动，推动棘轮 1 以转轴 3 为旋转中心沿顺时针转过一个棘齿角度。这样，当摇杆沿同一方向做连续转动时，棘轮便得到单向的间歇转动。

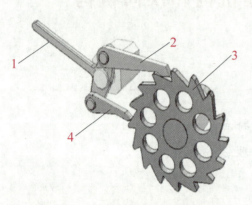

图 4-3-1　外啮合齿式棘轮机构

1—摇杆；2、4—棘爪；3—棘轮

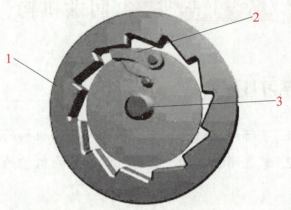

图 4-3-2　内啮合齿式棘轮机构

1—棘轮；2—棘爪；3—转轴

图 4-3-3 所示摩擦式棘轮机构工作原理为：当摇杆 5 沿逆时针摆动时，通过铰链带动棘爪 1 逆时针方向摆动，棘爪 1 的圆弧面通过与棘轮 2 外圆弧表面之间的摩擦力带动棘轮 2 沿逆时针方向转动，同时锁止棘爪 3 被棘轮表面摩擦推动向顺时针方向少量摆动（不影响棘轮转动）。摇杆 5 沿顺时针摆动时，通过铰链带动棘爪 1 顺时针方向摆动，当棘轮 2 接受棘爪 1 摩擦力有向顺时针转动的趋势时，锁止棘爪 3 受到棘轮摩擦力的影响向逆时针少量摆动，并顶住棘轮使之无法转动（锁止）。这样，当摇杆沿同一方向做连续转动时，棘轮便得到单向的间歇转动。

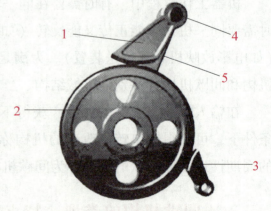

图 4-3-3　摩擦式棘轮机构

1—棘爪；2—棘轮；3—锁止棘爪；
4—铰链；5—摇杆

2. 槽轮机构

槽轮机构主要由带圆销的拨盘、槽轮和机架组成。其中，拨盘为主动件，槽轮为从动件。槽轮机构的特点是结构简单、转位方便、工作可靠、传动平稳性好，能准确控制槽轮的转角。

转角大小受超槽数限制，不能调节。在槽轮转动的起始与终止位置存在冲击现象，且该现象随转速增加或槽轮槽数的减少而加剧，因此不适用于高速场合。

槽轮机构的常见类型有单圆销外槽轮机构、双圆销外槽轮机构和内啮合槽轮机构。

单圆销外槽轮机构（图4-3-4）的工作原理是：主动拨盘1每回转一周，圆销3插入槽轮4卡槽一次，拨动槽轮4运动一次，且槽轮4与主动杆2转向相反，此机构间歇周期较长。

双圆销外槽轮机构（图4-3-5）的工作原理是：主动拨盘1每回转一周，圆销3和4分别插入槽轮5卡槽一次，拨动槽轮5运动两次，且槽轮5与主动杆2转向相反。此机构减少了静止不动的时间，且增加圆销个数可使槽轮运动次数增多，但应注意圆销数量不宜太多。

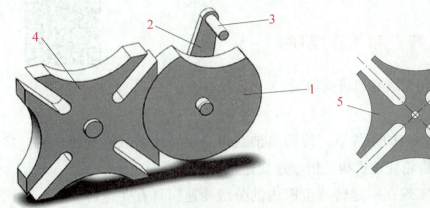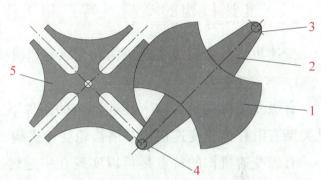

图4-3-4 单圆销外槽轮机构   图4-3-5 双圆销外槽轮机构

1—主动拨盘；2—主动杆；3—圆销；4—槽轮   1—主动拨盘；2—主动杆；3、4—圆销；5—槽轮

内啮合槽轮机构（图4-3-6）的工作原理是：主动拨盘1匀速转动一周，圆销3插入槽轮4卡槽一次，拨动槽轮4间歇地转过一个槽口，槽轮4与主动拨盘1转向相同。内啮合槽轮机构结构紧凑，传动较平稳，槽轮停歇时间较短。

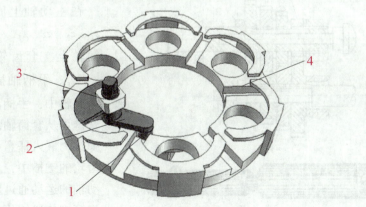

图4-3-6 内啮合槽轮机构

1—主动拨盘；2—主动杆；3—圆销；4—槽轮

3. 不完全齿轮机构

主动齿轮做连续转动、从动齿轮做间歇运动的齿轮传动机构称为不完全齿轮机构。

不完全齿轮机构（图4-3-7）的特点是结构简单、工作可靠、可传递力大，工艺复杂，从动轮在运动的起始与终止位置有较大的冲击，一般适用于低速、轻载的场合。

图 4-3-7　不完全齿轮机构

变速机构的原理

二、变速机构的类型、特点和工作原理

变速机构分为有级变速机构和无级变速机构两类。

1. 有级变速机构

有级变速机构是在输入转速不变的条件下，使输出轴获得一定转速级数的变速机构。常见类型有滑移齿轮变速机构、塔齿轮变速机构、倍增速变速机构和拉键变速机构等。

有级变速机构的特点是可以实现在一定转速范围内的分级变速，具有变速可靠、传动比准确、结构紧凑等优点，高转速工况下回转不够平稳，变速时有噪声。具体工作原理和特点如表 4-3-1 所示。

表 4-3-1　有级变速机构的类型、工作原理及应用特点

类型	简图	工作原理	工作特点
拉键变速机构	z_2 z_4 z_6 z_8　1　2　4　3　z_1 z_3 z_5 z_7 1—弹簧键；2—从动套筒轴； 3—主动轴；4—手柄轴	在主动轴上固联齿轮 z_1、z_3、z_5、z_7，在从动套筒轴上空套齿轮 z_2、z_4、z_6、z_8。手柄轴插入从动套筒轴中，手柄前端的弹簧键可从套筒轴的键槽中弹出，嵌入任意一个空套齿轮的键槽中，从而将主动轴的运动通过齿轮副和弹簧键传递给从动轴	结构紧凑，但拉键的刚度低，不能传递较大的转矩

续表

类型	简图	工作原理	工作特点
滑移齿轮变速机构		轴Ⅰ、Ⅳ上分别安装齿数为 19—22—16、32—47—26 的三联滑移齿轮和齿数为 82—19 的双联滑移齿轮。改变滑移齿轮的啮合位置，就可改变轮系的传动比	具有变速可靠、传动比准确等优点，但零件种类和数量多，变速有噪声
塔齿轮变速机构	1—主动轴；2—导向键；3—中间齿轮支架；4—中间齿轮；5—拨叉；6—滑移齿轮；7—塔齿轮；8—从动轴；9、10—离合器；11—丝杠；12—光杠齿轮；13—光杠	在从动轴上，八个排成塔形的固定齿轮组成塔齿轮。主动轴上滑移齿轮和拨叉沿导向键可在轴上滑动，并通过中间齿轮与塔齿轮中任意一个齿轮啮合，将主动轴的运动传递给从动轴	机构的传动比与塔齿轮的齿数成正比，它是一种容易实现传动比为等差数列的变速机构，可应用于车床进给箱等
倍增速变速机构		轴Ⅰ、Ⅲ上装有双联滑移齿轮，轴Ⅱ上装有三个固定齿轮，改变滑移齿轮的位置可得到四种传动比：1/8、1/4、1/2、1	传动比按 2 的倍数增加

2. 无级变速机构

无级变速机构通过适当改变主动件和从动件的相互转动半径，使输出轴的转速在一定范围内变化，且这种变化较为顺畅，无明显突变。无级变速机构主要通过主动件和从动件接触面间的摩擦来传递转矩。常见类型有滚子平板式无级变速机构、锥轮—端面盘式无级变速机构和分离锥轮式无级变速机构等。

无级变速机构的特点是结构紧凑，效率较高，操纵方便，能在一定数值范围内实现无限多级的平稳变速。由于振动很小，且速度稳定，其整体系统运转平稳，可用于载荷较大、转速较高的场合。具体工作原理和特点如表4-3-2所示。

表4-3-2　无级变速机构的类型、工作原理及应用特点

类型	简图	工作原理	工作特点
滚子平板式无级变速机构	1—滚子；2—平盘	主、从动轮靠接触处产生的摩擦力传动，传动比 $i = r_2/r_1$。若将滚子沿轴向移动，r_2 改变，传动比改变。由于 r_2 可在一定范围内任意改变，从动轴Ⅱ可以获得无级变速	结构简单、制造方便，但存在较大的相对滑动，磨损严重
锥轮—端面盘式无级变速机构	1—锥轮；2—端面盘；3—弹簧；4—齿条；5—齿轮；6—支架；7—链条；8—电动机	锥轮1安装在轴线倾斜的电动机轴上，端面盘2安装在底板支架6上，弹簧3的作用力使其与锥轮1的锥面紧贴。转动齿轮5使固定在底板上的齿条4连同支架6移动，从而改变锥轮1与端面盘2的接触半径 R_1、R_2，获得不同的传动比，实现无级变速	传动平稳，噪声低，结构紧凑，变速范围大

类型	简图	工作原理	工作特点
分离锥轮式无级变速机构	 1—带轮；2、4—锥轮；3—杠杆； 5—从动轴；6—支架；7—螺杆； 8—主动轴；9—螺母；10—传动带	两对可滑移的锥轮2、4分别安装在主、从动轴上，并用杠杆3连接，杠杆3以支架6为支点。两对锥轮间利用带传动。转动手轮（螺杆7），两个螺母反向移动（两段螺纹旋向相反），使杠杆3摆动，从而改变传动带10与锥轮2、4的接触半径，达到无级变速	动转平稳，变速较可靠

三、换向机构的类型、特点和工作原理

　　换向机构是利用不同控制方法使从动件改变运动方向的机构，常与其他机构联合使用。这种机构的具体形式很多，如利用皮带、齿轮、摩擦轮、棘轮、螺旋或离合器等换向。刨床、冲床、车床和汽车等都广泛应用换向机构。

　　常用换向机构一般有三星轮换向机构和离合器锥齿轮换向机构。

1. 三星轮换向机构

　　三星轮换向机构将两个惰轮和一个从动轮通过机架连接，通过控制不动惰轮与同一输出的主动轮啮合来使从动轮获得不同的运转方向。具体工作原理和特点如表4-3-3所示。

表4-3-3　三星轮换向机构的类型、工作原理及应用特点

类型	简图	工作特点
三星轮换向机构	 （a）　　　　　（b） 1—主动齿轮；2、3—惰轮；4—从动齿轮	卧式车床走刀系统的三星轮换向机构利用惰轮来实现从动轴回转方向的变换。转动手柄A使三角形杠杆架绕从动齿轮4轴线回转。在图（a）位置时，惰轮3参与啮合，从动齿轮4与主动齿轮1回转方向相同。在图（b）位置时，惰轮2、3参与啮合，从动齿轮4与主动齿轮1回转方向相反

2. 离合器锥齿轮换向机构

离合器锥齿轮换向机构是通过主动锥齿轮与不同方向的从动锥齿轮啮合来实现换向的机构，不同从动锥齿轮与主动锥齿轮的啮合通过离合器来实现。具体工作原理和特点如表4-3-4所示。

表4-3-4　离合器锥齿轮换向机构的类型、工作原理及应用特点

类型	简图	工作特点
离合器锥齿轮换向机构	 1—主动锥齿轮；2、4—从动锥齿轮；3—离合器	主动锥齿轮1与空套在轴Ⅱ上的从动锥齿轮2、4啮合，离合器3与轴Ⅱ以花键连接。当离合器向左移动与轮4接合时，从动轴的转向与从动锥齿轮4相同；当离合器向右移动与从动锥齿轮2接合时，从动轴的转向与从动锥齿轮2相同

评价与分析

完成学习过程后填写表4-3-5。

表4-3-5　学习过程评价表

班级		姓名		学号			日期	
序号					配分	得分		总评
1	能准确说出变速机构、换向机构和间歇机构的定义				25			A
2	能准确说出间歇机构的类型				25			B
3	能准确说出变速机构的类型				25			C
4	能准确说出换向机构的类型				25			D
小结与建议								

同步练习

填空题

1. 棘轮机构是由_____、_____和_____组成的一种单向间歇运动机构。

2. 槽轮机构主要由_____、_____和_____组成。

3. 间歇运动机构可分为_____和_____两类。

4. 主动齿轮做连续转动、从动齿轮做间歇运动的齿轮传动机构称为_____。

5. 换向机构是利用不同控制方法使_____改变运动方向的机构。

工 程 材 料

 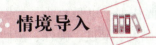

　　工程材料是现代工业生产的支柱之一，机器设备及零部件的设计、选材、加工制造、维护保养等，无一不涉及工程材料。以机器人组装及调试为例，其涉及金属材料、非金属材料等。为正确选用材料，就必须熟悉材料的类别、材料的性能特点及用途。

学习活动一　金属材料的性能

学习目标

1. 了解金属材料变形的特点。
2. 掌握金属材料使用性能和工艺性能的含义及内容。
3. 掌握金属材料力学性能指标（强度、硬度、塑性、韧性等）的意义。
4. 掌握金属材料的工艺性能指标意义。

学习过程

　　金属材料是由金属元素或以金属元素为主构成的具有金属特性的材料的统称。金属材料包括纯金属、合金、金属间化合物和特种金属材料等。

　　金属材料在加工及使用过程中所受到的外力称为载荷。根据载荷作用性质的不同，可将其分为静载荷、冲击载荷和变载荷三类。静载荷是指大小不变或变化很缓慢的载荷；冲击载荷是指突然变化的载荷；变载荷是指周期性或非周期性变化（包括载荷的大小和方向）的载荷。

　　金属材料受载荷作用而发生的几何形状和尺寸的变化称为变形。当载荷去除后能够恢复的变形称为弹性变形，如弹簧的变形。当载荷去除后不能恢复的变形称为塑性变形，也称为残余变形或永久变形，如零件表面的凹陷、梁的弯曲等变形。

一、金属材料的性能

金属材料的性能包含两方面：使用性能和工艺性能。使用性能是指金属材料为满足不同使用要求而应具备的性能，如力学性能、物理性能、化学性能等。工艺性能是指适应不同加工方法的难易程度，如切削加工性、焊接性、铸造性、热处理性能等。在机械加工领域，我们重点关注金属材料的力学性能和工艺性能。金属材料的性能如表5-1-1所示。

表5-1-1　金属材料的性能

金属材料的性能	使用性能：为满足不同使用要求而应具备的性能	力学性能	是设计零（构）件、选择材料的重要依据，也是验收、鉴定材料性能的重要依据，主要包括强度、刚度、硬度、弹性、塑性和冲击韧性等
		物理性能	材料本身固有的特性，如密度、熔点、导热性、热膨胀性、导电性、磁性等
		化学性能	在化学介质作用下所表现出来的性能，如耐腐蚀性、抗氧化性、化学稳定性等
	工艺性能：适应不同加工方法的难易程度	冷加工性能	在再结晶温度以下加工时表现出来的性能，如切削加工时的难易程度
		热加工性能	在再结晶温度以上加工时表现出来的性能，如铸造性、锻压性、焊接性、热处理性能等

金属材料的性能如图5-1-1所示。

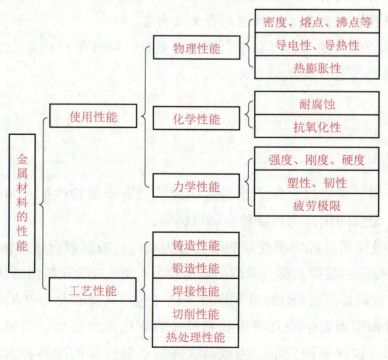

图5-1-1　金属材料的性能

二、金属材料的力学性能

金属材料的力学性能是指材料在外力（也叫机械力）作用下抵抗变形和破坏的能力。它是金属材料的主要性能指标之一，也是设计零（构）件、选用材料的重要依据，还是验收、鉴定材料性能的重要依据。金属材料的力学性能可通过实验来测定。

1. 强度

金属材料在静载荷作用下抵抗塑性变形或断裂的能力称为强度，它又包括屈服强度、抗拉强度、疲劳强度等。

（1）屈服强度

屈服强度是指金属材料在外力作用下开始产生塑性变形时的最低应力值，用 σ_s 表示，单位为 MPa，工程应用中通常用产生 0.2% 塑性变形时的应力值作为材料的屈服强度指标。

（2）抗拉强度

抗拉强度是指金属材料在拉力作用下发生断裂前所承受的最大拉应力，用 σ_b 表示，单位为 MPa。

材料的 σ_s 和 σ_b 均可在材料手册中查得。构件在工作中一般不允许发生塑性变形，设计构件时可选用 σ_s 和 σ_b 作为主要参数。选择金属材料时，通常以屈强比（σ_s/σ_b 的比值）作为参考，其比值越大，越能发挥材料的潜力、减小结构的自重。为了使用安全，屈强比不宜过大，合适的比值为 0.65~0.75。

（3）疲劳强度

某些零件如车床主轴、汽车传动轴、齿轮和弹簧等零件在交变载荷长期作用下工作会出现突然破坏，这种破坏现象称为疲劳破坏。因此，交变载荷作用下的零件应考虑其抵抗这种破坏的能力，即疲劳强度。

零件（或材料）的疲劳强度除取决于它的成分、内部组织外，还与它的表面状态及形状有关，表面应力集中（如截面突变、划伤、损伤、腐蚀斑点等）会使其疲劳强度降低。提高零件疲劳强度的措施包括：①设计上减小应力集中，避免截面突变、锐角转接；②使零件表面具有较小的表面粗糙度；③强化表面，如渗碳、渗氮、喷丸、表面滚压等。

2. 金属材料的刚性与弹性

金属材料在外力作用下，抵抗弹性变形的能力称为刚性。刚性的大小可用材料的弹性模量（E）表示。弹性模量是金属材料在弹性变形范围内，规定非比例伸长应力（ζ_ρ）与规定非比例伸长率（ε_ρ）的比值。所以，材料的弹性模量 E 越大，刚性越大，材料越不易发生弹性变形。

但必须注意的是，材料的刚性与零件的刚度是不同的。零件的刚度除与材料的弹性模量有关外，还与零件的断面形状和尺寸有关。例如，同一种材料的两个零件，弹性模量虽然相同，但断面尺寸大的零件不易发生弹性变形，而断面尺寸小的零件易发生弹性变形。

零件在使用过程中，一般处于弹性变形状态。对于要求弹性变形小的零件，如泵类主轴、往复机的曲轴等，应选用刚性较大的金属材料。对于要求弹性好的零件，如弹簧，则可通过热处理和合金化等方法，达到提高弹性的目的。

3. 塑性

在外力作用下，材料发生的无法恢复的变形称为塑性变形，产生塑性变形而不断裂的能力称为塑性。金属材料塑性的好坏用伸长率 δ 和断面收缩率 Ψ 来表示：

$$\delta = \frac{L_1 - L_0}{L_0} \times 100\% \tag{5-1-1}$$

式中：L_0 为试样的原始长度；L_1 为试样拉断后的长度。

$$\Psi = \frac{S_0 - S_1}{S_0} \times 100\% \tag{5-1-2}$$

式中：S_0 为试样原始横截面积；S_1 为试样拉断处的横截面积。

δ 和 Ψ 值越大，表示材料的塑性越好。金属材料应具有一定的塑性，才能顺利地承受各种变形加工。另外，材料具有一定的塑性，可以提高零件使用的可靠性，防止突然断裂。

4. 硬度

金属材料抵抗局部变形，特别是塑性变形、压痕或划痕的能力称为硬度。它是检验材料或工艺是否合格的一个重要指标，在设计图样的技术条件中大多规定材料的硬度值。一般金属材料的硬度越高，其耐磨性越好；金属材料的强度越高，其塑性变形抗力越大，硬度值也越高。工程上常用的有布氏硬度和洛氏硬度。

（1）布氏硬度

布氏硬度试验法是指把规定直径的淬火钢球或硬质合金球以一定的试验力 P（30000N）压入所测材料表面，保持规定时间后，测量表面压痕直径，利用如下公式计算硬度：

$$HBS(HBW) = 0.102 \times \frac{2P}{\pi D(D - \sqrt{D^2 - d^2})}$$

式中：HBS 表示用钢球试验时的硬度；HBW 表示用硬质合金球试验时的硬度；P 为试验压力（N）；D 为球体直径（mm）；d 为压痕平均直径（mm）。

布氏硬度压痕直径较大，通常用于测定铸铁、有色金属、碳钢、低合金结构钢等原材料或半成品的硬度，也可用于测定经退火、正火和调质处理的钢材的硬度。布氏硬度的表示方法为硬度值+硬度符号+试验条件。例如，210HBS10/1000/30 表示用 10mm 直径的淬火钢球作为压头，在 1000kgf 作用下，保持时间为 30s，测得的布氏硬度值为 210；500HBW5/750 表示用 5mm 直径的硬质合金球压头，在 750kgf 作用下，保持 10~15s（持续时间 10~15s 时，可以不标注），测得的布氏硬度值为 500。布氏硬度试验规范如表 5-1-2 所示。

表 5-1-2 布氏硬度试验规范

材料种类	布氏硬度值范围	球直径 D/mm	$0.102P/D^2$	试验压力 P /（N 或 kgf）	保持时间/s	备注
钢、铸铁	≥140	10 5 2.5	30	29420（3000） 7355（750） 1839（187.5）	10	压痕中心距试样边沿距离不应小于压痕平均直径的 2.5 倍，相邻压痕中心距离不应小于压痕平均直径的 4 倍，试样厚度至少应为压痕深度的 10 倍。试验后，试样支撑面应无明显变形痕迹
	<140	10 5 2.5	10	9807（1000） 2452（250） 613（62.5）	10~15	
非铁金属材料	≥130	10 5 2.5	30	29420（3000） 7355（750） 1839（187.5）	30	
	55~130	10 5 2.5	10	9807（1000） 2452（250） 613（62.5）	30	
	<35	10 5 2.5	2.5	2452（250） 613（62.5） 153（15.5）	60	

（2）洛氏硬度

洛氏硬度是指将标准压头用规定的压力压入被测材料或零件表面，根据压痕深度来度量材料的硬度，压痕越深，硬度越低。其计算公式为

$$HR = \frac{K - h}{0.002}$$

式中：h 为压痕的深度（mm）；K 为常数，当压头为钢球时取 0.26，当压头为金刚石时取 0.2。

为了使洛氏硬度计适应较宽的硬度测定范围，采用了不同的压头和载荷组成各种洛氏硬度标尺，如 HRA、HRB、HRC。硬度表示法为数字加洛氏硬度标尺，如 56HRC、70HRA。常用的三种洛氏硬度的试验条件及应用范围如表 5-1-3 所示。

表 5-1-3 常用的三种洛氏硬度的试验条件及应用范围

标尺	硬度符号	压头类型	总载荷 /（N 或 kgf）	测量范围	应用范围
A	HRA	金刚石圆锥体	588.4（60）	20~88	硬质合金、表面硬化层、淬火工具钢等
B	HRB	φ1.588mm 钢球	980.7（100）	20~100	低碳钢、铜合金、铝合金、铁素体可锻铸铁
C	HRC	金刚石圆锥体	1471（150）	20~70	淬火钢、调质钢、高硬度铸铁

5. 冲击韧性

机械零部件如冲床、锻锤、齿轮等在工作中不仅受到静载荷或变动载荷作用，还受到不同程度的冲击载荷作用。在设计和制造这类零件和工具时必须考虑其抵抗冲击载荷的能力，即冲击韧性 α_k，α_k 越高，材料抵抗冲击的能力越强。金属材料的冲击韧性常用一次摆锤冲击带缺口试样的折断试验所消耗的能量来测定。冲击韧性的大小除取决于材料本身外，还受环境温度、试样大小和缺口形状等因素的影响。

α_k 值低的材料称为脆性材料，α_k 值高的材料称为韧性材料。很多零件，如齿轮、连杆等，工作时受到很大的冲击载荷，因此要用 α_k 值高的材料制造。铸铁的 α_k 值很低，灰口铸铁的 α_k 值近于零，不能用来制造承受冲击载荷的零件。

三、金属材料的工艺性能

金属材料的工艺性能是指其适应不同加工方法的难易程度。根据加工工艺特点的不同，可分为切削加工性、锻造性、铸造性、焊接性和热处理性能等。

1）切削加工性：反映用切削工具（如车刀、铣刀、刨刀、砂轮等）对金属材料进行切削加工的难易程度，主要取决于材料的化学成分和硬度、刀具特点等。机械零件通常用切削加工性能合适的材料加工制造，否则会影响其加工效率，如轴、齿轮等零件。

2）锻造性：反映金属材料在压力加工过程中成型的难易程度，主要取决于金属材料的塑性和加工温度。锻造性能好的金属材料（如低碳钢）通常用来加工容器、油箱、汽车外壳等。

3）铸造性：反映金属材料熔化浇铸成铸件的难易程度，取决于熔化状态时的流动性、吸气性和收缩率等。铸造性能好的材料可用于加工发动机箱体、机床的底座、支架等外形复杂的零部件。

4）焊接性：指在一定的焊接工艺条件下，获得优质焊接接头的难易程度，与金属材料的成分、工艺条件、环境条件、结构等因素有关。摩托车车架、油箱，汽车车身，钢架桥梁等都可用焊接方法来加工。

5）热处理性能：反映钢热处理的难易程度和产生热处理缺陷的倾向。热处理可用于改善零件的力学性能，如切削刃的淬火处理、齿轮表面的淬火处理可提高其表面的硬度，使其不易磨损。

四、金属材料的物理性能

金属材料的物理性能有密度、熔点、热膨胀性、导热性、导电性、导磁性等。

金属材料密度大于 $5 \times 10^3 \mathrm{kg/m}^3$ 的称为重金属，小于 $5 \times 10^3 \mathrm{kg/m}^3$ 的称为轻金属。对于某些工业部门（如航空），密度对产品的质量具有重要的意义。

金属材料的熔点影响到材料的使用和制造工艺。例如，电阻丝、锅炉零件、燃气轮机的喷嘴等要求材料熔点高，保险丝则要求熔点低。在制造工艺上，熔点低的共晶合金流动性好，便于铸造成形。

金属材料的热膨胀性主要是指它的线膨胀系数。热膨胀性会带来零件的变形、开裂及改变配合状态，从而影响机器设备的精度和使用寿命。高精度的机床和仪器，要求在一定温度下加工和测量产品，就是考虑了这个因素。

金属材料的导热性影响加热和冷却的速度。导热性差的材料在加热或冷却时，工件内外温差大，容易产生大的内应力。当内应力大于材料的强度时，则会产生变形或裂纹。

金属材料的导电性和导磁性，对一些电动机、电气产品是很重要的性能。例如，铜、铝导线要求导电性好，镍铬合金的电阻丝要求有大的电阻，变压器和电动机的铁芯则采用磁性好的铁磁材料。

五、金属材料的化学性能

金属与其他物质发生化学反应的特性称为金属的化学性能。在实际应用中主要考虑金属的抗蚀性、抗氧化性（又称为氧化抗力，这里特别指金属在高温时对氧化作用的抵抗能力或者说稳定性），以及不同金属之间、金属与非金属之间形成的化合物对机械性能的影响等。在金属的化学性能中，抗蚀性对金属的腐蚀疲劳损伤有着重大的意义。

评价与分析

完成学习过程后填写表5-1-4。

表5-1-4 学习过程评价表

班级		姓名		学号		日期	
序号		项目		配分	得分	总评	
1	能准确说出金属材料的性能			10			
2	能准确说出金属材料强度指标的特点及意义			20		A	
3	能准确说出金属材料硬度的表示方法及应用特点			20		B	
4	能准确说出金属材料塑性指标的特点及意义			20		C	
5	能准确说出金属材料工艺性能的含义及内容			20		D	
6	能准确说出金属材料物理及化学性能的主要指标			10			
小结与建议							

同步练习

一、填空题

1. 金属材料的性能可分为两大类：一类叫_____，反映材料在使用过程中表现出来的特性；另一类叫_____，反映材料在加工过程中表现出来的特性。

2. 金属在外力作用下所显示出来的性能，称为金属的_____。

3. 金属抵抗永久变形或断裂的能力称为强度，工程材料常用的强度指标是_____、_____等。

4. 断裂前金属发生永久变形的能力称为塑性，常用的塑性指标是_____和_____。

5. 常用的硬度实验方法有_____、_____和维氏硬度。

二、选择题

1. 下列不属于金属力学性能的是（   ）。

A. 强度   B. 硬度   C. 韧性   D. 锻造性

2. 试样拉断前所承受的最大标称拉应力为（   ）。

A. 抗压强度   B. 屈服强度   C. 疲劳强度   D. 抗拉强度

3. 拉伸实验中，试样所受的力为（   ）。

A. 冲击   B. 多次冲击   C. 交变载荷   D. 静态力

4. 属于材料物理性能的是（   ）。

A. 强度   B. 硬度   C. 热膨胀性   D. 耐腐蚀性

5. 常用的塑性评判指标是（   ）。

A. 伸长率和断面收缩率   B. 塑性和韧性

C. 断面收缩率和塑性   D. 伸长率和塑性

6. 工程上所用的材料，一般要求其屈强比（   ）。

A. 越大越好   B. 越小越好

C. 大些，但不可过大   D. 取 0.60~0.65 合适

7. 工程上一般规定，塑性材料的 δ（   ）。

A. ≥1%   B. ≥5%   C. ≥10%   D. ≥15%

8. 适于测试硬质合金、表面淬火钢及薄片金属硬度的测试方法是（   ）。

A. 布氏硬度   B. 洛氏硬度   C. 维氏硬度   D. 以上方法都可以

9. 不宜用于成品与表面薄层硬度的测试方法是（   ）。

A. 布氏硬度   B. 洛氏硬度   C. 维氏硬度   D. 以上方法都不宜

10. 用金刚石圆锥体作为压头可以测试（   ）。

A. 布氏硬度   B. 洛氏硬度   C. 维氏硬度   D. 以上都可以

11. 金属疲劳的判断依据是（   ）。

A. 强度   B. 塑性   C. 抗拉强度   D. 疲劳强度

12. 材料的冲击韧度越大，其韧性就（   ）。

A. 越好   B. 越差   C. 无影响   D. 难以确定

※三、综合题

1. 查阅金属材料力学性能试验方法，说明如何测定金属材料的抗拉强度和硬度。

2. 某工厂买回一批材料（要求：$\sigma_s \geq 230\text{MPa}$，$\sigma_b \geq 410\text{MPa}$，$\delta_5 \geq 23\%$；$\psi \geq 50\%$）做短试样（$l_0 = 5d_0$；$d_0 = 10\text{mm}$）拉伸试验，结果如下：$F_s = 19\text{kN}$，$F_b = 34.5\text{kN}$，$l_1 = 63.1\text{mm}$，$d_1 = 6.3\text{mm}$，试判断这批材料是否合格。

学习活动二　合　金

 学习目标

1. 了解晶体的特点、类别。
2. 理解实际金属的晶体结构特点。
3. 掌握合金的含义、基本组织及特点。
4. 理解金属结晶过程中细化晶粒的措施。
5. 理解铁的同素异构转变的现实意义。

学习过程

金属材料的性能取决于其化学成分和内部组织结构。材料的化学成分不同，其性能当然不相同，但化学成分相同的材料，通过热处理改变其内部组织结构，性能差别也会很大。

一、金属晶体结构的基本知识

1. 晶体和非晶体

固态物质按其内部微粒（原子、离子或分子）的构成，可分为晶体和非晶体两类。晶体内部的原子呈有序、规则排列，而非晶体内部的原子呈无序堆积。晶体具有固定熔点，而非晶体没有固定熔点。晶体表现出各向异性，而非晶体表现出各向同性。金属的性能与其晶格类型和原子间的结合力有着密切的关系，常见金属晶格的类型如表5-2-1所示。

表 5-2-1　常见金属晶格的类型

晶格类型	晶体结构示意图	常见金属
体心立方晶格	立方体的八个顶角和立方体的中心各有一个原子	铬（Cr）、钒（V）、钨（W）、钼（Mo）及α-铁（α-Fe）等

续表

晶格类型	晶体结构示意图	常见金属
面心立方晶格	立方体的八个顶角和六个面的中心各有一个原子	铝（Al）、铜（Cu）、镍（Ni）、铅（Pb）、金（Au）及 γ-铁（γ-Fe 等）
密排六方晶格	正六棱柱体的十二个顶角和上下两底面中心各有一个原子，柱体中间还有三个原子	镁（Mg）、锌（Zn）、镉（Cd）、铍（Be）等

2. 单晶体和多晶体

单晶体（图 5-2-1）内部原子的排列位向是完全一致的，而多晶体（图 5-2-2）是由许多晶粒组成的晶体。单晶体表现出各向异性，多晶体显示出各向同性，也称伪无向性。实际生产中的金属都是多晶体结构，单晶体金属基本上不存在。

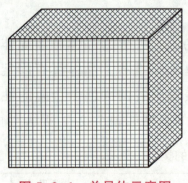

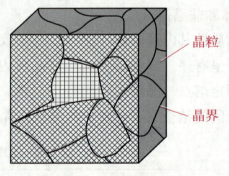

图 5-2-1 单晶体示意图   图 5-2-2 多晶体示意图

3. 实际金属的晶体结构

在实际金属中，晶体内部由于结晶、加工等条件的影响，原子排列规律受到破坏，出现原子排列的不完整性，称为晶体缺陷。按照晶体缺陷的几何特征，一般将其分为三类。

（1）点缺陷——空位、间隙原子和置代原子

无论是空位、间隙原子，还是置代原子（图 5-2-3），在其周围都会使晶格产生变形，这种现象称为晶格畸变。

上述三种晶体缺陷造成的晶格畸变区仅限于缺陷原子周围的较小区域，故统称为点缺陷。

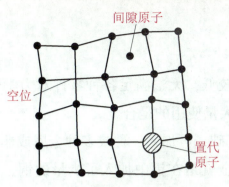

图 5-2-3 空位、间隙原子和置代原子示意图

（2）线缺陷——位错

位错的特点之一是很容易在晶体中移动，金属材料的塑性变形就是通过位错的运动来实现的。

在晶体中，位错的晶格畸变发生在沿半原子面端面的狭长区域，故称为线缺陷。

刃型位错示意图如图 5-2-4 所示。

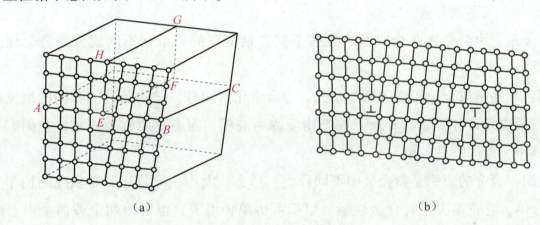

图 5-2-4 刃型位错示意图

（a）立体图；（b）平面图

（3）面缺陷——晶界和亚晶界

晶界是指晶粒与晶粒之间的分界面，亚晶界是指亚晶粒之间的界面。

在晶体中，晶界和亚晶界的晶格畸变均发生在一个曲面上，故称为面缺陷。

晶界过渡结构和亚晶界结构示意图如图 5-2-5 和图 5-2-6 所示。

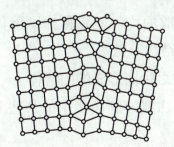

图 5-2-5 晶界过渡结构示意图　　图 5-2-6 亚晶界结构示意图

二、合金的基本概念

纯金属由于强度、硬度比较低，无法满足各种零件对力学性能的要求，在使用上受到很大限制，因此，在实际生产中大量使用的是合金。

1）合金：以一种金属为基础，再加入一种或多种金属或非金属元素形成的具有金属性能的物质称为合金。例如，铝合金就是在铝中加入了少量的铜、镁、锰等元素组成的合金，钢是铁和碳组成的合金。

合金除具有金属的基本特征外，还具有优良的力学性能及某些特殊的物理化学性能。例如，合金和纯金属相比具有硬度、强度、耐热性和耐腐蚀性等。组成合金的元素含量可在很大范围内变化，借此可调节合金的性能，以满足零件对材料的不同要求。

2）组元：组成合金的最基本的独立单元称为组元，简称元。合金的组元既可以是纯金属，也可以是稳定的化合物，如 Fe_3C（即渗碳体）。按照合金中组元的数目，可将其分为二元合金、三元合金和多元合金。

3）合金系：由两个或两个以上组元按不同含量配置的一系列不同成分的合金称为合金系，简称系。

4）相：相是组成合金组织的基本单元。合金中化学成分、结构及性能相同的组成部分称为相，相与相之间具有明显的界面。液态物质称为液相，固态物质称为固相。在固态下，物质可以是单相，也可以是多相。

5）组织：合金的组织是指合金中不同种类、形态、大小、数量和分布状况的相相互组合而成的综合体，它直接决定着合金性能。组织可由单相组成，也可由两个或两个以上的相组成。只有一个相组成的组织称为单相组织，由两个或两个以上的相组成的组织称为多相组织。

三、合金的基本组织与性能

根据合金组元之间相互作用的不同，合金中的相结构可分为固溶体、金属化合物和混合物三种基本类型。

1. 固溶体

一种组元的原子溶入另一种组元的晶格中所形成的均匀固相称为固溶体，有间隙固溶体和置代固溶体两种。图 5-2-7 所示为两种固溶体的结构示意图。

1）间隙固溶体：溶质原子分布于溶剂晶格间隙之中而形成的固溶体。

2）置代固溶体：溶质原子代替部分溶剂原子，占据溶剂晶格中的某些节点位置而形成的固溶体。

无论是间隙固溶体还是置代固溶体，由于溶质原子的溶入，都会发生晶格畸变，如图 5-2-8 所示。

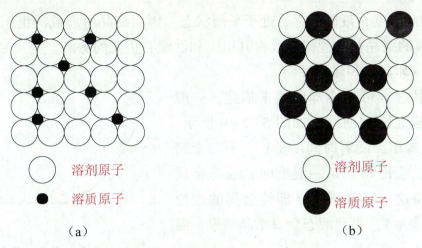

白圆 ○ 溶剂原子
黑点 ● 溶质原子
（a）

白圆 ○ 溶剂原子
黑圆 ● 溶质原子
（b）

图 5-2-7　两种固溶体的结构示意图
（a）间隙固溶体；（b）置代固溶体

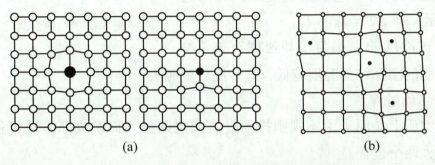

（a）　　　　　　　　　　　（b）

图 5-2-8　溶质原子对晶格畸变的影响示意图
（a）置代固溶体；（b）间隙固溶体

　　由于溶质原子溶入溶剂晶格后引起的晶格畸变，其塑性变形抗力增大，从而使合金强度、硬度、上升，而塑性和韧性下降，这种现象称为固溶强化。但是，只要固溶度控制得当，塑性、韧性仍可保持良好，所以固溶体常具有良好的综合性能。

2. 金属化合物

　　合金组元间发生相互作用而形成的一种具有金属特性的物质称为金属化合物。金属化合物的组成一般可用化学分子式来表示，如钢中的渗碳体（Fe_3C）是铁原子和碳原子形成的金属化合物。其性能特点是熔点较高、硬度高、脆性大。金属化合物是许多合金的重要组成相，常为强化相。当合金中出现金属化合物时，通常能提高合金的强度、硬度和耐磨性，但会降低合金的塑性和韧性。

3. 混合物

　　两种或两种以上的相按一定质量分数组成的物质称为混合物。混合物中的组成部分可以是纯金属、固溶体或化合物各自的混合，也可以是它们之间的混合。混合物中各相既不溶解，也不化合，而是保持自己原来的晶格。例如，钢中的珠光体就是由铁素体和渗碳体混合而成的。

四、纯金属的结晶

　　纯金属由液态转变为固态的过程称为结晶。晶体物质都有一个平衡结晶温度（即晶体的熔点），在平衡结晶温度，液固共存，处于平衡状态。因为结晶所形成的组织直接影响到金属的性能，所以金属的结晶基本规律对改善其组织和性能有重要的意义。

1. 纯金属的冷却曲线和过冷度

纯金属的结晶过程可用冷却曲线来描述，一般通过热分析法来建立冷却曲线，如图 5-2-9 所示。由图 5-2-9 可以看出，随着时间的延长，液态金属的温度不断下降，当冷却到某一温度时，液态金属开始结晶，并保持这一温度不变（即纯金属的理论结晶温度，用 T_0 表示），直到液态金属结晶结束，温度又开始下降。

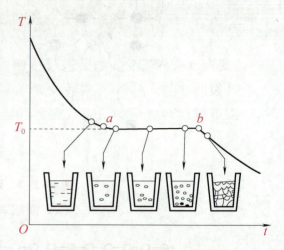

图 5-2-9　纯金属的冷却曲线

金属的实际结晶温度（T_1）总是低于理论结晶温度，这种现象称为过冷。它们的温度之差称为过冷度，用 ΔT 表示，即 $\Delta T = T_0 - T_1$。

金属结晶时过冷度的大小与冷却速度有关。冷却速度越快，金属的实际结晶温度越低，过冷度也就越大。

2. 纯金属的结晶过程

纯金属结晶实质上是原子由不规则排列过渡到规则排列而形成晶体的过程，包含晶核的形成与晶核的长大两个过程。

3. 晶粒大小及控制途径

在常温下，金属的晶粒越细小，其强度、硬度越高，塑性、韧性越好。

目前生产中常用以下方法来细化晶粒，又称细晶强化。

1）增加过冷度：适当增加过冷度，可以细化晶粒。

2）变质处理（孕育处理）：在液态金属结晶以前加入一些细小的变质剂（孕育剂），以增加形核率，抑制长大速率，从而细化晶粒的方法称为变质处理（孕育处理）。在实际生产中多采用变质处理来得到细晶粒铸件。

3）振动处理：金属结晶时，对金属液附加机械振动、超声波振动、电磁振动等措施，破碎枝晶而增加晶核数量，从而达到细化晶粒的目的。

4）适当降低浇注速度：先结晶的晶粒可能会被液态金属冲碎而形成晶核，也能达到细化晶粒的目的。

五、金属的同素异构转变

大多数金属在结晶完成后晶格类型不会发生变化，如 Cu、Al 等。但也有少数金属，如 Fe、Ti、Mn、Co 等，在结晶成固态后继续冷却的过程中，还会发生晶格类型的变化，这种现象称为金属的同素异构转变。以不同晶格类型存在的同一种金属元素的晶体称为该金属的同素异构体，一般按其稳定存在的温度由低到高依次用希腊字母 α、β、γ、δ 等表示。

铁是典型的具有同素异构转变特性的金属，纯铁的冷却曲线如图 5-2-10 所示。纯铁的同素异构转变可以用下式表示：

$$\delta\text{-Fe} \underset{}{\overset{1394℃}{\rightleftharpoons}} \gamma\text{-Fe} \underset{}{\overset{912℃}{\rightleftharpoons}} \alpha\text{-Fe}$$
（体心立方晶格）　　　　（面心立方晶格）　　　（体心立方晶格）

　　金属的同素异构转变是通过原子的重新排列来完成的，即是一个重新结晶的过程。以纯铁的同素异构转变过程（图5-2-11）为例，面心立方晶格致密度大于体心立方晶格，所以γ-Fe转变为α-Fe时体积要增大，从而产生较大的内应力，这也是钢在淬火处理时导致工件变形和开裂的原因。同素异构转变是金属的一个重要性能，凡是具有同素异构转变的金属和合金，都可以用热处理方法来改变其性能。

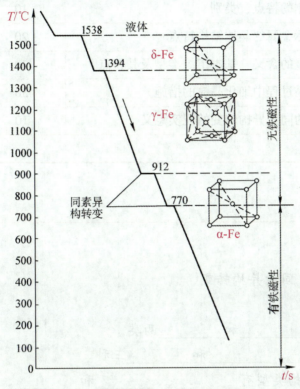

图 5-2-10　纯铁的冷却曲线

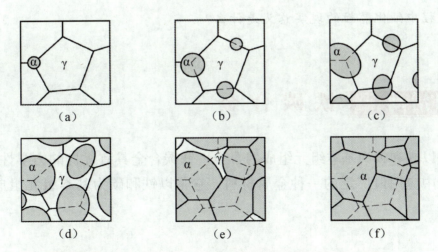

图 5-2-11　γ-Fe 到 α-Fe 的同素异构转变过程示意图

（a）α 新晶核形成（晶尖处）；（b）α 新晶核形成（晶界处）；（c）α 新晶核形成并长大；

（d）α 新晶核长大；（e）α 晶粒形成，γ 晶粒逐渐减少；（f）α 晶粒形成，γ 晶粒消失

评价与分析

完成学习过程后填写表5-2-2。

表5-2-2 学习过程评价表

班级		姓名		学号		日期	
序号	项目			配分	得分		总评
1	能准确说出晶体的特点、类别			10			
2	能准确说出实际金属的晶体结构特点			20			A
3	能准确说出合金的含义、基本组织类型及其特点			30			B
4	能准确说出结晶过程中细化晶粒的措施			30			C
5	能准确说出铁的同素异构转变的现实意义			10			D
小结与建议							

同步练习

一、名词解释

1. 合金 2. 晶体 3. 同素异构转变

二、填空题

1. 合金的基本组织有_____和_____两类。

2. 晶体缺陷有_____、_____和_____三种。

3. 常见金属的晶体结构类型有_____、_____和_____。

三、简答题

晶体结晶过程中细化晶粒的现实意义是什么?

学习活动三 铁碳合金

铁碳合金是以铁和碳为基本组元组成的合金。铁碳合金具有优良的力学性能和工艺性能,是现代工业生产中应用最广泛的一种金属材料。它是以铁和碳为基本组元组成的合金,是钢和铸铁的总称。

学习目标

1. 掌握铁碳合金的基本组织和性能。

2. 理解铁碳合金相图特征点和线的含义。

3. 掌握铁碳合金的分类。

4. 理解铁碳合金成分、组织与性能的关系。

5. 理解铁碳合金相图的现实意义。

一、铁碳合金的基本组织与性能

铁碳合金在固态时基本相为固溶体和化合物，固溶体和化合物还可以组成机械混合物。

1. 固溶体

1）铁素体：碳溶解在 α-Fe 中形成的间隙固溶体，用符号 F 表示。

铁素体的含碳量低，在 727℃时铁素体中最大溶碳量为 0.0218%，在室温时溶碳量约为 0.0008%。其性能与纯铁相似，具有良好的塑性和韧性，而强度和硬度较低。

2）奥氏体：碳溶解在 γ-Fe 中形成的间隙固溶体称为奥氏体，用符号 A 表示。奥氏体在 1148℃时，碳的溶解度达到最大值 2.11%，它的强度和硬度不高，但具有良好的塑性，是绝大多数钢在高温锻造和轧制时所要求的组织。

2. 金属化合物

渗碳体是铁与碳形成的金属化合物，化学式为 Fe_3C，含碳量为 6.69%。渗碳体的熔点为 1227℃，硬度很高，塑性韧性很差。它在铁碳合金中可呈片状、网状、粒状和板条状，是铁碳合金的强化相。渗碳体的数量和形态对铁碳合金的力学性能影响很大，通常渗碳体越细小，分布越均匀，铁碳合金的力学性能越高。反之，Fe_3C 越粗大或呈网状分布，则铁碳合金的脆性越大。

3. 机械混合物

1）珠光体是铁素体和渗碳体的混合物，用符号 P 表示，它的平均含碳量为 0.77%。珠光体的强度、硬度高于铁素体，塑性、韧性低于铁素体，与 F、Fe_3C 的形状及大小有关。

2）莱氏体是含碳量为 4.3% 的铁碳合金，在 1148℃时从液相中同时结晶出的奥氏体和渗碳体的混合物，用符号 L_d 表示。因为奥氏体在 727℃时还将转变为珠光体，所以在室温下的莱氏体由珠光体和渗碳体组成，这种混合物称为低温莱氏体，用符号 L'_d 表示。莱氏体的力学性能和渗碳体相似，硬度很高，塑性很差。

二、铁碳合金相图

1. Fe-Fe₃C 相图的概念

Fe-Fe_3C 相图是表示在缓慢冷却（或加热）条件下，不同成分的铁碳合金在不同温度下具有的组织或状态的一种图形（图 5-3-1）。它清楚地反映了铁碳合金的成分、组织、性能之间的关系，是研究钢和铸铁加工及其热处理的重要理论工具。

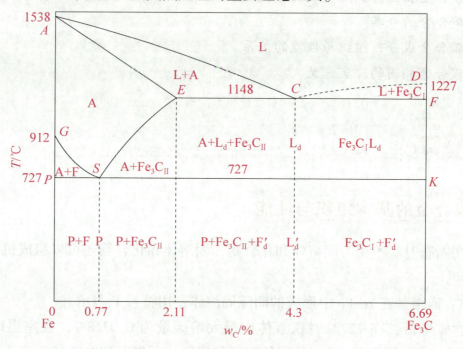

图 5-3-1 简化后的 Fe-Fe₃C 相图

2. 铁碳合金相图的含义与分析

（1）Fe-Fe₃C 相图中的特性点及其含义

Fe-Fe₃C 相图中的特征点及其含义如表 5-3-1 所示。

表 5-3-1 Fe-Fe₃C 相图中的特性点及其含义

特性点	温度/℃	$w_C/\%$	含义
A	1538	0	纯铁的熔点
C	1148	4.3	共晶点，发生共晶转变 $L_C \xrightarrow{1148℃} A+Fe_3C$
D	1227	6.69	渗碳体的熔点
E	1148	2.11	碳在 γ-Fe 中的最大溶解度，也是钢与铁的分界点
G	912	0	纯铁的同素异构转变点（α-Fe $\xrightarrow{912℃} \gamma$-Fe）
P	727	0.0218	碳在 α-Fe 中的最大溶解度
S	727	0.77	共析点，发生共析反转变（$A_s = F+Fe_3C$）

（2）Fe-Fe₃C 相图中的特性线及其含义

1）*ACD* 线（液相线）：此线以上区域全部为液相，用 L 表示。

2）*AECF* 线（固相线）：液态合金冷却到此线全部结晶为固态，此线以下为固相区。

3）*GS* 线：冷却时从奥氏体中析出铁素体的开始，用符号 A_3 表示。

4）*ES* 线：碳在奥氏体中的饱和溶解度曲线（固溶线），用符号 A_{cm} 表示。

5）*ECF* 线（共晶转变线）：当液态合金冷却到此线（1148℃）时，将发生共晶转变。

6）*PSK* 线（共析转变线）：常用符号 A_1 表示。当合金冷却到此线时（727℃），将发生共析转变。

3. 铁碳合金的分类

1）工业纯铁：含碳量 w_C 小于 0.0218% 的铁碳合金称为工业纯铁，其室温组织为铁素体。

2）钢：含碳量 w_C 为 0.0218%～2.11% 的铁碳合金称为钢。可分为亚共析钢（0.0218% < w_C < 0.77%）、共析钢（w_C = 0.77%）和过共析钢（0.77% < w_C < 2.11%）。

3）白口铸铁：含碳量 w_C 为 2.11%～6.69% 的铁碳合金称为白口铸铁，可分为亚共晶白口铸铁（2.11% < w_C < 4.3%）、共晶白口铸铁（w_C = 4.3%）和过共晶白口铸铁（4.3% < w_C < 6.69%）。

4. 铁碳合金的成分、组织与性能的关系

1）随着含碳量的增加，铁碳合金的组织将按下列顺序发生变化：

$$F \rightarrow F + P \rightarrow P \rightarrow P + Fe_3C_{11} \rightarrow P + Fe_3C_{11} + L_d' \rightarrow L_d' + Fe_3C_1$$

2）含碳量与力学性能的关系：

含碳量对钢的力学性能的影响如图 5-3-2 所示。一般情况下，钢中含碳量小于 0.9% 时，随着含碳量的增加，组织中的渗碳体量增多，钢的强度、硬度上升，塑性、韧性下降。而渗碳体分布越均匀，钢的强度越高。钢中含碳量大于 0.9% 以后，不仅使钢的塑性、韧性进一步下降，而且强度也明显下降。

为了保证工业上使用的钢具有一定的塑性和韧性，钢中含碳量一般不超过 1.3%～1.4%。

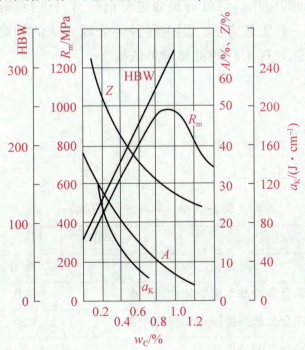

图 5-3-2　含碳量对正火后碳素钢的力学性能的影响

5. Fe-Fe$_3$C 相图的应用

（1）作为选用钢铁材料的依据

若需要塑性、韧性好的材料，可以选择低碳钢（w_C 为 0.10%～0.25%）；若需要强度、塑性及韧性都较好，应该选择中碳钢（w_C 为 0.25%～0.60%）；若需要硬度高、耐磨性好的材

料，要选择高碳钢（w_C 为 0.60%~1.3%）。一般低碳钢和中碳钢主要用来制造建筑结构或制造机器零件，高碳钢用来制造各种工具。白口铸铁具有很高的硬度和脆性，难以切削加工，也不能锻造，因此，白口铸铁的应用受到一定的限制。但是白口铸铁具有很高的抗磨损能力，可以用来制作需要耐磨而不受冲击的零件，如拔丝模、球磨机的铁球等。

（2）在热加工工艺方面的应用

1）在铸造工艺方面的应用。根据铁碳合金相图可以找出不同成分钢铁的熔点，为制定铸造工艺提出基本数据，可以确定合适的出炉温度及合理的浇注温度。浇注温度一般在液相线以上 50℃~100℃。共晶成分以及接近共晶成分的铁碳合金，结晶范围最小，因而流动性最好，铸造性能好。因此，实际铸造生产中铸铁的化学成分总是选在共晶成分附近。

2）在热锻、热轧工艺方面的应用。由于奥氏体强度低、塑性好，便于零件成型，锻造与轧制通常选择在单相奥氏体区的适当温度进行。选择的原则是开始锻造或轧制温度不能过高，以免钢材严重氧化和发生奥氏体晶界熔化；而始锻温度也不能太低，以免钢材因温度低而塑性差，导致产生裂纹。一般始锻温度控制在固相线以下 100℃~200℃。

3）在焊接工艺方面的应用。焊接过程中，高温熔融焊缝与母材各区域的距离不同，导致各区域受到焊缝热影响的程度不同，可以根据铁碳合金相图来分析不同温度的各个区域在随后的冷却过程中可能出现的组织和性能变化情况，从而采取措施，保证焊接质量。此外，一些焊接缺陷往往采用焊后热处理的方法加以改善。相图为焊接和焊后对应的热处理工艺提供了依据。

4）在热处理工艺方面的应用。热处理是通过对钢铁材料进行加热、保温和冷却过程来改善和提高钢铁材料性能的一种工艺方法。因为各种热处理方法的加热温度与相图有密切关系，所以铁碳合金相图是制定热处理工艺的重要参考依据。

评价与分析

完成学习过程后填写表5-3-2。

表5-3-2　学习过程评价表

班级		姓名		学号		日期	
序号	评价内容				配分	得分	总评
1	能准确说出铁碳合金的基本组织和性能特点				20		
2	能准确说出铁碳合金相图特征点和线的含义				20		A
3	能准确说出铁碳合金的分类				20		B C
4	能准确说出铁碳合金成分、组织与性能的关系				20		D
5	能准确说出铁碳合金相图的现实意义				20		
小结与建议							

同步练习

一、名词解释

1. 铁碳合金　2. 相图

二、填空题

1. 铁碳合金的分为_____和_____两类。

2. 铁碳合金的基本组织有_____、_____和_____三种。

3. 铁碳合金根据其含碳量高低分为_____、_____和_____。

三、简答题

Fe-Fe$_3$C 相图的现实意义有哪些？

 学习活动四　**钢的热处理**

学习目标

1. 掌握钢的热处理的含义。

2. 理解钢的热处理工艺的分类方法。

3. 掌握钢的常规普通热处理工艺（退火、正火、淬火、回火）及其应用特点。

4. 理解钢的表面热处理工艺（表面淬火、表面化学热处理）及其应用特点。

学习过程

一、钢热处理的定义

钢的热处理工艺的应用

热处理是指采用适当的方式对金属材料（或其制件）进行加热（保持固态）、保温和冷却，以获得预期组织与性能的工艺。

钢经过热处理后，不仅能消除其在前面加工工艺过程中所产生的内部组织结构上的缺陷，改善力学性能，充分发挥材料的性能潜力，还能改善钢的工艺性能，提高加工质量，减小刀具的磨损，因而钢的热处理在机械加工中是一种强化材料的重要工艺。

钢的热处理按工艺方式不同，一般可分为普通热处理和表面热处理两大类，按具体加热和冷却的方式不同，每一大类又可细分为若干不同的热处理工艺，如表5-4-1所示。

表 5-4-1 钢的热处理

普通热处理				表面热处理							
退火	正火	淬火	回火	表面淬火				化学热处理			
				火焰加热	感应加热			渗碳	氮化	碳氮共渗	其他
					低频	中频	高频				

二、钢的退火

钢的退火是将钢或其制件加热到适当温度，保温到一定时间，然后缓慢冷却（一般随炉冷却）的一种热处理工艺。

退火处理可以消除铸锻件的内应力，防止变形与开裂；细化晶粒，均匀组织，改善机械性能；降低硬度，以利于切削加工；并为最终热处理（淬火、回火）做好组织上的准备。

钢的退火工艺根据处理目的和要求的不同，可分为完全退火、不完全退火、球化退火、扩散退火（均匀化退火）、再结晶退火、去应力退火等。

1）完全退火：完全退火是将钢加热到完全奥氏体（A_{c3} 以上 30℃~50℃），保温一定时间后缓慢冷却，以获得接近平衡状态组织的热处理工艺。其适用于中碳钢及低、中碳合金结构钢的锻件、铸件、热轧型材等。

2）球化退火：球化退火是将钢加热到 A_{c1} 以上 20℃~30℃，保温一定时间，以不大于 500℃/h 的冷却速度随炉冷却，使钢中的碳化物呈球状的工艺方法。其适用于共析钢及过共析钢，如碳素工具钢、合金工具钢、轴承钢等。

3）去应力退火：去应力退火是将钢加热到略低于 A_1 的温度，保温一定时间后缓慢冷却的工艺方法。其应用于消除塑性变形、焊接、切削加工、铸造等形成的残余内应力。

三、钢的正火

钢的正火是指将钢或其制件加热到适当温度，保温适当时间后，在自由流通的空气中冷却的热处理工艺。

钢的正火的目的是提高低碳钢的力学性能，改善切削加工性，细化晶粒，消除组织缺陷，为后道热处理做好组织准备等。

正火与退火的区别：正火的冷却速度较快，是在空气中冷却，得到的结果比退火好，尤其在强度和硬度方面，而且缩短了冷却时间，提高了生产率和设备利用率，较经济，故应用更广泛。

四、钢的淬火

钢的淬火是指将钢或其制件加热到某一温度，保温一段时间后，以适当的冷却方式（水中冷却、油中冷却、盐水中冷却、碱溶液中冷却等）快速冷却，以获得所需组织的热处理方法。

淬火的目的是提高材料的强度、硬度和耐磨性，与回火配合后可赋予工件最终的使用性能。

1）提高强度、硬度和耐磨性：采用淬火+低温回火，用于各种工模具。

2）提高弹性：采用淬火+中温回火，用于各种弹簧。

3）提高综合性能：采用淬火+高温回火（也叫调质），用于各种轴、齿轮类。

注意：由于淬火的冷却方式有很多种，如水中冷却、油中冷却、盐水中冷却、碱溶液中冷却等，淬火操作时一定要注意工件侵入淬火介质的方法，否则会造成不良后果。

五、钢的回火

钢的回火是指将钢及其制件淬硬后，再加热至临界温度以下的某一温度，保温一定时间，然后冷却到室温的热处理工艺。

钢的回火的目的主要是消除钢件在淬火时所产生的应力，降低脆性，稳定工件尺寸，使钢件除具有高的硬度和耐磨性外，还具有所需要的塑性和韧性等。

根据回火处理的温度，可将回火分为低温回火、中温回火和高温回火等。

1）低温回火（150℃~250℃）：目的是在保持淬火钢高硬度和高耐磨性的前提下，降低其淬火内应力和脆性，以免使用时崩裂或过早损坏。其主要用于各种高碳的切削刃具、量具、冷冲模具、滚动轴承及渗碳件等，回火后硬度一般为HRC58~64。

2）中温回火（250℃~500℃）：目的是获得高的屈服强度、弹性极限和较高的韧性。其主要用于各种弹簧和热作模具的处理，回火后硬度一般为HRC35~50。

3）高温回火（500℃~650℃）：目的是获得良好的综合机械性能，即既有较高的强度和硬度，又有良好的塑性和韧性。其广泛用于汽车、拖拉机、机床等的重要结构零件，如连杆、螺栓、齿轮及轴类。回火后硬度一般为HB200~330。

习惯上把淬火+高温回火结合的热处理方法称为调质处理。

六、钢的表面热处理

汽车上许多零件，如齿轮、凸轮、曲轴等，都在交变载荷和摩擦状态作用下工作，因而对其使用性能的要求是：表面高硬度、高强度及好的耐磨性，而心部高韧性，所以需要对这类零件进行表面热处理，才能使其满足使用要求。

钢的表面热处理可分为表面淬火和化学热处理。

1. 钢的表面淬火

钢的表面淬火是指对钢及其制件快速加热，使其表面很快到达淬火温度，不等热量传到其心部就立即冷却，实现局部淬火，达到表硬心韧目的的热处理方法。

钢的表面淬火可分为火焰加热表面淬火和感应加热表面淬火两种。

1）火焰加热表面淬火是利用可燃混合气体（如氧-乙炔或氧-煤气）燃烧产生的高温火焰，喷射到工件表面进行快速加热，使工件表面迅速达到淬火温度，而后快速喷水或使用乳化液进行冷却的淬火工艺，如图5-4-1所示。火焰加热表面淬火无需特殊设备，操作简单，工艺灵活，淬火成本低，其淬硬层深度可达2~6mm。在实际生产中，此法加热温度和淬硬层深度不易把握，质量不易控制，因此适用于单件、小批量生产及大型工件（如大型轴类、大模数齿轮、轧辊等）的表面淬火。

2）感应加热表面淬火是将工件放在感应线圈内，在感应线圈内通以交变电流，于是在感应线圈内部和周围同时产生与电流频率相同的交变磁场，在工件中便产生感生电流，由电能转变成热能，使工件表面快速加热到淬火温度后快速喷水进行冷却的淬火工艺，如图5-4-2所示。

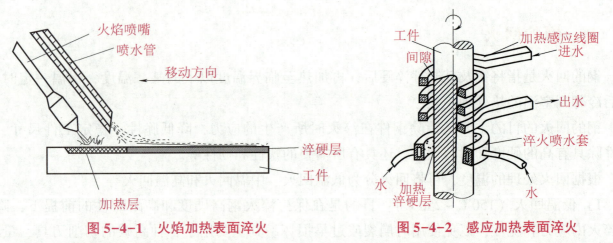

图5-4-1　火焰加热表面淬火　　　　图5-4-2　感应加热表面淬火

根据交变电流的频率，将感应加热表面淬火分为低频感应加热表面淬火、中频感应加热表面淬火和高频感应加热表面淬火。

感应加热表面淬火工艺处理异常迅速，表面硬度极高，氧化变形极小，加热温度容易控制，从而淬硬层厚度可以控制，便于机械化、自动化生产，所以适用于大批量生产。

2. 钢的化学热处理

钢的化学热处理是指将钢及其制件置于一定的介质中加热、保温和冷却，使介质中的活性原子渗入工件表层，改变表面层的化学成分及组织，从而使工件表层获得所需特殊性能的热处理方法。

化学热处理的三个过程分别是介质分解、表面吸收和原子扩散。

化学热处理分为渗碳、渗氮、碳氮共渗等处理方式。

1）渗碳处理：把低碳钢放在碳性介质中，加热到一定的温度，然后保温足够长的时间，使其表层碳浓度升高的一种热处理方法。

渗碳根据介质不同，可分为固渗、液渗、气渗三种，其中以气渗最为常用。渗碳件一般采用低碳钢或低碳合金钢制造，如20、20Cr、20CrMnTi、20CrMo等。

渗碳温度为900℃~950℃。

渗碳时间依要求的渗层厚度而定。

渗碳目的是使工件在热处理后表面具有高硬度和耐磨性，而心部仍保持一定强度及较高的韧性和塑性。其主要用于表面易受严重磨损，并在较大冲击载荷、交变载荷、接触应力条件下工作的零件，如齿轮、活塞销、套筒等。

一般规定，从表层到过渡层的一半处的深度为渗层深度。渗碳温度越高、时间越长，则得到的渗层深度越大，渗碳层的碳浓度为 0.8%~1.5%。

渗碳后的热处理常用淬火方法处理。

2）渗氮处理：在一定温度下、一定介质中使氮原子渗入工件表层的化学热处理工艺。

钢的氮化是指对于一些微变形、硬度要求极高（HRC65~70）的零件采用渗氮处理。

氮化钢为中碳钢、中碳合金钢，一般采用能形成稳定氮化物的中碳合金钢，如 38CrMoAlA、38CrWVAlA 等。Al、Cr、Mo、W、V 等合金元素与氮结合形成的氮化物能起到弥散强化作用，使氮化层达到很高的硬度。

渗氮温度为 500℃~570℃，渗氮时间最长可超过 72h。

3）碳氮共渗：在一定温度下同时将碳、氮渗入工件表层奥氏体中，并以渗碳为主的化学热处理工艺。

碳氮共渗的主要目的是提高钢的硬度、耐磨性和疲劳强度，低温气体碳氮共渗以渗氮为主，其主要目的是提高钢的耐磨性和抗咬合性。

评价与分析

完成学习后填写表 5-4-1。

表 5-4-1　学习过程评价表

班级		姓名		学号		日期	
序号	项目				配分	得分	总评
1	能准确说出钢的热处理的含义				10		A B C D
2	能准确说出钢的热处理工艺的分类方法				20		
3	能准确说出钢的常规普通热处理工艺（退火、正火、淬火、回火）及其应用特点				40		
4	能准确说出钢的表面热处理工艺（表面淬火、表面化学热处理）及其应用特点				30		
小结与建议							

同步练习

一、名词解释

1. 钢的热处理　　2. 正火

二、填空题

1. 调质处理是_____加_____的习惯叫法。

2. 根据热处理过程中构件的化学成分是否发生变化，可将其分为_____和_____

两种。

3. 根据回火时的加热温度，可将回火分为_____、_____和_____三种。

三、简答题

1. 退火的目的是什么？

2. 正火与退火的区别是什么？

3. 渗碳的目的是什么？

学习活动五　碳　　钢

学习目标

1. 了解杂质元素对碳钢性能的影响。

2. 掌握碳钢的分类方法。

3. 掌握碳钢（普通碳钢、优质碳钢、碳素工具钢）的牌号、性能及用途。

4. 了解铸造碳钢的牌号及用途。

学习过程

　　碳素钢（简称碳钢）是指含碳量小于 2.11%（质量分数）的铁碳合金。碳钢中除了铁和碳元素之外，还含有少量的杂质元素，如硅（Si）、锰（Mn）、硫（S）、磷（P）等元素，它们对钢的性能都有一定的影响。

一、杂质元素对碳钢性能的影响

1. 硫、磷是有害的杂质元素

　　硫是钢铁冶炼时由矿石和燃料带入的有害杂质元素。它不溶于铁，而是以硫化亚铁（FeS）的形式存在。当钢材锻压温度达到 1000℃～1200℃时易产生"热脆"现象，因而必须严格控制钢中的含硫量；同时，硫对钢的焊接性也有不良作用，容易使焊缝产生热裂，并降低其耐腐蚀性能。所以钢中的含硫量应控制在 0.04%（质量分数）以下。但硫对钢材的切削加工性能有利，在含硫量较高的钢（$w_S = 0.08\% \sim 0.30\%$）中适当提高含锰量（$w_{Mn} = 0.6\% \sim 1.55\%$），则切削时切屑易于碎断，能降低零件的表面粗糙度，这种钢称为易切削钢，广泛用于制造螺栓等标准件。

　　磷是从矿石中带入钢中的，它溶于铁素体中，使室温下钢材的塑性、韧性急剧降低。在低温时，磷会使钢的塑性、韧性降得更低，这种现象称为冷脆。含磷量过高的钢在焊接时易产生裂纹，降低了钢的焊接性，所以钢中的磷含量应控制在 0.045%（质量分数）以下。

2. 锰、硅是有益的杂质元素

锰是以脱氧剂、脱硫剂和合金剂加入钢中的，在钢中含锰量一般为 0.25%~0.8%（质量分数）。锰能溶于铁素体中强化铁素体以改善钢的质量，可提高钢的强度、硬度；锰还能减轻硫对钢的危害，降低钢的脆性，改善钢的热加工性能。含锰量很高的高合金钢不但具有足够的韧性，而且具有较高的强度、硬度和良好的耐磨性。但随着含锰量的增加，钢的抗腐蚀能力和焊接性能将降低，所以作为杂质元素存在时，一般规定含锰量小于 0.8%（质量分数）。

硅也是作为脱氧剂加入钢中的，它的脱氧能力比锰还要强，能消除氧化铁对钢质量的不良影响。硅与锰一样能溶解于铁素体中，使铁素体强化，从而提高钢的强度和硬度，但降低了钢的塑性和韧性，所以钢中含硅量一般小于 0.4%（质量分数）。硅能显著提高钢的弹性极限和抗拉强度，故弹簧钢中要求含有一定的硅。

二、碳素钢的分类

碳钢的分类主要有三种方法，具体如表 5-5-1 所示。

表 5-5-1　碳钢的分类方法

分类方法	名称	含碳量
按含碳量分	低碳钢	$w_C \leq 0.25\%$
	中碳钢	$0.25\% < w_C < 0.60\%$
	高碳钢	$w_C \geq 0.60\%$
分类方法	**名称**	**杂质含量**
按质量分	普通钢	$0.03\% < w_S \leq 0.035\%$，$0.03\% < w_P \leq 0.035\%$
	优质钢	$0.02\% < w_S \leq 0.03\%$，$0.025\% < w_P \leq 0.03\%$
	高级优质钢	$w_S \leq 0.02\%$，$w_P \leq 0.025\%$
分类方法	**名称**	**应用**
按用途分	普通碳素结构钢	铆钉、垫圈、开口销、螺栓、螺母、拉杆、齿轮等
	优质碳素结构钢	油箱、机罩、气缸垫、挺柱、活塞销、飞轮齿圈、活塞销卡簧等
	碳素工具钢	凿子、锤子、冲头、手工锯条、锉刀等

注：钢产品命名时，往往将含碳量、质量和用途等分类方法结合起来，如高级优质碳素工具钢等。

三、普通碳素钢的牌号、性能及主要用途

1）普通碳素结构钢的牌号如表 5-5-2 所示。

表 5-5-2　普通碳素结构钢的牌号

举例	Q	235	—	A	·	F
牌号写作	Q235—A·F					
说明	表示屈服点的字母大写	屈服点强度值	分隔符号	质量等级	分隔符号	脱氧方法
解释	屈服点	屈服强度 $\delta_s \leq 235\text{MPa}$	分隔符	质量等级为A级	分隔符	脱氧方法为沸腾钢

注：

1）脱氧方法分为：F—沸腾钢、b—半镇静钢、Z—镇静钢、TZ—特殊镇静钢；

2）质量等级由低到高分为 A、B、C、D 共四级。

2）普通碳素结构钢的用途如表 5-5-3 所示。

表 5-5-3　普通碳素结构钢的用途

牌号	性能与用途	应用	图例	备注
Q195 Q215	对强度要求不高的零件，如铆钉、垫圈、开口销等	铆钉、开口销		因塑性好，常制作油底壳
Q235	对强度要求一般的零件	螺钉、螺母、螺栓、心轴、拉杆等		—
Q255 Q275	对强度要求较高的零件	转轴、摇杆、齿轮		—

四、优质碳素结构钢

1）优质碳素结构钢的牌号如表 5-5-4 所示。

表 5-5-4　优质碳素结构钢的牌号

举例	两位数字表示，如 45 钢	备注
牌号写作	45	实际钢中的含碳量为 0.42%~0.45%
说明	两位数字表示钢中平均含碳量的万分之几	
解释	钢中平均含碳量为万分之四十五（$w_c \approx 0.45\%$）	

注：08 钢牌号中的 "0" 不能省略。

2）优质碳素结构钢的用途如表5-5-5所示。

表5-5-5 优质碳素结构钢的用途

牌号	性能与用途	应用	图例
08 钢	强度低，塑性好，具有良好的冲压、拉伸及焊接性能，用于制造焊接零件	油底壳、油箱、仪表板盖、机器罩、气缸盖衬垫、曲轴止推片、连杆轴瓦的钢背等	
10 钢			
15、20 钢	具有良好的冷冲压性能和焊接性能，用来制造表面硬而耐磨、心部具有良好韧性的零件	凸轮、小齿轮、摩擦片、活塞销、摇臂、挺柱等	
45 钢	调制处理后，可获得良好的综合力学性能，耐磨部位要进行表面淬火处理	凸轮轴	
30~55 钢		齿轮、飞轮齿圈、连杆、曲轴等	
60~70 钢	经淬火+中温回火后，可制作弹性元件	活塞销卡环	

五、碳素工具钢

1）碳素工具钢的分类如表5-5-6所示。

表5-5-6 碳素工具钢的分类

名称	含碳量	分类
碳素工具钢	$0.65\% < w_C \leq 1.35\%$	优质碳素工具钢
		高级优质碳素工具钢

2）碳素工具钢的牌号如表5-5-7所示。

表5-5-7 碳素工具钢的牌号

表示方法	在"碳"字或字母"T"后附以数字	备注
举例	T8 钢	优质碳素工具钢
	T8A 钢	高级优质碳素工具钢

续表

表示方法	在"碳"字或字母"T"后附以数字		备注
说明	T 表示碳素工具钢		常用牌号有 T7、T8、T9、T10、T11、T12、T13 等
	数字表示钢中平均含碳量的千分之几		
	牌号后加 A 表示高级优质碳素工具钢，否则表示优质碳素工具钢		
解释	T8	平均含碳量为 0.8% 的优质碳素工具钢	
	T8A	平均含碳量为 0.8% 的高级优质碳素工具钢	

3）碳素工具钢的用途：碳素工具钢一般经过淬火+低温回火处理后硬度相差不大，具有较高的耐磨性，常用于制造刀具、模具和量具。

T7、T8 钢：常用于制作承受冲击的工具，如凿子、锤子、冲头等。

T9~T11 钢：常用于制作中等韧性的工具，如简单的小冲模、手动锯条等。

T12、T13 钢：常用于制作不承受冲击负荷的量具，如锉刀、刮刀等。

T7A~T13A 钢：常用于制作形状复杂的工具。

六、铸造碳钢

铸造碳钢的含碳量为 0.15%~0.6%，常用来制造一些形状复杂、难以进行锻造加工且要求有较高强度和塑性的零件。但由于铸钢的铸造性能差，近年来有以球墨铸铁替代的趋势。

铸造碳钢的牌号由铸钢两字的汉语拼音首字母"ZG"和两组数字组成，第一组数字代表屈服强度（σ_s，单位为 MPa），第二组数字代表抗拉强度（σ_b，单位为 MPa）。例如，ZG230-450 表示屈服强度为 230MPa、抗拉强度为 450MPa 的铸造碳钢。

评价与分析

完成学习过程后填写表 5-5-8。

表 5-5-8　学习过程评价表

班级		姓名		学号		日期	
序号	项目				配分	得分	总评
1	能准确说出杂质元素对碳钢性能的影响				10		A B C D
2	能准确说出碳素钢的分类方法				30		
3	能准确说出典型碳钢（普通碳钢、优质碳钢、碳素工具钢）的牌号、性能及用途				40		
4	能准确说出铸造碳钢的牌号及用途				20		
小结与建议							

同步练习

一、名词解释

1. 45钢   2. T12A   3. Q235-A·F   4. ZG250-450

二、填空题

1. 根据质量等级，碳钢分为_____、_____和_____三种；根据含碳量的高低，碳钢分为_____、_____和_____三种。

2. 汽车发动机曲轴可选用_____来制造。

3. 钳工锉刀可选用_____加工制造。

学习活动六 铸 铁

 学习目标

1. 了解铸铁的分类方法。
2. 掌握灰口铸铁的牌号、性能及应用特点。
3. 掌握可锻铸铁的牌号、性能及应用特点。
4. 掌握球墨铸铁的牌号、性能及应用特点。
5. 了解合金铸铁的类别及用途。

学习过程

铸铁是含碳量在2.11%以上的铁碳合金。机械工业常用铸铁的含碳量一般为2.5%~4.0%。另外，还含有比普通碳素钢更多的硅、锰、硫、磷元素，其中硅含量为1%~3%。

铸铁具有优良的铸造性能、可切削性能、耐磨性和吸振性，生产工艺简单，成本低廉，经合金化后还具有良好的耐热、无磁或耐腐蚀等特点，在工业生产中得到了广泛应用。由于杂质元素硫、磷含量较多，铸铁的机械性能（抗拉强度、塑性、韧性）较低，在加工制造上只能采用铸造成型的方法，不能采用锻造或轧制成型的方法。

在铸铁中，碳元素以两种形态分布：一种是石墨，另一种是渗碳体。根据碳在铸铁中存在的形态，铸铁可分为灰口铸铁、白口铸铁、可锻铸铁、球墨铸铁、蠕墨铸铁。在灰口铸铁或球墨铸铁中有目的地加入一些合金元素可得到合金铸铁。

白口铸铁，俗称生铁，其中碳主要以渗碳体形态存在，断口呈银白色。凝固时收缩大，易产生缩孔、裂纹。硬度高，脆性大，不能承受冲击载荷，很少用来制造零件，故不予介绍。

一、灰口铸铁

灰口铸铁含碳量较高（2.7%～4.0%），碳主要以片状石墨形态存在，断口呈灰色，简称灰铁。其熔点低（1145℃～1250℃），凝固时收缩量小，抗压强度和硬度接近碳素钢，减振性好，常用于制造机床床身、气缸盖、气缸体、箱体等结构件。图 5-6-1 所示为发动机气缸体，图 5-6-2 所示为柴油机发动机气缸盖。

图 5-6-1　发动机气缸体

图 5-6-2　柴油机发动机气缸盖

1. 灰铸铁的牌号

灰铸铁的牌号如表 5-6-1 所示。

表 5-6-1　灰铸铁的牌号

表示方法	HT	数字
说明	表示灰口铸铁	表示最低抗拉强度（MPa）
举例	HT	200
牌号	HT200	
解释	灰口铸铁，抗拉强度不低于200MPa	

2. 灰铸铁的热处理方式

热处理只能改变灰铸铁的基体组织，不能从根本上消除片状石墨的有害作用，对提高灰铸铁的整体力学性能作用不大。通常对灰铸铁进行热处理的目的是减少铸件中的应力，消除铸件薄壁部分的白口组织，提高铸件工作表面的硬度和耐磨性等。常用的热处理方法有消除内应力退火（人工时效）、正火和表面淬火。

3. 灰铸铁的应用

灰铸铁的应用如表 5-6-2 所示。在汽车制件上，最常用的是 HT200 和 HT250。

表 5-6-2　灰铸铁的应用

类属	牌号	性能	应用	图例
灰铸铁	HT200 HT250	强度、耐磨性、耐热性、减振性、铸造性均好，需进行人工时效处理，适合制造较大载荷的零件	气缸、齿轮、机座、飞轮、床身、气缸体、气缸套、活塞、制动轮、齿轮箱、油缸、气门导管等	

二、可锻铸铁

由一定化学成分的白口铸铁浇注成白口坯件，再经退火后石墨呈团絮状分布，可以部分代替碳钢，简称韧性铸铁或马铁。与灰铸铁相比，可锻铸铁有较高的强度、塑性和冲击韧度，由此得名"可锻"，实际上并不能锻造。

可锻铸铁按退火方法不同，可分为黑心（铁素体）可锻铸铁和白心（珠光体）可锻铸铁两种。

1. 可锻铸铁的牌号

可锻铸铁的牌号如表 5-6-3 所示。

表 5-6-3 可锻铸铁的牌号

表示方法	KT	H（或 Z）	数字	—	数字
说明	表示可锻铸铁	黑心（或珠光体）	表示最低抗拉强度 /MPa	分隔符	表示最低延伸率 /%
举例	KT	H	350	—	10
牌号	KTH350—10				
解释	最低抗拉强度为 350MPa，最低断后延伸率为 10% 的黑心（或铁素体）可锻铸铁				

注：牌号中黑心可锻铸铁的"H"可省略。

2. 可锻铸铁的性能和用途

可锻铸铁的性能和用途如表 5-6-4 所示。可锻铸铁主要用来制作一些形状复杂而在工作中又经常受到振动的薄壁小铸件。

表 5-6-4 可锻铸铁的性能和用途

类属	牌号	应用	图例
黑心（铁素体）可锻铸铁	KTH300—06	弯头、三通管件	—
	KTH330—08	螺丝扳手、犁刀、犁柱、车轮壳等	—
	KTH350—10	汽车拖拉机前后轮壳、轮毂、减速器壳、差速器壳、转向节壳、板簧吊架、制动器等	300 型半轴套管
	KTH370—12		
白心（珠光体）可锻铸铁	KTZ450—06	曲轴、凸轮轴、连杆、齿轮、活塞环、发动机摇臂、轴套、万向接头、棘轮、扳手、传动链条等	300 型后桥壳体
	KTZ550—04		
	KTZ650—02		
	KTZ750—02		

三、球墨铸铁

球墨铸铁中石墨呈球状分布，故名为球墨铸铁。

由于石墨呈球状分布，有效地提高了铸铁的机械性能，特别是提高了塑性和韧性，从而得到比碳钢还高的强度。正是基于优异的性能，球墨铸铁已成功用于铸造一些受力复杂，强度、韧性、耐磨性要求较高的零件。球墨铸铁已迅速发展为仅次于灰铸铁的、应用十分广泛的铸铁材料。所谓"以铁代钢"，主要指球墨铸铁。

1. 球墨铸铁的牌号

球墨铸铁的牌号如表5-6-5所示。

表5-6-5　球墨铸铁的牌号

表示方法	QT	数字	—	数字
说明	球墨铸铁	表示最低抗拉强度/MPa	分隔符	表示最低延伸率/%
举例	QT	450	分隔符	10
牌号	QT450—10			
解释	最低抗拉强度为450MPa，最低断后延伸率为10%的球墨铸铁			

2. 球墨铸铁的性能和用途

球墨铸铁的性能和用途如表5-6-6所示。

表5-6-6　球墨铸铁的性能和用途

类属	牌号	应用	图例
球墨铸铁	QT400—18	汽车拖拉机底盘零件、牵引钩前支撑座、机床零件等	
	QT400—15		
	QT450—10		
	QT500—7	机油泵齿轮	—
	QT600—3		
	QT700—2	柴油机和汽油机曲轴、凸轮轴、发动机摇臂、气缸体、气缸套、活塞环等	
	QT800—2		
	QT900—2	拖拉机减速齿轮、柴油机凸轮轴	—

四、合金铸铁（特殊性能铸铁）

合金铸铁由普通铸铁加入适量合金元素（如硅、锰、磷、镍、铬、钼、铜、铝、硼、钒、锡等）获得。合金元素使铸铁的基体组织发生变化，从而具有相应的耐热、耐磨、耐蚀、耐低温或无磁等特性。其适用于制造矿山、化工机械和仪器、仪表等的零部件。常用合金铸铁的分类和用途如表 5-6-7 所示。

表 5-6-7　常用合金铸铁的分类和用途

类属	耐磨铸铁	耐热铸铁	耐蚀铸铁
特殊性能	加入硅、锰，提高耐磨性	加入硅、铝、铬，提高耐热性	加入硅、铝、铬、铜、镍，提高耐蚀力
用途	机床导轨、气缸套、活塞环、凸轮轴、气门摇臂及挺杆、磨球、履带板等	炉栅、退火罐、炉体定位板、锅炉燃烧嘴等	化工管道、阀门、泵、挺柱等

五、钢材简介

钢材指钢锭、钢坯或钢材通过压力加工制成的各种形状、尺寸和性能的材料。汽车上的各种零部件在成型之前都应是钢材，汽车零部件生产厂的材料采购员应根据生产制造的需要采购钢材原料，方能进行生产制造。钢材应用广泛、品种繁多，根据断面形状的不同，钢材一般分为型材、板材、管材和金属制品四大类。为了便于组织钢材的生产、订货供应和做好经营管理工作，钢材又分为重轨、轻轨、大型型钢、中型型钢、小型型钢、优质型钢、线材、中厚钢板、薄钢板、电工用硅钢片、带钢、无缝钢管钢材、焊接钢管、金属制品等品种。

前面介绍的各种金属材料基本应依上述形式在市场供应。钢材品种如表 5-6-8 所示。

表 5-6-8　钢材品种

品种名称	说明	备注
重轨	每米质量大于等于 24kg 的钢轨	—
轻轨	每米质量小于 24kg 的钢轨	—
型钢	普通圆钢、方钢、六角钢、工字钢、槽钢、等边或不等边角钢及螺纹钢等	按尺寸分为大、中、小型螺纹钢
线材	直径为 5~9mm 的圆钢或螺纹钢	—
厚钢板	厚度大于 4mm 的钢板	—
薄钢板	厚度小于或等于 4mm 的钢板	—
带钢	—	—
电工硅钢薄板	—	—
优质型材	优质圆钢、方钢、扁钢、六角钢等	—
无缝钢管	断面有圆形、扁形、方形、六角形及其他	—
焊接钢管	直焊缝和螺旋焊缝两种，断面一般为圆形	—
金属制品	钢丝、钢丝绳、钢绞线等	—
其他钢材	重轨配件、车轴坯、轮毂等	—

评价与分析

完成学习过程后填写表5-6-9。

表5-6-9　学习过程评价表

班级		姓名		学号		日期	
序号	项目				配分	得分	总评
1	能准确说出铸铁的类别				10		A B C D
2	能准确说典型灰口铸铁的牌号、性能及应用特点				30		
3	能准确说出典型可锻铸铁的牌号、性能及应用特点				20		
4	能准确说出典型球墨铸铁的牌号、性能及应用特点				30		
5	能准确说出合金铸铁的类别及用途				10		
小结与建议							

同步练习

一、名词解释

1. HT230　　2. KTZ450-06　　3. QT400-18　　4. 合金铸铁

二、填空题

1. 汽车发动机缸套可选用_____来加工制造。

2. 汽车减速器箱体（外壳）可选用_____来制造。

3. 机床导轨可采用_____铸铁，热处理炉可选用_____铸铁，化工阀门可选用_____铸铁。

学习活动七　合　金　钢

学习目标

1. 掌握合金钢的含义及分类方法。

2. 掌握合金结构钢的分类、牌号含义及应用特点。

3. 掌握合金工具钢的分类、牌号含义及应用特点。

4. 了解特殊性能钢的类别、牌号及用途。

一、合金钢的基本概念

合金钢是指在碳钢的基础上加入其他元素的钢。

合金元素就是加入的其他元素，常用的合金元素有硅（Si）、锰（Mn）、铬（Cr）、镍（Ni）、钨（W）、钼（Mo）、钒（V）、钛（Ti）、铝（Al）、硼（B）等。

合金元素的作用是通过与钢中的铁和碳发生作用，合金元素之间相互作用，影响钢的组织和组织转变，从而提高钢的力学性能，改善钢的热处理工艺性能，使其获得某些特殊性能。

按用途，合金钢可分为合金结构钢、合金工具钢和特殊性能钢（如不锈钢、耐热钢、耐磨钢等）。

二、合金结构钢

1. 合金结构钢的分类

按用途，合金结构钢可分为普通低合金高强度钢、渗碳钢、调制钢、弹簧钢和滚动轴承钢等。

2. 合金结构钢的牌号

合金结构钢的牌号如表5-7-1所示。

表5-7-1 合金结构钢的牌号

表示方法	两位数字	合金元素	数字（可省）	合金元素	数字（可省）	……
说明	钢的平均含碳量的万分之几	化学元素符号	本合金元素平均含量的百分之几	化学元素符号	本合金元素平均含量的百分之几	
举例	60	Si	2	Mn		
牌号写作	60Si2Mn					
解释	钢的平均含碳量的万分之六十（0.6%）	化学元素符号Si	Si元素平均含量的百分之二	化学元素符号Mn	Mn元素平均含量小于1.5%	

注：

1）合金元素的平均含量小于1.5%时，只标化学元素符号，不标含量。

2）如果合金元素平均含量不小于1.5%、2.5%、3.5%等，合金元素符号后面标2、3、4等。

3）其牌号后跟字母"A"，表示高级优质钢。

3. 合金结构钢的用途

合金结构钢的用途如表5-7-2所示。

表 5-7-2 合金结构钢的用途

类属	牌号	热处理与性能	应用	图例
合金渗碳钢	20Cr 20MnVB 20CrMnTi	属低碳钢，渗碳+淬火+低温回火后，表硬而里韧，适用于高速重载受冲击的重要零件	柴油机凸轮轴、十字销、气门座、变速齿轮、缸头精密螺栓等	
合金调制钢	40Cr 40MnVB 38CrMoAlA	属中碳钢，调质后具有良好的机械性能，适用于高速受冲击零件	大齿轮、连杆、连杆螺栓、万向节叉等	
合金弹簧钢	65Mn 60Si2Mn 55SiMnMoV	属高碳钢，淬火+中温回火后，弹性极限和疲劳强度提高，适用于弹性零件	气门弹簧、离合器簧片、大截面板簧等	

三、合金工具钢

1. 合金工具钢的分类

合金工具钢常用于制作刀具、模具和量具等工具，按用途可分为刃具钢、模具钢和量具钢。

2. 合金工具钢的牌号

合金工具钢的牌号如表 5-7-3 所示。

表 5-7-3 合金工具钢的牌号

表示方法	数字（可省）	合金元素	数字（可省）	合金元素	数字（可省）	……
说明	钢的平均含碳量的千分之几	化学元素符号	本合金元素平均含量的百分之几	化学元素符号	本合金元素平均含量的百分之几	
举例	9	Si		Cr		
牌号写作	9SiCr					
解释	钢的平均含碳量的千分之九（0.9%）	化学元素符号 Si	Si 元素平均含量为小于 1.5%	化学元素符号 Cr	Cr 元素平均含量为小于 1.5%	

注：

1）平均含碳量不小于 1.0% 时不标出，小于 1.0% 时以千分之几表示；高速钢有例外，其平均含碳量小于 1.0% 时也不标出，合金元素后的数字表示该合金元素的平均含量。

2）合金元素的平均含量小于 1.5% 时，只标化学元素符号，不标含量。

3）如果合金元素平均含量大于 1.5%、2.5%、3.5% 等，合金元素符号后面标 2、3、4 等。

3. 合金工具钢的用途

合金工具钢的用途如表5-7-4所示。

表5-7-4　合金工具钢的用途

类属	牌号	性能	应用	图例	备注
合金刃具钢	9SiCr	高硬度,高耐磨性,高淬透性,变形小等	丝锥、板牙、钻头、绞刀、刮刀、冷作模具等		低合金刃具钢
	CrWMn				
	W18Cr4V	高硬度,高耐磨性,高淬透性,变形小,高热硬性,足够的强度和韧性	车刀、铣刀、拉刀等		高速钢
合金模具钢	Cr12	高硬度,高耐磨性,足够的韧性和抗疲劳能力,较小的热处理变形	使金属在冷态下变形的模具,如冷冲模、冷挤压模等	略	冷作模具
	Cr12MoV				
	9Mn2V				
	5CrMnMo	高温下具有足够的强度、韧性和耐磨性,较高的热疲劳性和导热性	使金属在高温下成型的模具,如热锻模、压铸模等	略	热作模具
合金量具钢	CrWMn	高硬度,高耐磨性,高的尺寸稳定性及足够的韧性,良好的磨削加工性能	各种量具,如游标卡尺、千分尺、塞规、样板等		—
	CrMn				

四、特殊性能钢

特殊性能钢指具有特殊物理性能和化学性能的钢,包含不锈钢、耐热钢、耐磨钢等。特殊性能钢的种类、性能和用途如表5-7-5所示。

表5-7-5　特殊性能钢的种类、性能和用途

种类	定义	分类	牌号	用途	备注
不锈钢	抗腐蚀能力的钢	铬不锈钢	1Cr13	汽轮机叶片、水压机阀、螺栓、螺母等	一般不具备磁性或磁性很弱
			2Cr13		
			3Cr13	弹簧、弹性好的手术钳、医用镊子等	
			4Cr13	外科手术用的手术剪、手术刀等医疗器械	
			1Cr17	酸厂的耐酸槽、输送管道等	
		镍不锈钢	1Cr18Ni9	耐酸容器、管道、吸收塔等	
			1Cr18Ni9Ti	抗磁仪表、医疗器械等	

续表

种类	定义	分类	牌号	用途	备注
耐热钢	高温耐氧化性好和高温强度高的钢	抗氧化钢	3Cr13Mn12Si2N	锅炉吊钩、渗碳炉构件，最高使用温度约为1000℃	—
		热强钢	15CrMo	发动机排气门、高中压蒸汽导管等	
			4Cr10Si2Mo		
耐磨钢	高耐磨性能钢	高锰钢	ZGMn13	拖拉机履带、挖掘机铲齿等	—

评价与分析

完成学习过程后填写表5-7-6。

表5-7-6 学习过程评价表

班级		姓名		学号		日期	
序号	项目				配分	得分	总评
1	能准确说出合金钢的含义及分类方法				10		A B C D
2	能准确说出典型合金结构钢的分类、牌号含义及应用特点				40		
3	能准确说出典型合金工具钢的分类、牌号含义及应用特点				30		
4	能准确说出典型特殊性能钢的类别、牌号及用途				20		
小结与建议							

同步练习

一、名词解释

1. 合金钢   2. 20CrMnTi   3. 1Cr18Ni9Ti   4. 60Si2Mn

二、填空题

1. 发动机气门弹簧材料应选用的合金钢牌号是_____。

2. 为提高钢的抗氧化性能，可在钢中加入_____元素。

3. 在普通碳钢中加入一定量的_____，制成合金钢。

三、选择题

1. 汽车发动机曲轴可选用_____材料制作。

A. Q235   B. 20CrMnTi   C. HT200   D. KTZ450—06

2. 40Cr制作的汽车变速箱中的变速大齿轮一般需经过_____处理。

A. 正火   B. 回火   C. 退火   D. 表面淬火

3. 弹簧钢制作的气门弹簧制作过程中必不可少的处理方法是_____。

A. 淬火+低温回火　　　　　　　　B. 正火+低温回火

C. 淬火+中温回火　　　　　　　　D. 淬火+高温回火

四、判断题

（　　）1. 20Cr 制作的汽车变速小齿轮可采用渗碳+表面淬火来处理。

（　　）2. 一般的不锈钢可以用磁铁将其稳稳吸住。

五、简答题

1. 合金工具钢按其用途可分为哪几种？其主要用途是什么？

2. 为什么汽车的变速齿轮采用 20CrMnTi 来制作，而机床上的变速齿轮常采用 40Cr 来制作？

学习活动八　铝　合　金

学习目标

1. 了解有色金属的含义、类别。

2. 掌握铝合金的分类、牌号、性能和用途。

学习过程

一、有色金属概述

通常把黑色金属以外的金属称为有色金属，也称为非铁金属。有色金属中密度小于 $3.5g/cm^3$ 的（铝、镁、铍等）称为轻金属；密度大于 $3.5g/cm^3$ 的（铜、镍、铅等）称为重金属。有色金属的产量及用量不如黑色金属，但其具有许多特殊性能，如导电性和导热性好、密度及熔点较低、力学性能和工艺性能良好，因此它是现代工业，特别是国防工业不可缺少的材料。

常用的有色金属有铝及铝合金、铜及铜合金、镁及镁合金、钛及钛合金和轴承合金等。

以汽车为例，汽车结构中使用的有色金属主要是铝、铜、镁合金和少量的锌、铅及轴承合金。随着汽车轻量化运动的不断发展，铝镁合金的用量不断加大。汽车质量对燃料经济性起着决定性的作用，车重每降低 100kg，油耗可减少 0.7L/100km。铝合金是最佳的汽车轻量化用材。据预测，汽车零部件的极限铝化率可达 50% 左右。以往除了在航天航空领域外，镁合金并没有像铝合金那样得到广泛的应用。近年来，随着汽车轻量化的发展，人们将目光投向了镁合金。目前，镁合金零件主要用于小汽车与赛车。国外用镁合金制造的零件有离合器盒、变速箱、制动器盒、踏板架、仪表板、轮毂等。国内上海大众汽车公司生产的桑塔纳轿车的手动变速箱壳体也是用镁合金压铸的。

二、铝及铝合金

1. 工业纯铝

铝为银白色轻金属，有延展性，商品常制成棒状、片状、箔状、粉状、带状和丝状。铝在潮湿空气中能形成一层防止金属腐蚀的氧化膜。铝粉和铝箔在空气中加热能猛烈燃烧，并发出炫目的白色火焰。铝易溶于稀硫酸、硝酸、盐酸、氢氧化钠和氢氧化钾溶液，不溶于水。其密度为 $2.7\mathrm{g/cm^3}$，熔点为 $660℃$，沸点为 $2327℃$。铝以其轻、良好的导电和导热性能、高反射性和耐氧化而被广泛使用。

工业纯铝不像化学纯铝那样纯，或多或少都含有杂质（铁和硅等）。工业纯铝的代号用"L+顺序号"形式表示，有 L1、L2、L3、L4、L5、L6 共六种，其中 L1 杂质最少，L6 杂质最多。

纯铝很软，强度不大，有着良好的延展性，可拉成细丝和轧成箔片，大量用于制造电线、电缆、无线电工业及包装业。它的导电能力约为铜的三分之二，但其密度仅为铜的三分之一，将等质量和等长度的铝线和铜线相比，铝的导电能力约为铜的二倍，且价格较铜低，所以，野外高压线多由铝做成，节约了大量成本，缓解了铜材的紧张。

铝的导热能力比铁大三倍，工业上常用铝制造各种热交换器、散热材料等，家庭使用的许多炊具也由铝制成。与铁相比，它还不易锈蚀，延长了使用寿命。铝粉具有银白色的光泽，常和其他物质混合用作涂料，刷在铁制品的表面，不但能保护铁制品免遭腐蚀，而且美观。

2. 铝合金

在纯铝中加入硅（Si）、铜（Cu）、镁（Mg）、锌（Zn）、锰（Mn）等合金元素就得到了铝合金，可使其力学性能提高，而且仍保持密度小、耐腐蚀的优点。

（1）铝合金的分类及代号

铝合金可以分为变形铝合金和铸造铝合金两种，如表 5-8-1 所示。

表 5-8-1　铝合金的分类及代号

名称	分类	划分	代号				备注
			前面	后面	举例	解释	
铝合金	变形铝合金	防锈铝	LF	数字（顺序号）	LF5	5 号防锈铝	—
		硬铝	LY		LY12	12 号硬铝	
		超硬铝	LC		LC6	6 号超硬铝	
		锻铝	LD		LD10	10 号锻铝	
	铸造铝合金	铝硅系（Al-Si）	ZL	类别号+顺序号	ZL105	5 号铸造 AL-Si 合金	种类号 1、2、3、4 分别表示铝硅、铝铜、铝镁、铝锌合金
		铝铜系（Al-Cu）			ZL201	1 号铸造 Al-Cu 合金	
		铝镁系（Al-Mg）			ZL301	1 号铸造 Al-Mg 合金	
		铝锌系（Al-Zn）			ZL401	1 号铸造 Al-Zn 合金	

（2）常用变形铝合金的牌号和用途

变形铝合金根据是否可以进行热处理强化，分为不可热处理强化和可热处理强化两种。不可热处理强化变形铝合金只能通过加工硬化进一步提高强度。常用变形铝合金的牌号和用途如表5-8-2所示。

表5-8-2 常用变形铝合金的牌号和用途

类别		常用牌号	用途
不可热处理强化	防锈铝	LF5	耐蚀油箱、油管、铆钉、蒙皮、骨架、轻载荷零件、高塑性高耐蚀零件、焊接件、冲压件等
		LF21	
可热处理强化	硬铝	LY1	铆钉、蒙皮、发动机叶片、梁、隔框、滑轮、结构板材等
		LY12	
	超硬铝	LC4	质量小、受力大的构件，如飞机大梁、起落架、加强框、火炮牵引杆、轻型坦克、运兵车构件等
		LC6	
	锻铝	LD5	复杂锻件、冲压件，如发动机零件、发动机风扇叶片、活塞、气缸头、步枪弹匣体等
		LD10	

（3）常用铸造铝合金的牌号、性能和用途

常用铸造铝合金的牌号、性能和用途如表5-8-3所示。

表5-8-3 常用铸造铝合金的牌号、性能和用途

类别	常用牌号	性能	用途
铝硅合金	ZL102	极好的铸造性、收缩性，高气密性和耐蚀性	仪表、水泵壳体等
	ZL105		风冷发动机气缸、油泵壳体等
	ZL109		活塞、启动滑轮等
	ZL111		高负荷、气密性高的大铸件等
铝铜合金	ZL201	热强性好，用作要求强度、工作温度高的地方	内燃机气缸、活塞、挂架等
	ZL202		形状简单、表面粗糙度中等的载荷零件
铝镁合金	ZL301	比强度高、耐海水腐蚀等	螺旋桨、船舰配件、雷达底座等
铝锌合金	ZL401	大型、复杂、高载荷零件	汽车、飞机零件

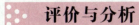 **评价与分析**

完成学习过程后填写表5-8-4。

表 5-8-4　学习过程评价表

班级		姓名		学号		日期	
序号	项目			配分	得分	总评	
1	能准确说出有色金属的含义及分类方法			10		A B C D	
2	能准确说铝合金的分类、牌号含义			20			
3	能准确说出典型变形铝合金的分类、牌号及应用特点			35			
4	能准确说出典型铸造铝合金的分类、牌号及应用特点			35			
小结与建议							

同步练习

一、解释型号

1. LF21　2. ZL109　3. LD10　4. ZL401

二、填空题

1. 根据铝合金的加工工艺特性，可将其分为_____、_____两种。

2. 变形铝合金根据其是否可进行热处理强化，分为_____、_____两种。

3. 耐腐蚀油箱可采用_____铝合金制造，飞机起落架可采用_____铝合金制造。

4. 汽车发动机气缸体可选用_____铝合金来制造，轮船军舰的某些配件可选用_____来加工。

5. 根据变形铝合金的性能特点，可将其分为_____、_____、_____和_____。

学习活动九　铜合金与滑动轴承合金

学习目标

1. 了解工业纯铜的特点。

2. 掌握黄铜的分类、牌号、性能和用途。

3. 了解青铜的分类、性能和用途。

4. 了解滑动轴承合金的类别、性能及用途。

一、工业纯铜

纯铜外观呈紫红色，因此又称紫铜。其密度为 $8.9g/cm^3$，熔点为 $1083℃$，具有优良的导电性、导热性、延展性和耐蚀性，但强度低。纯铜主要用于制作发电机、母线、电缆、开关装置、变压器等导电器材和热交换器，以及管道、太阳能加热装置的平板集热器等导热器材。

我国工业纯铜常用的有 T1、T2、T3、T4，代号中数字越大，表示杂质含量越高，导电性、塑性越差。T1、T2 主要用作导电材料或配制高纯度的铜合金；T3、T4 主要用于一般铜材和配制普通铜合金。

二、铜合金

铜合金是以纯铜为基体加入一种或几种其他元素构成的合金。常用的铜合金有黄铜、青铜、白铜三大类。

1. 黄铜

黄铜是以锌为主要合金元素的铜合金，其中锌的含量为 20%～40%（质量分数）。随着锌含量的增加，黄铜的强度逐渐增加，而塑性逐渐降低。按照化学成分，黄铜可分为普通黄铜和特殊黄铜。

（1）普通黄铜

普通黄铜是由铜和锌组成的二元合金，它的牌号用"H+数字"表示，其中 H 表示黄铜，数字表示铜的质量分数，如"H68"表示含铜量为 68%、含锌量为 32% 的黄铜。当含锌量小于 39% 时，其具有良好的塑性、导电性和耐热性，常用来制造形状复杂并要求耐热、耐腐蚀的零件，如汽车散热器、垫片、油管、螺钉等。常用的黄铜有 H80、H70、H68、H62 等，其中 H80 呈金黄色，又称金色黄铜。

黄铜的常用牌号及用途如表 5-9-1 所示。

表 5-9-1　黄铜的常用牌号及用途

常用牌号	用途
HT96	冷凝管、热交换器、散热器、导电零件、空调器、计算机插件等
HT70	弹壳等
HT68	散热器外壳等
HT62	铆钉、螺帽、垫圈等

（2）特殊黄铜

在普通黄铜中加入其他合金元素所组成的多元合金称为特殊黄铜。常加入的元素有铅（Pb）、锡（Sn）、铝（Al）等，相应地可称其为铅黄铜、锡黄铜、铝黄铜。加合金元素的主要目的是提高抗拉强度、改善工艺性能。按其工艺方法不同，特殊黄铜可分为压力加工黄铜和铸造黄铜。

压力加工黄铜的代号为"H +主加元素符号（除锌外）+铜的质量分数+主加元素质量分数+其他元素质量分数"。例如，HPb59-1 表示铜的质量分数为 59%，含主加元素铅的质量分数为 1%，其余为锌的压力加工黄铜（也称为铅黄铜）。

铸造黄铜则在代号前加"Z"字，如 ZCuZn38 表示含锌量为 38%，余量为铜的铸造黄铜。

常用特殊黄铜的牌号及用途如表 5-9-2 所示。

表 5-9-2　常用特殊黄铜的牌号及用途

组别	代号	用途
铅黄铜	HPb63-1	钟表零件，汽车、拖拉机及一般机器零件
	HPb60-1	一般机器结构零件
锡黄铜	HSn90-1	汽车、拖拉机弹性套管
	HSn62-1	船舶零件
铝黄铜	HAl177-2	海船冷凝管及耐蚀零件
	HAl160-1-1	缸套、齿轮、蜗轮、轴及耐蚀零件
	HAl159-3-2	船舶、电动机、化工机械等常温下工作的高强度耐蚀零件

2. 青铜

青铜原指铜锡合金，现在除黄铜、白铜以外的铜合金均称青铜，并常在青铜名称前冠以第一主要添加元素的名。锡青铜的铸造性能、减摩性能和机械性能好，适合于制造轴承、蜗轮、齿轮等。铅青铜是现代发动机和磨床广泛使用的轴承材料。铝青铜强度高，耐磨性和耐蚀性好，用于铸造高载荷的齿轮、轴套、船用螺旋桨等。铍青铜和磷青铜的弹性极限高，导电性好，适于制造精密弹簧和电接触元件，铍青铜还用来制造煤矿、油库等使用的无火花工具。

3. 白铜

白铜是以镍为主要添加元素的铜基合金，呈银白色，有金属光泽，故名白铜。铜镍之间彼此可无限固溶，从而形成连续固溶体。当把镍熔入红铜里，含量（质量分数）超过 16% 以上时，产生的合金色泽就变得相对近白，如银。镍含量越高，颜色越白。但是，毕竟与铜融合，只要镍含量（质量分数）不超过 70%，肉眼都会看到铜的黄色，况且通常白铜中的镍含量（质量分数）一般为 25%。

由于白铜饰品从颜色、做工等方面和纯银饰品差不多，有的不法商家利用消费者对银饰不了解的心理，把白铜饰品当成纯银饰品来卖，从中获取暴利。

三、滑动轴承合金

轴承起减摩作用，可分为滚动轴承和滑动轴承，滑动轴承接触面积大，工作平稳、无噪声，检修方便，所以在汽车上尤其在发动机的两大机构——配气机构、曲柄连杆机构中应用广泛。

在滑动轴承中，制造轴瓦及其内衬的合金称为滑动轴承合金。

滑动轴承合金具有足够的抗压强度和抗疲劳性能；良好的减摩性（摩擦系数要小）；良好的储备润滑油的功能；良好的磨合性；良好的导热性和耐蚀性；良好的工艺性能，使之制造容易，价格便宜。

工业上应用的轴承合金很多，常用的有锡基、铅基、铜基和铝基轴承合金等，其中锡基和铅基轴承合金又称巴氏合金，是应用最广的轴承合金。

1. 滑动轴承合金的编号方法

滑动轴承合金的编号方法如表5-9-3所示。

表5-9-3 滑动轴承合金的编号方法

表示方法	ZCh	元素符号	元素符号	质量分数	—	质量分数
说明	"铸""承"汉字的汉语拼音字首	基本元素	主加元素	主加元素的质量分数	分隔符	附加元素的质量分数
举例	ZCh	Sn	Sb	11	—	6
牌号写作	ZChSnSb11—6					
解释	表示 w_{Sb} 为11%，w_{Cu} 为6%，其余为 w_{Sn} 的锡基轴承合金					

2. 常用轴承合金的分类、牌号、性能特点和用途

（1）锡基轴承合金与铅基轴承合金

锡基轴承合金（又称巴氏合金）的表示方法与其他铸造非铁金属的牌号表示方法相同。例如，ZSnSb4Cu4 表示含锑的平均质量分数为4%、含铜的平均质量分数为4%的锡基轴承合金。锡基轴承合金的价格较高，且力学性能较低，通常采用铸造的方法将其镶铸在钢（08钢）的轴瓦上形成双金属轴承使用。

1）锡基轴承合金是以锡为基础，加入锑、铜等元素组成的合金。其优点是具有良好的塑性、导热性和耐蚀性，而且摩擦系数和膨胀系数小，适合于制作重要轴承，如汽轮机、发动机和压气机等大型机器的高速轴瓦。缺点是疲劳强度低，工作温度较低（不高于150℃），价格较高。

2）铅基轴承合金是以铅为基体，加入锑、锡、铜等合金元素组成的合金。铅基轴承合金的强度、硬度、导热性和耐蚀性均比锡基轴承合金低，而且摩擦系数较大，但价格便宜，适合于制造中、低载荷的轴瓦，如汽车、拖拉机曲轴轴承，铁路车辆轴承等。

锡基轴承合金和铝基轴承合金的牌号、性能特点和用途如表5-9-4所示。

表 5-9-4　锡基轴承合金和铝基轴承合金的牌号、性能特点和用途

分类	常用牌号	性能特点	用途	备注
锡基轴承合金	ZChSnSb11—6	硬度适中，减摩性良好，耐蚀性、导热性好，塑性、韧性足够，膨胀系数小，但疲劳强度低，工作温度不宜过高	高速、重载下的轴承	另外，还有铝基和铜基轴承合金
	ZChSnSb12—4—10			
	ZChSnSb8—4			
	ZChSnSb4—4			
铅基轴承合金	ZChPbSb16—16—2	强度、硬度、韧性低于锡基轴承合金，摩擦系数较大，但价格较低，可能的情况下可代替锡基轴承合金	中等负荷轴承	
	ZChPbSn15—5—3			
	ZChPbSn15—10			
	ZChPbSb15—5			

（2）铜基轴承合金

铜基轴承合金通常有锡青铜与铅青铜。

铜基轴承合金具有高的疲劳强度和承载能力、优良的耐磨性、良好的导热性，较低的摩擦系数，能在 250℃ 以下正常工作，适合于制造高速、重载下工作的轴承，如高速柴油机、航空发动机轴承等，常用牌号是 ZCuSn10P1、ZCuPb30。

（3）铝基轴承合金

铝基轴承合金是以铝为基础，加入锡等元素组成的合金。这种合金的优点是导热性、耐蚀性、疲劳强度和高温强度均高，而且价格低。缺点是膨胀系数较大，抗咬合性差。目前以高锡铝基轴承合金应用最广泛，适合于制造高速（13m/s）、重载（3200MPa）的发动机轴承，常用牌号为 ZAlSn6Cu1Ni1。

评价与分析

完成学习过程后填写表 5-9-5。

表 5-9-5　学习过程评价表

班级		姓名		学号		日期	
序号	项目				配分	得分	总评
1	能准确说出纯铜的特点				10		A B C D
2	能准确说出黄铜的分类、牌号、性能和用途				40		
3	能准确说出青铜的分类、性能和用途				25		
4	能准确说出滑动轴承合金的类别、性能及用途				25		
小结与建议							

同步练习

一、解释型号

1. HT70   2. HAl160-1-1   3. HPb63-1   4. ZChSnSb11-6

二、填空题

1. 常用的铜合金有_____、_____和_____三种。

2. 锡青铜的铸造性能、减摩性能和机械性能好，可用于制造_____、_____和_____等零部件。

3. 汽车发动机曲轴轴承可选用的滑动轴承合金是_____。

4. 蜗轮蜗杆传动中的蜗轮齿圈可选用_____制成。

5. 特殊黄铜可分为_____、_____、_____。

三、简答题

1. 下列物件分别是由哪种类型的铜合金制作的？并推荐合适的合金品牌。

弹壳 船用螺旋桨 凸轮轴支撑轴承 高级精密弹簧

2. 滑动轴承合金的特点是什么？

学习活动十　硬质合金与粉末冶金

学习目标

1. 了解硬质合金的特点。

2. 掌握硬质合金的分类、性能和用途。

3. 了解粉末冶金的性能特点和用途。

4. 了解镁合金的应用特点。

学习过程

一、硬质合金

1. 概述

硬质合金是由难熔金属的硬质化合物和黏结金属通过粉末冶金工艺制成的一种合金材料。即将高硬度、难熔的碳化钨（WC）、碳化钛（TiC）、碳化钽（TaC）等和钴、镍等黏结剂金属，经制粉、配料（按一定比例混合）、压制成形，再通过高温烧结而成的一种合金材料。

硬质合金具有硬度高、红硬性高、耐磨性高、抗压强度高、耐热、耐腐蚀等一系列优良性能。其在室温下的硬度可达 HRA86～93，在900℃～1000℃仍然具有较高的硬度，故硬质合金刀具的切削速度、耐磨性及使用寿命均比高速钢显著提高，但其抗弯强度只有高速钢的 1/3～1/2，韧性差，为淬火钢的 30%～50%。因此，硬质合金在刀具、量具、模具等的制造中得到了广泛应

图 5-10-1　硬质合金刀具

用，广泛用作刀具材料（图 5-10-1），如车刀、铣刀、刨刀、钻头、镗刀等，用于切削铸铁、有色金属、塑料、化纤、石墨、玻璃、石材和普通钢材，也可以用来切削耐热钢、不锈钢、高锰钢、工具钢等难加工的材料。

2. 常用的硬质合金

（1）钨钴类硬质合金（K 类硬质合金）

它的主要成分为碳化钨及钴，其牌号用"硬""钴"二字的汉语拼音字母字头"YG"加数字表示，数字表示含碳化钴的质量分数，如 YG8 表示钨钴类硬质合金，含碳化钴为 8%。

（2）钨钴钛类硬质合金（P 类硬质合金）

它的主要成分为碳化钨、碳化钛及钴，其牌号用"硬""钛"二字的汉语拼音字母字头"YT"加数字表示，数字为碳化钛的质量分数，如 YT5 表示钨钴钛硬质合金，含碳化钛为 5%。

硬质合金中碳化物含量越多，钴含量越少，则合金的硬度、热硬性、耐磨性越高，强度和韧性越低。含钴量相同时，由于碳化钛的加入，硬钴钛类硬质合金具有较高的硬度及耐磨性，同时合金表面会形成一层氧化膜，切削不易粘刀，具有较高的热硬性；但其强度和韧性比硬钴类硬质合金低。因此，硬钴类硬质合金刀具适合加工脆性材料（如铸铁）、有色金属和非金属材料，而硬钴钛类硬质合金刀具适合加工塑性材料，如各种钢。

（3）钨钛钽（铌）类硬质合金（M 类硬质合金）

它是以碳化钽（碳化铌）取代硬钴钛类硬质合金中的一部分碳化钛制成的。由于加入了碳化钽（碳化铌），显著提高了合金的热硬性，常用来加工不锈钢、耐热钢、高锰钢等难加工的材料，所以也称其为通用硬质合金或万能硬质合金。万能硬质合金牌号用"硬""万"二字的汉语拼音字母字头"YW"加顺序号表示，如 YW1、YW2 等。

上述硬质合金的硬度高、脆性大，除磨削外，不能进行切削加工，一般不能制成形状复杂的整体刀具，故一般将硬质合金制成一定规格的刀片（图 5-10-2），使用前将其紧固在刀体或模具上，如图 5-10-3 所示。

图 5-10-2　硬质合金刀片

图 5-10-3　硬质合金刀具

常用硬质合金的牌号、化学成分、力学性能及用途如表 5-10-1 所示。

表 5-10-1　常用硬质合金的牌号、化学成分、力学性能及用途

类别	牌号	ISO	化学成分/%				力学性能（不低于）		用途
			WC	TiC	TaC	Co	HRA	抗弯强度/MPa	
钨钴类合金	YG3X	K01	96.5	—	<0.5	3	92	1000	适于加工铸铁、有色金属及非金属材料的刀具，钢、有色金属棒料与管材的拉伸模，冲击钻钻头，机器及工件的易磨损零件
	YG6	K20	94.0	—	—	6	89.5	1450	
	YG6X	K10	93.5	—	<0.5	6	91	1400	
	YG8	K20～K30	92.0	—	—	8	89	1500	
	YG8C	K30	92.0	—	—	8	88	1750	
	YG11C	K40	89.0	—	—	11	88.5	2100	
	YG15	K40	85.0	—	—	15	87	2200	
	YG20C	—	80.0	—	—	20	83	1400	
	YG6A	K10	91.0	—	3	6	91.5	1500	
	YG8A	K20	91.0	—	<1	8	89.5	1400	
钨钴钛类合金	YT5	P30	85.0	5	—	10	88.5	1400	适于碳素钢、合金钢的连续切削加工
	YT15	P10	79.0	15	—	6	91	1130	
	YT30	—	66.0	30	—	4	92.5	880	
通用合金	YW1	M10	84.0	6	4	6	92	1230	适于高锰钢、不锈钢、耐热钢、普通合金钢及铸铁的加工
	YW2	M20	82.0	6	4	8	91.5	1470	

注：牌号中"X"代表该晶粒是细颗粒，"C"代表该晶粒是粗颗粒，不标字母的为一般颗粒合金；"A"代表在原合金基础上，还含有少量 TaC 或 NbC 的合金。

近年来，又开发出了一种钢结硬质合金，它是一种界于硬质合金与高速工具钢之间的新工具材料，被称为一种可机械加工的硬质合金。它和硬质合金一样，具有良好的耐磨性、刚性和红硬性，而又能像高速工具钢一样具有可热处理、可机械加工和焊接的性能，热处理后变形小，硬度可达 HRC68~71，可制造各类切削刀具、模具或制作耐磨零件。图 5-10-4 所示为钢结硬质合金滚刀。

图 5-10-4　钢结硬质合金滚刀

二、粉末冶金

粉末冶金是制取金属粉末或用金属粉末（或金属粉末与非金属粉末的混合物）作为原料，经过成形和烧结，制造金属材料、复合材料以及各种类型制品的工艺技术。粉末冶金法与生产陶瓷有相似的地方，均属于粉末烧结技术，因此，一系列粉末冶金新技术也可用于陶瓷材料的制备。由于粉末冶金技术的优点，它已成为解决新材料问题的钥匙，在新材料的发展中起着举足轻重的作用。

粉末冶金包括制粉和制品。其中制粉主要是冶金过程，和字面意思吻合。而粉末冶金制品远远超出材料和冶金的范畴，往往是跨多学科（材料和冶金、机械和力学等）的技术。尤其现代金属粉末 3D 打印，集机械工程、CAD、逆向工程技术、分层制造技术、数控技术、材料科学、激光技术于一身，使粉末冶金制品技术成为跨更多学科的现代综合技术。

粉末冶金的应用如下。

1）减摩材料、摩擦材料：含油轴承、离合器片、制动片等。

2）结构材料：用碳钢或合金钢为原料，采用粉末冶金制成的结构件，精度高、表面光洁，不需加工即为成品等，如凸轮、小齿轮等。

3）高熔点材料：熔点较高，不易加工，如钨、钼、碳化钨、碳化钛等，可用粉末冶金成型。

粉末冶金的缺点是生产模具的限制，制件尺寸较小、形状简单、制件韧性差、效率低、成本高等。

常见的粉末冶金工件有硬质合金刀片、硬质合金刀、硬质合金车刀、制动片等，如图 5-10-5 所示。

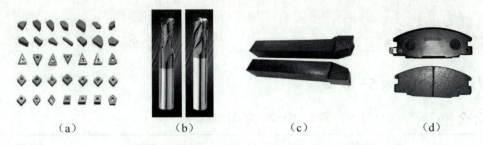

（a）　　　　　（b）　　　　　（c）　　　　　（d）

图 5-10-5　常见的粉末冶金工件

（a）硬质合金刀片；（b）硬质合金刀；（c）硬质合金车刀；（d）制动片

粉末冶金相关企业主要是适用于汽车行业、装备制造业、金属行业、航空航天、军事工业、仪器仪表、五金工具、电子家电等领域的零配件生产和研究，相关原料、辅料生产，各类粉末制备设备、烧结设备制造。产品包括轴承、齿轮、硬质合金刀具、模具、摩擦制品等。军工企业中，重型的武器装备如穿甲弹、鱼雷等，飞机坦克等制动副均需采用粉末冶金技术生产。粉末冶金汽车零件近年来已成为我国粉末冶金行业最大的市场，约50%的汽车零部件为粉末冶金零部件。

1）应用：汽车、摩托车、纺织机械、工业缝纫机、电动工具、五金工具、电器工程机械等各种粉末冶金（铁铜基）零件。

2）分类：粉末冶金多孔材料、粉末冶金减摩材料、粉末冶金摩擦材料、粉末冶金结构零件、粉末冶金工模具材料、粉末冶金电磁材料和粉末冶金高温材料等。

三、镁合金

镁合金是以镁为基体再加入其他元素组成的合金。其特点是密度小（1.8g/cm^3），比强度高，弹性模量大，散热好，减振性好，承受冲击载荷能力比铝合金大，耐有机物和碱的腐蚀性能好。主要合金元素有铝、锌、锰、铈、钍及少量锆或镉等。目前使用最广的是镁铝合金，其次是镁锰合金和镁锌锆合金，主要用于航空、航天、运输、化工、火箭等工业部门。镁合金在实用金属中是最轻的，其密度大约是铝的2/3，铁的1/4，且具有高强度、高刚性。

目前，镁合金在汽车上的应用零部件可归纳为两类。

1）壳体类，如离合器壳体、阀盖、仪表板、变速箱体、曲轴箱、发动机前盖、气缸盖、空调机外壳等。

2）支架类，如方向盘、转向支架、制动支架、座椅框架、车镜支架、分配支架等。

根据有关研究，汽车所用燃料的60%消耗于汽车自重，汽车自重每减轻10%，其燃油效率可提高5%以上；汽车自重每降低100 kg，每百公里油耗可减少0.7L左右，每节约1L燃料可减少2.5g CO$_2$排放，年排放量减少30%以上。所以减轻汽车质量对环境和能源的影响非常大，汽车的轻量化已成必然趋势。

虽然镁合金的导热系数不及铝合金，但是比塑料高出数十倍，因此，镁合金用于电器产品上可有效将内部的热散发出去。

镁合金的电磁波屏蔽性能比在塑料上电镀屏蔽膜的效果好，因此使用镁合金可省去电磁波屏蔽膜的电镀工序。

评价与分析

完成学习过程后填写表5-10-2。

表5-10-2　学习过程评价表

班级		姓名		学号		日期	
序号	项目			配分	得分	总评	
1	能准确说出硬质合金的特点			20		A	
2	能准确说出硬质合金的分类、性能和用途			40		B	
3	能准确说出粉末冶金的性能特点和用途			20		C	
4	能准确说出镁合金的应用特点			20		D	
小结与建议							

同步练习

一、名词解释

1. 硬质合金　2. 粉末合金

二、填空题

1. 常用的硬质合金可分为_____、_____、_____三类。

2. 加工铸铁、有色金属零件时可选用_____类硬质合金刀具。

三、简答题

1. 硬质合金的性能特点和用途分别是什么？

2. 粉末合金的用途有哪些？

3. 镁合金有哪些优点？

 学习活动十一　塑　　料

学习目标

1. 了解塑料的组成。

2. 掌握常用工程塑料的应用特点。

3. 掌握橡胶的组成、类别和性能。

4. 了解橡胶的应用特点。

汽车制造业、家用电器等机械设备中除了大量使用力学性能高、热稳定性好、导电与导热性好的金属材料外，还广泛使用由非金属元素或化合物构成的非金属材料。汽车上的非金属材料制品包括轮胎、传动带、风窗玻璃、保险杠、转向盘、仪表板壳、连接软管，如图5-11-1所示。另外，还有洗衣机外壳、冰箱内饰件、家用风扇外壳或叶片、电视机外壳、笔记本电脑外壳、手机外壳等。常用的非金属材料包括塑料、橡胶、玻璃等。

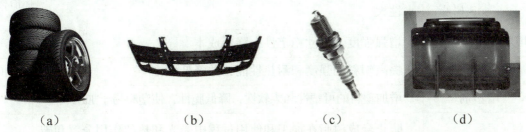

(a)　　　　　　(b)　　　　　　(c)　　　　　　(d)

图 5-11-1　汽车上的非金属材料制品
(a) 轮胎；(b) 保险杠；(c) 火花塞；(d) 风窗玻璃

一、塑料

塑料为合成的高分子化合物（聚合物），是利用单体原料以合成或缩合反应聚合而成的材料，由合成树脂及填料、增塑剂、稳定剂、润滑剂、色料等添加剂组成。

汽车的轻量化使塑料在汽车上的应用范围不断扩大，从最初的内饰件、外装件、小机件，发展到可以代替金属制成各种配件。

1. 塑料的组成

塑料主要由树脂和添加剂两大部分组成，具体组成如表5-11-1所示。

表 5-11-1　塑料的组成

组成	分类		性能	备注
树脂	天然树脂		来源于植物渗出物的无定形半固体或固体有机物。特点是受热时变软，可熔化，在应力作用下有流动倾向，不溶于水，而能溶于醇、醚、酮及其他有机溶剂	如松香等
	合成树脂	酚醛树脂	原为无色或黄褐色透明物，耐弱酸和弱碱，遇强酸发生分解，遇强碱发生腐蚀。不溶于水，溶于丙酮、酒精等有机溶剂。由苯酚与甲醛缩聚而得	也叫电木
		聚酯树脂	易润湿、工艺性好，固好后的胶层硬度大、透明性好、光亮度高，可室温加压快速固化，耐热性较好，电性能优良。缺点是收缩率大、胶黏强度不高，耐化学介质性和耐水性较差	—

续表

组成	分类		性能	备注
树脂	合成树脂	有机硅树脂	在有机溶剂如甲苯存在下，在较低温度下加水分解，得到酸性水解物。水解物经水洗除去酸，中性的初缩聚体于空气中热氧化或在催化剂存在下进一步缩聚，最后形成高度交联的立体网络结构	—
		聚酰胺树脂	坚韧、柔软、结合力强，耐磨，耐油，耐水，抗酶菌，但吸水性大	俗称"尼龙"
添加剂	填料和增强材料		增强强度、尺寸稳定性，降低成本	—
	填料		提高塑料的强度和耐热性能，并降低成本	又叫填充剂
	增塑剂		增加塑料的可塑性和柔软性，降低脆性，使塑料易于加工成型	—
	稳定剂		防止合成树脂在加工和使用过程中受光和热的作用分解和破坏，要延长使用寿命，可在塑料中加入稳定剂	—
	着色剂		使塑料具有各种鲜艳的颜色	—
	润滑剂		防止塑料在成型时不粘在金属模具上	—
	抗氧剂		防止塑料在高温时受热氧化而变黄、发裂等	—
添加剂	固化剂		使树脂加工成型后加速固化	—
	阻燃剂		增加阻燃性	—
	发泡剂		使塑料形成微孔或蜂窝状结构	—
	抗静电剂		保护塑料的安全，不易吸尘	—

2. 塑料的分类

塑料的分类如表 5-11-2 所示。

表 5-11-2　塑料的分类

名称	分类方法	种类	细分
塑料	按热性能	热塑性塑料	可重复生产
		热固性塑料	无法重新塑造使用
	按使用范围	通用塑料	指产量大、用途广、成型性好、价格便宜的塑料
		工程塑料	能承受一定外力作用，具有良好的机械性能和耐高、低温性能，尺寸稳定性较好，可以用作工程结构的塑料
		特种塑料	指具有特种功能，可用于航空、航天等特殊应用领域的塑料

通用塑料有五大品种，即聚乙烯、聚丙烯、聚氯乙烯、聚苯乙烯及丙烯腈-丁二烯-苯乙烯共聚合物。

1) 聚乙烯：常用聚乙烯可分为低压聚乙烯、高压聚乙烯和线性高压聚乙烯。三者当中，高压聚乙烯有较好的热性能、电性能和机械性能，而低压聚乙烯和线性高压聚乙烯有较好的柔韧性、冲击性能、成膜性等。低压聚乙烯和高压聚乙烯主要用于包装用薄膜、农用薄膜、塑料改性等，而高压聚乙烯的用途比较广泛，包括薄膜、管材、日用品等多个领域。

2）聚丙烯：相对来说，聚丙烯的品种更多，用途也比较复杂，主要品种有均聚聚丙烯、嵌段共聚聚丙烯和无规共聚聚丙烯。根据用途的不同，均聚聚丙烯主要用在拉丝、纤维、注射、薄膜等领域；嵌段共聚聚丙烯主要应用于家用电器注射件、改性原料、日用注射产品、管材等；无规共聚聚丙烯主要用于透明制品、高性能产品、高性能管材等。

3）聚氯乙烯：由于其成本低廉，产品具有自阻燃的特性，在建筑领域中用途广泛，尤其是下水道管材、塑钢门窗、板材、人造皮革等用途最为广泛。

4）聚苯乙烯：作为一种透明的原材料，在有透明需求的情况下，用途广泛，如汽车灯罩、日用透明件、透明杯、罐等。

5）丙烯腈-丁二烯-苯乙烯共聚合物：是一种用途广泛的工程塑料，具有优异的物理机械和热性能，广泛应用于家用电器、面板、面罩、组合件、配件等，尤其是家用电器，如洗衣机、空调、冰箱、电扇等，用量十分庞大。另外，在塑料改性方面用途也很广。

3. 塑料的特性

塑料的特性如下：

1）质轻，化学性稳定，不会锈蚀。

2）耐冲击性好。

3）具有较好的透明性和耐磨耗性。

4）绝缘性好，导热性低。

5）一般成型性、着色性好，加工成本低。

6）耐热性差，热膨胀率大，易燃烧。

7）尺寸稳定性差，容易变形。

8）多数塑料耐低温性差，低温下变脆。

9）容易老化。

塑料在汽车上的运用如表5-11-3所示。

表5-11-3　塑料在汽车上的运用

零部件	塑料名称	简图	备注
仪表板	ABS 树脂		一
保险杠	聚丙烯		一
保险杠	玻璃纤维复合聚氨酯		高级车
尾灯	丙烯腈-苯乙烯		一

续表

零部件	塑料名称	简图	备注
分电器盖	酚醛压塑粉		—
油箱	聚乙烯或尼龙		—
冷却风扇	聚酰胺或聚缩醛		—
风窗摇手柄门手柄	聚酰胺或聚缩醛		—

二、橡胶

橡胶是提取橡胶树、橡胶草等植物的胶乳，加工后制成的具有弹性、绝缘性、不透水和空气的材料。橡胶是高弹性的高分子化合物，分为天然橡胶与合成橡胶两种。天然橡胶是从橡胶树、橡胶草等植物中提取胶质后加工制成的，合成橡胶则由各种单体经聚合反应而得。汽车上有许多零件是用橡胶制成的，如轮胎、风扇传动带、缓冲垫、油封、制动皮碗、门窗密封胶带、各种胶管等。橡胶零部件对汽车的防振、减噪，提高汽车的行驶平稳性和乘坐舒适性等起到很大的作用。

1. 橡胶的性能

（1）橡胶的优点

1）极高的弹性。橡胶及橡胶制品的弹性极高，其伸长率可达 100%~1000%，被广泛用作减轻撞击、敲击和振动的材料。

2）良好的热可塑性。橡胶在一定的温度下会暂时失去弹性而进入塑性状态，当橡胶处于热可塑性状态时，经过加温加压的硫化处理，经过一定时间会重新恢复弹性，所以橡胶可以重复使用。

3）黏附性。橡胶具有与其他材料黏结成整体而不易分离的能力，特别是可与毛、棉、尼龙等材料牢固地黏结在一起使用，如汽车轮胎、传动带等制品。

4）良好的绝缘性。橡胶大部分是绝缘体，是制造电线、电缆等导体的绝缘材料。另外，橡胶还有良好的耐磨性、抗酸、抗碱等特性。

（2）橡胶的缺点

橡胶易老化，在使用过程中，为了防止老化，延长使用寿命，应避免和酸、碱、油类等物质放在一起，不能用开水长时间浸泡，更不能用火烤或在阳光下暴晒。

另外，橡胶的缺点还有抗拉强度不高、抵抗磨损能力差和硬度不高等。

2. 橡胶的组成与分类

橡胶的组成、分类及性能如表 5-11-4 所示。

表 5-11-4 橡胶的组成、分类及性能

组成	分类		性能	备注
生胶	天然橡胶		来源于橡胶树，当这种橡胶树的表皮被割开时，就会流出乳白色的汁液，称为胶乳，胶乳经凝聚、洗涤、成型、干燥即得天然橡胶	生胶是橡胶工业的主要原料
	合成橡胶	通用橡胶	可以代替天然橡胶使用的橡胶，其物理、力学和加工性能较好，如丁苯、异戊橡胶、顺丁橡胶，主要用于各种轮胎及一般工业橡胶制品，是合成橡胶的主要品种	合成橡胶由人工合成方法制得，采用不同的原料（单体）可以合成不同种类的橡胶
		特种橡胶	指具有耐高温、耐油、耐臭氧、耐老化和高气密性等的橡胶，常用的有硅橡胶、聚硫橡胶、氯醇橡胶、丁腈橡胶、聚丙烯酸酯橡胶、聚氨酯橡胶、丁基橡胶等，主要用于某些具有特殊要求的场合	
配合剂	硫化剂		能与橡胶发生硫化反应或使之交联的物质的统称	又叫胶联剂
	硫化促进剂		加快硫化速度、降低硫化温度、提高硫化胶性能等	简称促进剂
	硫化活性剂		提高硫化促进剂的作用，改善硫化胶的物理机械性能等	简称活性剂
	防老剂		延长制品的使用寿命，防止橡胶老化	—
	补强填充剂		提高硫化橡胶的强度，增强橡胶的耐磨、耐撕裂和弹性	也叫炭黑
	软化剂		使各种配合剂能均匀混合，降低胶料的加工时间等	—

3. 橡胶材料在汽车上的应用

橡胶材料在汽车上的应用如表 5-11-5 所示。

表 5-11-5 橡胶材料在汽车上的应用

橡胶名称	代号	用途	图例	备注
天然橡胶	NR	轮胎、胶带、胶管		轮胎
丁苯橡胶	SBR	胶管、胶带、胶板、电线电缆及其他橡胶制品		胶板
氯丁橡胶	CR	减振零件、油封、门窗嵌条、橡胶密封件		门窗嵌条
丁腈橡胶	NBR	输油管、耐油密封圈		输油管
顺丁橡胶	BR	内胎、橡胶弹簧		橡胶弹簧
异戊橡胶	IR	载重轮胎、越野轮胎		越野轮胎

续表

橡胶名称	代号	用途	图例	备注
丁基橡胶	IIR	内胎、窗框橡胶、蒸汽软管、耐热输送带等		内胎
乙丙橡胶	EPDM	汽车密封条、散热器软管、火花塞护套、空调软管、胶垫、胶管等		散热器软管
硅橡胶	Q	耐高温制品、油封		—
氟橡胶	FRM	O形密封圈、油管内的耐酸层		O形密封圈

评价与分析

完成学习过程后填写表5-11-6。

表5-11-6　学习过程评价表

班级		姓名		学号		日期	
序号		项目		配分	得分	总评	
1		能准确说出塑料的组成		20		A	
2		能准确说出常用工程塑料的应用特点		40		B	
3		能准确说出橡胶的组成、类别和性能		20		C	
4		能准确说出橡胶的应用特点		20		D	
小结与建议							

同步练习

一、名词解释

1. 塑料　2. 橡胶

二、填空题

1. 塑料的组成主要有_____和_____两大部分。

2. 合成树脂可分为_____、_____、_____、_____，其中_____也叫电木。

3. 塑料添加剂中增塑剂的主要作用是_____。

4. 汽车尾灯盖主要用_____塑料制成。

5. 橡胶及其制品主要的原材料是_____。

6. 橡胶由_____和_____组成，合成橡胶可以分为_____、_____。

三、判断题

（　　）1. 酚醛树脂属于天然塑料。

（　　）2. 橡胶可以和碱、酸、油等物质混合使用，不会引起橡胶老化。

四、简答题

1. 塑料及其制品的特性是什么？

2. 橡胶有哪些性能（含优、缺点）？

 学习活动十二 汽车玻璃、黏结剂和摩擦材料

学习目标

1. 了解汽车玻璃的性能。
2. 掌握安全玻璃的类别及应用特点。
3. 了解陶瓷材料在汽车上的应用特点。
4. 了解黏结剂的应用特点。
5. 了解摩擦材料的应用特点。

学习过程

一、汽车玻璃

汽车玻璃是构成汽车外形的重要材料之一，要求具有刚度高、透光性好、隔音及保温效果好等优点。目前，已由平板型向曲面型、普通型向强化型、全钢化向局部钢化、钢化玻璃向夹层玻璃、三层夹层向多层夹层、功能化玻璃等方向发展。

玻璃的主要成分是二氧化硅（SiO_2）。汽车上玻璃的选用与安全性有关，所以玻璃的使用分安全玻璃和普通玻璃（浮法玻璃由玻璃浮在锡液的表面上制得）。因普通玻璃在交通事故中极易造成人员伤亡，所以逐渐被淘汰。

安全玻璃分为钢化玻璃、区域钢化玻璃、夹层玻璃三种。

（1）钢化玻璃

普通玻璃在加热炉内加热到接近软化温度，保温一段时间，然后将其迅速送入冷却装置，用低温高速气流对玻璃均匀淬冷，经过这样处理的玻璃制品强度大大提高，这就是钢化玻璃。

钢化玻璃遇到破坏性的外力冲击和造成玻璃破裂时，在残余应力的作用下会迅速形成雪崩样的小碎粒，不会形成锋利的刀口伤人，主要用于风挡玻璃。

（2）区域钢化玻璃

玻璃在加热炉内加热到接近软化温度，然后将玻璃迅速送入不同冷却强度的风栅中，对玻璃进行不均匀冷却，使玻璃主视区与周边区产生不同的钢化效果。周边区处于风栅强风位置，进行全钢化，此位置碎片程度好、钢化强度高；主视区处于风栅弱冷位置，碎片大、钢化强度低，用这种方法生产出的玻璃就是区域钢化玻璃。

区域钢化玻璃能够保证破碎后不影响视区，防止二次事故的发生。

（3）夹层玻璃

夹层玻璃是由两层或两层以上的玻璃用一层或数层透明的黏结材料黏结而成的玻璃制品。

汽车上的普通夹层玻璃是在两片玻璃中间夹一片安全黏结膜，当汽车发生碰撞事故时，即使玻璃破碎，碎片也能黏附在安全黏结膜上，所以夹层玻璃的安全性比区域钢化玻璃又提高了一步。

2. 车用玻璃的发展趋势——新型玻璃

（1）防弹玻璃

防弹玻璃是指在夹层玻璃中夹一层非常结实的、透明的化学薄膜，不仅能有效地防止枪弹射击，还能抗暴、抗振和防止撞碰后出现裂纹等。

（2）电热玻璃

电热玻璃是指在两层玻璃与聚乙烯醇缩丁醛酯薄膜结合时，中间夹入极细的钨丝，通电后钨丝发热，可以蒸发玻璃表面的水分。这种玻璃可以解决风挡玻璃上结冰、结霜及阴雨潮湿地区的结雾等问题。

（3）天线夹层玻璃

天线夹层玻璃在玻璃夹层中夹有很细的康铜丝，用以代替拉杆天线。这样既可避免天线杆拉进拉出的麻烦，又不致发生腐蚀。天线夹层玻璃一般在前风挡玻璃上，用于电视、AM 和FM 收音机以及电话和导航。

（4）遮阳夹层玻璃

遮阳夹层玻璃是指在前风挡玻璃上方夹一层彩色膜片，由深而浅，在某种程度上起遮阳作用。

（5）隔热夹层玻璃

隔热夹层玻璃是指在两夹层玻璃间夹有尼龙热线反射薄膜，可以让太阳的可见光透入，而将近红外光谱热线大部分反射回去，从而降低车内的温度。夏天太阳光线强，为了抑制车内的温度升高，减轻空调负荷，可以装设隔热夹层玻璃。

3. 其他新型玻璃

（1）单面透视玻璃

单面透视玻璃主要用在汽车的侧窗上，是在玻璃上用真空涂抹法加上一层金属铬、铝或铱的薄膜制成的。人坐在车里可清晰地看到外面，但外面的人看不到里面。这种玻璃最常见。

（2）憎水玻璃

憎水玻璃是指在玻璃的表面上涂一层有机氟树脂薄膜，从而使玻璃不沾水。汽车采用这种玻璃可省去雨刮器。

此外，还有明暗自动调节玻璃、除霜玻璃、控制雨刷玻璃、显示系统玻璃、清污玻璃、隐蔽玻璃等其他新型玻璃。

二、陶瓷材料

陶瓷材料是天然或合成化合物经过成形和高温烧结制成的一类无机非金属材料。它具有熔点高、硬度高、耐磨性高、耐氧化等优点，可用作结构材料、刀具材料。由于陶瓷还具有某些特殊的性能，又可作为功能材料。

陶瓷材料分为普通陶瓷（传统陶瓷）材料和特种陶瓷（现代陶瓷）材料两大类。

1. 普通陶瓷材料

普通陶瓷材料采用天然原料，如长石、黏土和石英等烧结而成，是典型的硅酸盐材料。其主要组成元素是硅、铝、氧，这三种元素占地壳元素总量的90%。普通陶瓷来源丰富、成本低、工艺成熟。

2. 特种陶瓷材料

特种陶瓷材料采用高纯度人工合成的原料，利用精密控制工艺成形烧结制成，一般具有某些特殊性能，以适应各种需要。

氧化铝（Al_2O_3）陶瓷具有各种优良的性能，如耐高温、耐腐蚀、强度高，其强度为普通陶瓷的2~3倍，高者可达5~6倍。其缺点是脆性大，不能接受突然的环境温度变化。氧化铝用途极为广泛，可用作坩埚、发动机火花塞、高温耐火材料、热电偶套管、密封环等，也可作刀具和模具。

氮化硅（Si_3N_4）陶瓷是具有高温高强度、高硬度、高耐磨性、高耐腐蚀性并能自润滑的高温陶瓷，线膨胀系数在各种陶瓷中最小。除氢氟酸外，能耐其他各种酸的腐蚀，并能耐碱、各种金属的腐蚀，且具有优良的电绝缘性和耐辐射性。氮化硅可用作高温轴承、在腐蚀介质中使用的密封环、热电偶套管也可用作金属切削刀具。

碳化硅（SiC）陶瓷是具有高强度、高硬度的耐高温陶瓷，还具有良好的导热性、抗氧化性、导电性和高的冲击韧度，是良好的高温结构材料。碳化硅可用于火箭尾喷管喷嘴、热电偶套管、炉管等高温下工作的部件，利用它的导热性可制作高温下的热交换器材料，利用它的高硬度和耐磨性可制作砂轮、磨料等。

3. 陶瓷材料在汽车上的应用

（1）在汽车传感器上的应用

各种温度传感器（冷却液温度传感器、进气温度传感器、排气温度传感器等）、爆震传感器、氧传感器、超声波传感器等都使用了陶瓷材料。

（2）在汽车发动机上的应用

氮化硅（Si_3N_4）陶瓷和碳化硅（SiC）陶瓷都具有耐高温、强度高的特点，所以现在汽车上的活塞、活塞环、活塞销，还有涡轮增压技术中的陶瓷涡轮都是汽车陶瓷材料的发展方向。

（3）在汽车制动器、减震器、喷涂技术上的应用

陶瓷制动器中的碳硅化合物表面硬度接近钻石，碟片内的碳纤维结构使其坚固耐冲击、耐腐蚀。人们利用敏感陶瓷的正压电效应、逆压电效应和电致伸缩效应成功地制造出了智能减震器。活塞顶部和缸套内喷涂的氧化锆对发动机的性能有极大的提高。

三、黏结剂

黏结剂是能将相同物质或不同物质的物体表面胶紧密连接在一起的物质，又称为黏合剂或胶黏剂。它是以黏性物质为基础加入添加剂制成的。

1）黏结剂的特点。采用黏结剂黏结物体的技术称为黏结技术，黏结技术与焊接、铆接、螺栓连接等其他连接技术相比有以下特点：接头应力分布均匀、结构简化、质量小、减振、隔热、防腐、防漏、密封可靠、减少噪声、减轻车辆自重等。

2）黏结剂在汽车上的应用如表5-12-1所示。

表5-12-1 黏结剂在汽车上的应用

黏结对象	黏结剂	效果	备注
制动蹄与摩擦片	丁腈酚醛胶	提高制动效果	—
风挡玻璃与窗柜（或橡胶密封条）	橡胶型黏结剂	增加车身的整体强度、风挡玻璃的密封性	—
车身钣金件接缝	黏结密封剂	提高密封性能，防水、防灰尘，以免引起锈蚀	—
车身顶盖、发动机罩、发动机底板、发动机侧围板等	隔热胶或隔音涂料	隔热、隔声、减振	—
修复冻裂的发动机缸体	液态密封胶剂、厌氧密封胶	提高密封性，如防漏水、漏电、漏油等	—
发动机缸体、变速箱、底盘的"三漏"修复			—
发动机缸体与缸套及缸盖的密封			—
发动机缸盖螺栓、连杆螺栓	厌氧螺纹密封胶	防松动、增加密封性等	—
黏结剂还用于汽车内饰材料的黏结，如泡沫塑料、座椅皮革、橡胶、海绵、地毡以及车门橡胶密封条等的黏结			

黏结剂的应用实例如表5-12-2所示。

表5-12-2 黏结剂的应用实例

零件名称	被黏结体		黏结剂	使用方法
制动器衬片	衬片	钢	腈基酚醛树脂	加热加压黏结
离合器摩擦片	摩擦片	钢	腈基酚醛树脂	加热加压黏结
电动机磁铁	磁铁	镀锌板	环氧树脂	加热黏结

续表

零件名称	被黏结体		黏结剂	使用方法
前发动机机罩	钢板	钢板	聚氯乙烯或橡胶系	自动喷射
行李箱盖				
顶板				
门板				
门玻璃撑条	玻璃	不锈钢	环氧树脂	高频热压
内视镜	玻璃	锌	乙烯基丁缩醛	热压
风挡组合玻璃黏结	玻璃	玻璃	乙烯基丁缩醛	热压（组合玻璃）
后组合灯	丙烯酸	聚丙烯	环氧树脂	热压
风挡玻璃密封条	橡胶	玻璃或喷涂板	聚氨酯系	排气
皮革顶棚	皮革	涂漆板	腈基橡胶系	喷涂（压敏）
侧保险装置	聚氯乙烯	涂漆板	丙烯酸酚醛树脂	压敏
车门玻璃密封带	聚氯乙烯	尼龙毛绒	聚氨酯	静电植绒
车顶消声衬垫	再生棉	喷漆板	氯丁橡胶	喷涂

四、摩擦材料

摩擦材料是一种应用在动力机械上，依靠摩擦作用来执行制动和传动功能的部件材料。它主要包括制动器衬片（制动片）和离合器面片（离合器片）。制动片用于制动，离合器片用于传动。各种车辆都要有制动或传动装置。摩擦材料是这种制动或传动装置上的关键性部件。它最主要的功能是通过摩擦来吸收或传递动力。例如，离合器片传递动力、制动片吸收动能，它们使各种机动车辆能够安全可靠地工作。

摩擦材料的特点是具有良好的摩擦系数和耐磨损性能，同时具有一定的耐热性和机械强度，能满足车辆或机械传动与制动的性能要求。它们被广泛应用在汽车、火车、飞机、石油钻机等各类工程机械设备上。

在 20 世纪 70 年代中期以前，汽车制动系统多为四轮毂式，制动摩擦片大多采用石棉基摩擦材料，只有超重型车辆采用金属基摩擦材料。由于石棉基摩擦材料的热衰退性大，并且是强致癌物质，20 世纪 70 年代中期至 80 年代中期，汽车制动器结构开始向"前盘后毂"与非石棉摩擦材料过渡。20 世纪 80 年代中期以后是盘式制动器与新型无石棉摩擦材料大力发展和工业化生产应用时期。

基于现代社会对环保与安全的要求越来越高，世界汽车工业发达国家迅速开展了非石棉摩擦材料的研究开发，相继推出了非石棉的半金属型摩擦材料、烧结金属型摩擦材料、代用纤维增强或聚合物黏结摩擦材料、复合纤维摩擦材料、陶瓷纤维摩擦材料等，它们的共同特点如下：

1）均没有石棉成分，采用代用纤维或聚合物作为增强材料。

2）增加了金属成分，以提高其使用湿度及寿命。

3）加入了多种添加剂或填料，以改善摩擦平稳性和抗黏着性、降低制动噪声和震颤现象。

半金属摩擦材料应用于轿车和重型汽车的盘式制动片，如图 5-12-1 所示。其材质配方组成中通常含有 30%~50% 的铁质金属物（如钢纤维、还原铁粉、泡沫铁粉），半金属摩擦材料因此而得名，是最早取代石棉而发展起来的一种无石棉材料。其特点是耐热性好，单位面积吸收功率高，导热系数大，能适用于汽车在高速、重负荷运行时的制动工况要求。但其存在制动噪声人、边角脆裂等缺点。

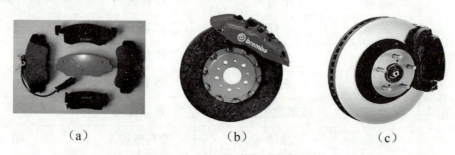

（a）　　　　　　　　（b）　　　　　　　　（c）

图 5-12-1　摩擦材料的应用

（a）摩擦材料制作的碟刹片；（b）陶瓷纤维摩擦制动盘；（c）碳纤维摩擦制动盘

碳纤维摩擦材料是以碳纤维为增强材料制成的一类摩擦材料。碳纤维具有模量高、导热好、耐热等特点。碳纤维摩擦材料是各种类型摩擦材料中性能最好的一种。碳纤维摩擦片的单位面积吸收功率高、密度小，特别适合生产飞机制动片，在国外某些高档轿车的制动片中也有使用。由于价格昂贵，其应用范围受到限制，产量较少。在碳纤维摩擦材料组分中，除碳纤维外，还使用石墨-碳的化合物。组分中的有机黏结剂也要经过碳化处理，故碳纤维摩擦材料也称为碳-碳摩擦材料或碳基摩擦材料。

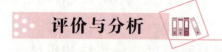　**评价与分析**

完成学习活动后填写表 5-12-3。

表 5-12-3　学习过程评价表

班级		姓名		学号		日期	
序号	项目				配分	得分	总评
1	能准确说出汽车玻璃的性能				20		
2	能准确说出安全玻璃的类别及应用特点				20		A
3	能准确说出陶瓷材料在汽车上的应用特点				20		B
4	能准确说出黏结剂的应用特点				20		C D
5	能准确说出摩擦材料的应用特点				20		
小结与建议							

同步练习

一、名词解释

1. 陶瓷　2. 摩擦材料　3. 黏结剂　4. 夹层玻璃　5. 区域钢化玻璃

二、填空题

1. 安全玻璃分为_____、_____和_____三种。

2. 特种陶瓷材料分三种，分别是_____、_____和_____。

3. 制动器衬片常用_____黏结剂黏结。

4. 新型的摩擦材料有_____、_____、_____。

三、判断题

(　　) 1. 区域钢化玻璃主要适用于低档车辆的风挡玻璃。

(　　) 2. SiC 是陶瓷材料的主要组成部分。

(　　) 3. 陶瓷纤维摩擦材料因价格昂贵，主要用于高档汽车摩擦部位。

四、简答题

1. 车用新型玻璃有哪些？它们有什么新特点？

2. 简述下列汽车零部件在汽车上常用什么材料制作。

风窗玻璃　后视镜玻璃　制动摩擦片　火花塞　温度传感器

学习活动十三　新 材 料

学习目标

1. 了解新材料的种类。
2. 了解各种新材料的性能特点和应用特点。

学习过程

常用工程材料虽然具有力学性能高、热稳定性好、导电与导热性好、弹塑性优良等优点，但也存在着密度大、耐腐蚀性差、电绝缘性差等缺点，无法满足新型工程设备的特殊性能要求，因而出现了很多功能材料，以满足各种场合的应用需求。

新材料是指新出现的或正在发展中的，具有传统材料所不具备的优异性能和特殊功能的材料，或采用新技术（工艺、装备），使传统材料性能有明显提高或产生新功能的材料。一般认为，满足高技术产业发展需要的一些关键材料也属于新材料的范畴。

一、新材料产业

新材料产业包括新材料及其相关产品和技术装备，具体涵盖新材料本身形成的产业、新材料技术及其装备制造业、传统材料技术提升的产业等。与传统材料相比，新材料产业具有技术高度密集、研究与开发投入高、产品的附加值高、生产与市场的国际性强，以及应用范围广、发展前景好等特点，其研发水平及产业化规模已成为衡量一个国家经济、社会发展、科技进步和国防实力的重要标志，世界各国特别是发达国家都十分重视新材料产业的发展。

目前，新材料产业集聚效应明显，从追求大而全向高精尖转型，北京、深圳、上海、苏州已经成为国内四大纳米材料研发和生产基地；京津地区、内蒙古包头、江西赣州及浙江宁波等地则成为稀土钕铁硼材料的主要生产基地；武汉、长春、广州、厦门成为光电新材料的主要产业基地。

二、新材料的分类

新材料作为高新技术的基础和先导，应用范围极其广泛，它同信息技术、生物技术一起成为 21 世纪最重要和最具发展潜力的领域。同传统材料一样，新材料可以从结构组成、功能和应用领域等多种不同角度进行分类，不同的分类之间相互交叉和嵌套。

新材料主要由传统材料的革新和新型材料的推出构成，随着高新技术的发展，新材料与传统材料产业结合日益紧密，产业结构呈现出横向扩散的特点。

按照应用领域，一般把新材料归为以下几大类。

1. 信息材料

电子信息材料及产品支撑着现代通信、计算机、信息网络、微机械智能系统、工业自动化和家电等现代高技术产业。电子信息材料产业的发展规模和技术水平，在国民经济中具有重要的战略地位，是科技创新和国际竞争最为激烈的材料领域。微电子材料在未来 $10 \sim 15$ 年仍是最基本的信息材料，光电子材料将成为发展最快和最有前途的信息材料。信息材料主要可以分为以下几大类。

1）集成电路及半导体材料：以硅材料为主体，新的化合物半导体材料及新一代高温半导体材料也是重要组成部分，也包括高纯化学试剂和特种电子气体。

2）光电子材料：激光材料、红外探测器材料、液晶显示材料、高亮度发光二极管材料、光纤材料等领域。

3）新型电子元器件材料：磁性材料、电子陶瓷材料、压电晶体管材料、信息传感材料和高性能封装材料等。

当前的研究热点和技术前沿包括柔性晶体管，光子晶体，以 SiC、GaN、ZnSe 等宽禁带半导体材料为代表的第三代半导体材料，有机显示材料以及各种纳米电子材料等。

2. 能源材料

全球范围内能源消耗在持续增长，80% 的能源来自化石燃料。从长远来看，需要没有污染和可持续发展的新型能源来代替所有化石燃料。未来的清洁能源包括氢能、太阳能、风能、核聚变能等。解决能源问题的关键是能源材料的突破，无论是提高燃烧效率以减少资源消耗，还是开发新能源及利用再生能源都与材料有着极为密切的关系。

1）传统能源所需材料：主要是提高能源利用效率，要发展超临界蒸汽发电机组和整体煤气化联合循环技术，这些技术对材料的要求高，如工程陶瓷、新型通道材料等。

2）氢能和燃料电池：氢能生产、储存和利用所需的材料和技术，燃料电池材料等。

3）绿色二次电池：镍氢电池、锂离子电池以及高性能聚合物电池等新型材料。

4）太阳能电池：多晶硅、非晶硅、薄膜电池等材料。

5）核能材料：新型核电反应堆材料。

新能源材料主要包括专用薄膜，聚合物电解液，催化剂和电极，先进光电材料，特制光谱塑料和涂层，碳纳米管，金属氢化物浆料，高温超导材料，低成本低能耗民用工程材料，轻质、便宜、高效的绝缘材料，轻质、坚固的复合结构材料，超高温合金，陶瓷和复合材料，抗辐射材料，低活性材料，抗腐蚀及抗压力腐蚀裂解材料，机械和抗等离子腐蚀材料。当前研究热点和技术前沿包括高能储氢材料、聚合物电池材料、中温固体氧化物燃料电池电解质材料、多晶薄膜太阳能电池材料等。

3. 生物材料

生物材料是和生命系统结合，用以诊断、治疗或替换机体组织、器官或增进其功能的材料。它涉及材料、医学、物理、生物化学及现代高技术等诸多学科领域，已成为 21 世纪主要支柱产业之一。

很多类型的材料在健康治疗中都已得到应用，主要包括金属和合金、陶瓷、高分子材料（如高分子聚乙烯管）、复合材料和生物质材料。高分子生物材料是生物医用材料中最活跃的领域；金属生物材料仍是临床应用最广泛的承力植入材料，医用钛及其合金和 Ni-Ti 形状记忆合金的研究与开发是一个热点；无机生物材料越来越受到重视。

国际生物医用材料研究和发展的主要方向，一是模拟人体硬软组织、器官和血液等的组成、结构和功能而开展的仿生或功能设计与制备；二是赋予材料优异的生物相容性、生物活性或生命活性。就具体材料来说，主要包括药物控制释放材料、组织工程材料、仿生材料、纳米生物材料、生物活性材料、介入诊断和治疗材料、可降解和吸收生物材料、新型人造器官、人造血液等。

4. 汽车材料

汽车材料在整个材料市场中所占比例很小，但是属于技术要求高、技术含量高、附加值高的"三高"产品，代表了行业的最高水平。

汽车材料的需求呈现以下特点：轻量化与环保是主要需求发展方向；各种材料在汽车上的应用比例正在发生变化，主要变化趋势是高强度钢和超高强度钢，铝合金、镁合金、塑料和复合材料的用量将有较大的增长，汽车车身结构材料将趋向多材料设计方向。同时，汽车材料的回收利用也受到更多的重视，电动汽车、代用燃料汽车专用材料以及汽车功能材料的开发和应用工作不断加强。

5. 纳米材料与技术

纳米材料与技术将成为第五次推动社会经济各领域快速发展的主导技术，21 世纪前 20 年是纳米材料与技术发展的关键时期。纳电子代替微电子、纳加工代替微加工、纳米材料代替微米材料、纳米生物技术代替微米尺度的生物技术，已是不以人的意志为转移的客观规律。

纳米材料与科技的研究开发大部分处于基础研究阶段，如纳米电子与器件、纳米生物等高风险领域还没有形成大规模的产业。但纳米材料及技术在电子信息产业、生物医药产业、能源产业、环境保护等方面，对相关材料的制备和应用都将产生了革命性的影响。

6. 超导材料与技术

超导材料与技术是 21 世纪具有战略意义的高新技术，广泛用于能源、医疗、交通、科学研究及国防军工等重大领域。超导材料的应用主要取决于材料本身的性能及其制备技术的发展。

低温超导材料已经达到实用水平，高温超导材料产业化技术也取得了重大突破，高温超导带材和移动通信用高温超导滤波子系统也进入了商业化阶段。

7. 稀土材料

稀土材料是利用稀土元素优异的磁、光、电等特性开发出的一系列不可取代的、性能优越的新材料。稀土材料被广泛应用于冶金机械、石油化工、轻工农业、电子信息、能源环保、国防军工等多个领域，是当今世界各国改造传统产业，发展高新技术和国防尖端技术不可缺少的战略物资。

稀土材料具体包括以下几种。

1）稀土永磁材料（如磁性衬板）：发展最快的稀土材料，包括 NdFeB、SmCo 等，广泛应用于电动机、电声、医疗设备、磁悬浮列车及军事工业等高技术领域。

2）储氢合金：主要用于动力电池和燃料电池。

3）稀土发光材料：有新型高效节能环保光源用稀土发光材料、数字化彩色电视机和计算机显示器用稀土发光材料，以及特种或极端条件下应用的稀土发光材料等。

4）稀土催化材料：发展重点是替代贵金属，降低催化剂的成本，提高抗中毒性能和稳定性能。

5）稀土在其他新材料中的应用：如精密陶瓷、光学玻璃、稀土刻蚀剂、稀土无机颜料等也正在以较高的速度增长，如稀土电子陶瓷、稀土无机颜料等。

8. 新型钢铁材料

钢铁材料是重要的基础材料，广泛应用于能源开发、交通运输、石油化工、机械电力、轻工纺织、医疗卫生、建筑建材、家电通信、国防建设以及高科技产业，并具有较强的竞争优势。

新型钢铁材料发展的重点是高性钢铁材料，其方向为高性能、长寿命，在质量上已向组织细化和精确控制、提高钢材洁净度和高均匀度方面发展。

9. 新型有色金属合金材料

新型有色金属合金材料主要包括铝、镁、钛等轻金属合金，以及粉末冶金材料、高纯金属材料等。

1）铝合金：包括各种新型高强高韧、高比强高比模、高强耐蚀可焊、耐热耐蚀铝合金材料，如 Al-Li 合金等。

2）镁合金：包括镁合金和镁基复合材料、超轻高塑性 Mg-Li-X 系合金等。

3）钛合金材料：包括新型医用钛合金、高温钛合金、高强钛合金、低成本钛合金等。

4）粉末冶金材料：主要包括铁基、铜基汽车零件，难熔金属，硬质合金等。

5）高纯金属及材料：材料向着更高纯度发展，其杂质含量达 ppb 级，产品的规格向着大型化方向发展。

10. 新型建筑材料

新型建筑材料主要包括新型墙体材料、化学建材、新型保温隔热材料、建筑装饰装修材料等。国际上建材的趋势正向环保、节能、多功能化方向发展。其中，玻璃向着功能型、实用型、装饰型、安全型和环保型五个方向发展，包括对玻璃原片进行表面改性或精加工处理、节能的低辐射（Low-E）和阳光控制低辐射（Sun-E）膜玻璃等。此外，还包括节能、环保的新型房建材料，以及满足工程特殊需要的特种系列水泥等。

11. 新型化工材料

化工材料在国民经济中有着重要地位，在航空航天、机械、石油工业、农业、建筑业、汽车、家电、电子、生物医用行业等都起着重要的作用。

新型化工材料主要包括有机氟材料、有机硅材料、高性能纤维、纳米化工材料、无机功能材料等；纳米化工材料和特种化工涂料成为研究热点，精细化、专用化、功能化成为化工材料工业的重要发展趋势。

12. 生态环境材料

生态环境材料是在人类认识到生态环境保护的重要战略意义和世界各国纷纷走可持续发展道路的背景下提出来的。一般认为，生态环境材料是既具有满意的使用性能，又被赋予优异的环境协调性的材料。

这类材料的特点是消耗的资源和能源少，对生态和环境污染小，再生利用率高，而且从材料制造、使用、废弃直到再生循环利用的整个寿命过程，都与生态环境相协调。生态环境材料主要包括环境相容材料，如纯天然材料（木材、石材等）、仿生物材料（如人工骨、人工脏器等）、绿色包装材料（如绿色包装袋、包装容器）、生态建材（如无毒装饰材料等）；环境降解材料（生物降解塑料等）；环境工程材料，如环境修复材料、环境净化材料（如分子筛、离子筛材料）、环境替代材料（无磷洗衣粉助剂）等。

生态环境材料的研究热点和发展方向包括再生聚合物（塑料）的设计，材料环境协调性评价的理论体系，降低材料环境负荷的新工艺、新技术和新方法等。

13. 军工新材料

军工材料对国防科技、国防力量的强弱和国民经济的发展具有重要推动作用，是武器装备的物质基础和技术先导，是决定武器装备性能的重要因素，也是拓展武器装备新功能和降低武器装备全寿命费用，取得和保持武器装备竞争优势的原动力。

随着武器装备的迅速发展，起支撑作用的材料技术发展呈现以下趋势：一是复合化，通过微观、介观和宏观层次的复合大幅度提高材料的综合性能。二是多功能化，通过材料成分、组织、结构的优化设计和精确控制，使单一材料具备多项功能，达到简化武器装备结构设计，实现小型化、高可靠的目的。三是高性能化，材料的综合性能不断优化，为提高武器装备的性能奠定物质基础。四是低成本化，低成本技术在材料领域是一项高科技含量的技术，对武器装备的研制和生产具有越来越重要的作用。

 评价与分析

完成学习过程后填写表5-13-1。

表5-13-1　学习过程评价表

班级		姓名		学号		日期	
序号	项目			配分	得分		总评
1	能准确说出新材料的含义、种类			50			A B C D
2	能准确说出各种新材料的性能和应用特点			50			
小结与建议							

 同步练习

简答题

1. 什么是新材料?

2. 新材料有哪些?

学习活动十四　工程材料的选择与运用

 学习目标

1. 掌握机器零部件的选材原则。
2. 掌握典型机械零部件的具体选材方法。
3. 能评判零部件选材是否合理。

学习过程

机器设备由许多零部件构成,生产零部件的材料有很多种,因此如何选用满足使用要求、造价合理、制造过程容易等要求的材料是我们应该考虑的问题,即机械零部件如何选材,这要从使用角度、工艺角度和经济角度三个方面入手。

一、零件的选材原则

1. 使用性原则

它是保证零件完成规定功能的必要条件。主要是指零件在使用状态下材料应该具有的机械性能、物理性能和化学性能，主要针对机械性能。对一些特殊条件下工作的零件，则必须根据要求综合考虑材料的机械、物理、化学性能。

（1）零件的工作条件

1）受力状况：主要是载荷的类型和大小、载荷的形式、载荷的特点等。

2）环境状况：主要是温度特性、介质情况等。

3）特殊要求：主要是对导电性、磁性、热膨胀、密度、外观等的要求。

（2）零件的失效形式

通过对零件工作条件和失效形式的全面分析，确定对零件使用性能的要求。常用零件的工作和失效形式如表5-14-1所示。

表5-14-1 常用零件的工作和失效形式

零件	工作条件			主要失效形式	机械性能要求
	受力类型	载荷性质	受载状态		
螺栓	拉、剪	静载	—	过量变形、断裂	强度、塑性
传动轴	弯、扭	循环冲击	轴颈摩擦	疲劳、过量变形、轴颈磨损	综合机械性能
传动齿轮	压、弯	循环冲击	摩擦、振动	轮齿折断、疲劳断裂、齿面接触疲劳（齿面麻点）	表面高硬度、高疲劳极限，心部强度及韧性
弹簧	扭、弯	交变冲击	振动	弹性失稳，疲劳破坏	高弹性极限、高屈强比、高疲劳极限

综上所述，在零部件选材的设计过程中，应根据零件的工作条件、失效形式及机械性能要求综合考虑，这是选择材料的基本出发点。

2. 工艺性原则

工艺性原则用来表征材料加工的难易程度，工艺性能应满足生产工艺的要求，这是选材必须考虑的问题。

工艺性包括铸造、焊接、锻造、压力加工、切削加工、热处理、热压、注塑、吹塑、粉末化、烧结、成型等性能以及加工工艺路线的合理安排，良好的加工工艺性可以大大减少加工过程的动力、材料消耗、加工周期及废品率等。优良的加工工艺性能可以降低产品成本。

3. 经济性原则

它能保证零件生产和使用成本最低，效益最大。

应该考虑材料的价格、零件的总成本与国家的资源等。另外，还要注意生产所用材料的能源消耗，尽量选用耗能低的材料。

常用金属材料的相对价格如表 5-14-2 所示。

表 5-14-2　常用金属材料的相对价格

材料	相对价格	材料	相对价格
普通碳素结构钢	1	Cr 不锈钢	5
普通低合金结构钢	1.25	Cr-Ni 不锈钢	15
优质碳素结构钢	1.3~1.5	普通黄铜	13~17
易切钢	1.7	锡青铜、铝青铜	19
合金结构钢（Cr-Ni 钢除外）	1.7~2.5	灰口铸铁件	-1.4
Cr-Ni 合金结构钢（中合金钢）	5	球墨铸铁件	-1.8
滚珠轴承钢	3	可锻铸铁件	2~2.2
碳素工具钢	1.6	碳素铸铁件	2.5~3
低合金工具钢	3~4	铸造铝合金、铜合金	8~10
高速钢	16~20	铸造锡基轴承合金	23
硬质合金（YT 类刀片）	150~200	铸造铅基轴承合金	10

二、机械零部件的常用选材方法

汽车零部件的选材常用方法有两种，分别为理论计算法和经验比较法。

1）理论计算法：对零件进行受力分析、失效形式分析以后，确定零件在工作时必需的强度、刚度、使用寿命，然后根据材料的力学性能进行理论计算，从而选定材料牌号的方法。

2）经验比较法：根据对已经用过的同类零件的设计和使用过程中总结出来的经验进行选材的方法，具有较强的实用性。

三、典型机械零部件的选材及热处理

以汽车为例，据统计，一台汽车的零部件有 30 000 多个，而整台汽车由发动机、底盘、车身及附属设备、电气设备四大部分组成。下面就四大部分分别介绍零部件、材料种类及牌号、使用性能要求、热处理及其他要求等。

1. 发动机主要零件的用材情况

发动机主要零件的用材情况如表 5-14-3 所示。

表 5-14-3　发动机主要零件的用材情况

典型零件	常用材料及牌号	使用性能要求	热处理及其他
气缸体	灰铸铁 HT200	高温下高强度、高刚度、高尺寸和性能稳定性	不处理或去应力退火
	铸铝合金 ZL104		固溶处理后时效处理

续表

典型零件	常用材料及牌号	使用性能要求	热处理及其他
气缸盖	灰铸铁 HT200	高温下高强度、高刚度、高尺寸和性能稳定性	不处理或去应力退火
	铸铝合金 ZL105		固溶处理后时效处理
正时齿轮	灰铸铁 HT200	强度、刚度、尺寸稳定性	不处理或去应力退火
油底壳	钢板 Q235、08、20	强度、刚度	不热处理
气缸套	高磷铸铁、硼铸铁	耐热、耐蚀、耐磨	铸造状态
排气门	高铬耐热刚，如 4Cr10Si2Mo	耐热、耐蚀、耐磨	淬火、回火
进气门	中碳合金钢，如 40Cr、35CrMo、38CrSi	耐热、耐蚀、耐磨	模锻
曲轴	中碳钢 45 钢、40Cr	高强度、高刚度、良好的耐磨性	锻造调质后（轴颈部位：表面淬火或氮化）
	中碳合金钢 35CrMo		
	球墨铸铁 QT600—2		精密铸造、调质
凸轮轴	优质钢 20Mn	高强度、高耐磨性	模锻、渗碳+高频淬火
	球墨铸铁 QT600—2		调质或等温淬火
连杆	调制钢，如 45 钢、40Cr、40MnB	足够的刚度、强度和抗冲击疲劳强度，质量小，惯性小	调质（淬火+高温回火）、磁力探伤
连杆螺栓	调制钢，如 40Cr	足够的强度、冲击韧性、抗疲劳强度	调质（淬火+高温回火）
活塞	高强度铝合金 ZL109	耐热性、耐磨性、平稳的导向性和良好的密封功能，减少发动机的摩擦功损失，降低油耗、噪声和排放	淬火强化
活塞销	低碳合金钢，如 20 钢、20Cr、20CrMnTi	表面硬而耐磨，内部韧而耐冲击	调质后渗碳或碳氮共渗+表面淬火
活塞环	磷钨合金铸铁	高的耐磨性、抗刮伤性、耐蚀性、导热性、储油性、密封性、弹性和疲劳强度，还必须具有很低的摩擦系数	镀铬、镀锡

2. 汽车底盘主要零件的用材情况

汽车底盘主要零件的用材情况如图 5-14-4 所示。

表 5-14-4 汽车底盘主要零件的用材情况

典型零件	常用材料及牌号	使用性能要求	热处理及其他
传动齿轮	中碳钢 45、40Cr	轮齿塑性变形、齿面点蚀	调质
	低碳合金钢 20CrMnTi		调质后渗碳+表面淬火

续表

典型零件	常用材料及牌号	使用性能要求	热处理及其他
非传动齿轮	不淬火碳钢35、铸铁、夹布胶木、电木或尼龙	一定的强度、刚度	抛光
半轴	中碳钢45、40Cr	强度、抗疲劳、韧性	中、小汽车
	合金钢40CrMnMo、40MnB		重型汽车
转向节臂	中碳钢45、40Cr、40MnB	强度、抗疲劳、韧性	调质、圆角滚压、磁力探伤
变速箱轴	中碳钢40Cr、40CrMnMo	强度、抗疲劳、韧性	调质、轴颈表面淬火
变速器壳体	铝合金ZL102	强度、刚度、尺寸稳定	变质处理
离合器壳体	铸钢ZG200—400		去应力退火
弹簧	弹簧钢65钢、70钢	耐疲劳、冲击和腐蚀	淬火+中温回火喷丸处理
减振弹簧	弹簧钢65Mn、55Si2Mn、		
钢板弹簧	弹簧钢55SiMnMoV、50CrVA		
后桥壳	可铁KT350—10、球铁QT400—10	强度、刚度、尺寸稳定	还可用铸钢或优质钢板冲压焊接
车架	25、16Mn等型材	强度、刚度、韧性	冲压工艺性、可焊性好

3. 车身及附属设备的用材情况

车身及附属设备包括驾驶室、货箱等，用热轧钢板或冷轧钢板，如08、20、25、16Mn等。

4. 电气设备的用材情况

电气设备包括电源、启动设备、照明、信号、控制设备等电气元件，主要用材为铜及其合金。

评价与分析

完成学习过程后填写表5—14—5。

表5—14—5　学习过程评价表

班级		姓名		学号		日期	
序号	项目				配分	得分	总评
1	能准确说出机械零部件的失效形式				20		A
2	能准确说出机械零部件的选材原则				40		B
3	能准确说出典型机械零部件的具体选材方法				20		C
4	能准确说出如何评判相关零件材料是否合理				20		D
小结与建议							

同步练习

一、名词解释

1. 使用性原则　2. 工艺性原则　3. 经济性原则

二、填空题

1. 使用性原则是保证零件完成规定功能的_____条件。

2. 使用性原则主要是指零件在使用状态下材料应该具有的_____、_____和_____，主要针对_____。

3. 在零部件选材的设计过程中，应根据零件的_____、_____及_____综合考虑，这是选择_____的基本出发点。

4. 工艺性原则是表征材料加工的_____，工艺性能应满足生产工艺的要求，这是选材必须考虑的问题。

5. _____是指保证零件生产和使用成本最低，效益最大。应该考虑_____、零件的总成本与_____等。另外，还要注意生产所用材料的能源消耗，尽量选用耗能低的材料。

三、判断题

（　　）1. 汽车零件的选材往往是唯一的，具有不可替代性。

（　　）2. 汽车前制动的制动蹄铁可选用可锻铸铁制作。

（　　）3. 材料 35 钢可以用来制作越野汽车变速箱中的传动小齿轮。

（　　）4. 弹簧钢制作的载重汽车板弹簧常用淬火+低温回火的热处理方法加工。

（　　）5. 一般非金属材料的成型工艺简单、成本低，故在汽车上经常代替金属件。

四、简答题

1. 为什么陶瓷碳纤维材料仅用在高等轿车和 F1 赛车的发动机缸体上？

2. 为什么传动受力齿轮要用渗碳合金钢制作？

3. 材料的工艺性能具体包括哪些？

4. 载重汽车钢板弹簧的选材和热处理应该注意哪些事项？

5. 汽车零部件选材的常用方法有哪两种？各是怎样进行的？

液压与气压传动

情境导入

　　液压与气压传动是利用密闭系统中的受压液体或气体来传递运动和动力的一种传动方式。它与传统机械传动相比，具有传动力大、方便实现无级变速和自动化控制等优点，是工程设备、汽车制造、物联网设备、工业机器人等机械设备中被广泛采用的传动方式之一。特别是近年来，与微电子、计算机技术相结合，使液压和气压传动技术进入了新的阶段，如汽车的燃料供给和润滑系统都借鉴了这一技术，该技术已成为发展速度较快的技术之一。

学习活动一　液压与气压传动的基本原理

学习目标

1. 掌握液压与气压传动的基本原理。
2. 了解液压与气压传动的特点。

学习过程

　　液压与气压传动是利用密闭系统中的受压液体或气体来传递运动和动力的一种传动方式。显然，传动过程必然与力和压强有直接关系，那么液压与气压系统的压力是如何建立的呢？如图6-1-1所示，该系统是由油箱液压泵、液压缸左腔及连接管路组成的一个密封容积。液压泵启动后，将油箱中的油液吸入泵体，经管道流入液压缸左腔，使左腔容积变大。但由于液压缸活塞受到负载 F 作用会阻碍液压缸左腔容积变大，于是其中的油液受到压缩，便产生了压力。此时，油液压力 $F=pA$（p 为压强，A 为受力面积）。当压力不断升高，并达到能克服负载 F 时，就能够推动活塞向右运动。可见，液压系统中油液的压力是由于油液前面受负载阻碍，后面受液压泵持续输入油液的不断推动而处于一种"前阻后推"的状态下产生的，压力的大小取决于负载的大小。系统中液体自身重力和流动阻力也会产生压力，但对整个液压系统而言通常可忽略不计。

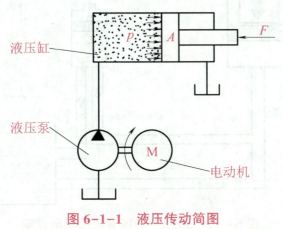

图 6-1-1　液压传动简图

液压传动的工作原理

一、液压传动的基本原理

图 6-1-2 为常见的汽车维修中所用液压千斤顶的工作原理示意图。大活塞和小活塞分别由活塞与缸体组成，它们之间有良好的配合关系——活塞能在缸体中移动，活塞外圆又与缸体壁产生可靠的密封。其中，小活塞和杠杆手柄整个充当了泵体作用。液压千斤顶的工作过程包括吸油过程、举升过程和负载物回落过程。

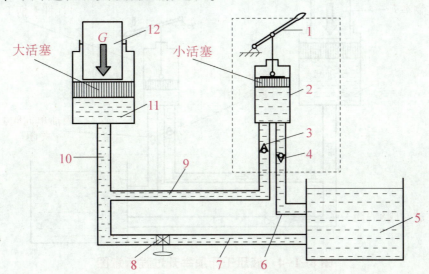

图 6-1-2　液压千斤顶的工作原理示意图

1—杠杆手柄；2—泵体；3、4—单向阀；5—油箱；6、7、9、10—油管；
8—放油阀；11—液压缸；12—负载（重物）

1. 吸油过程

如图 6-1-3 所示，当杠杆手柄 1 被向上提起时，小活塞被带动上行，泵体 2 中的密封工作容积增大。此时，由于泵体 2 中产生负压，单向阀 3 保持关闭状态，单向阀 4 被打开，油箱中的油液通过管道被外部大气压力压入泵体 2 中。此过程为系统一次吸油过程。

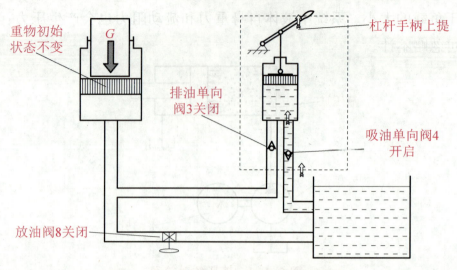

图 6-1-3　液压千斤顶吸油过程示意图

2. 举升过程

如图 6-1-4 所示，当杠杆手柄 1 下压时，带动小活塞下行，泵体 2 中的密封工作容积减小，油液压力增大。此时，单向阀 3 被推开，单向阀 4 关闭，而放油阀 8 未打开，油液通过管路被压入液压缸 11 下部缸体中。液压缸 11 下部缸体中油液压力大于负载 12 后，推动液压缸活塞向上移动，从而完成负载物举升。此过程为系统一次举升过程。

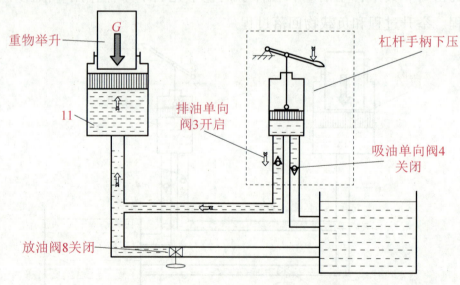

图 6-1-4　液压千斤顶举升过程示意图

3. 负载物回落过程

如图 6-1-5 所示，需要千斤顶放下负载物时，将放油阀 8 开启，液压缸 11 中的油液受负载压力流入管道中。此时，上行管道中单向阀 3 被关闭，油液只能通过下行管道经放油阀 8 流回油箱 5。随着液压缸中油液减少，负载物下落回举升前的位置。此过程为一次负载物回落过程。

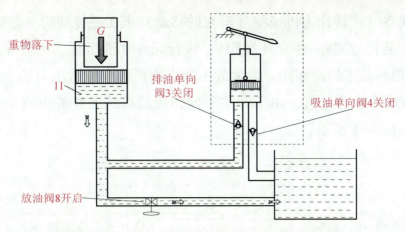

重物落下

G

11

排油单向阀3关闭

吸油单向阀4关闭

放油阀8开启

图6-1-5　液压千斤顶负载物回落过程示意图

二、气压传动的基本原理

图6-1-6为气压传动系统的工作原理示意图，由气源装置、开关阀体、气缸、工作件机罩和管路等部分组成密封容积。其中，机罩就是系统中的负载，气缸也由缸体和活塞零件组成。

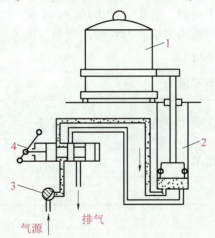

1

2

4

3

气源　　排气

图6-1-6　气压传动系统的工作原理示意图
1—机罩；2—气缸；3—截流阀；4—手动换向阀

具体工作过程为：气泵工作后空气经大气压力压入管道形成压力气源，当手动换向阀4向右推动时，左侧管道畅通，右侧管道封闭，压力气体经过手动换向阀4流入左侧管道，从而进入气缸2下部缸体。当气缸2下部缸体中气体压力大于负载时，缸体中活塞被向上推动，从而完成负载物（机罩）举升。当需放下机罩时，手动换向阀4向左推动，左侧管道封闭，右侧管道畅通，在负载物和活塞重力作用下，气缸中的压力气体通过畅通管道排出气缸，机罩完成回落。通过气压传动系统的基本工作过程可以看出，其基本过程也包括吸气过程、工作过程（机罩举升过程）和回落过程。

三、液压与气压传动的特点

通过液压传动系统和气压传动系统工作原理的分析不难看出，两种传动系统都是通过压力能（压力油液或空气）转化为机械能（活塞的移动）来实现传动的。它们都具有密封容积，都有动力源元件（泵）、控制元件（各类阀）、执行元件（液压缸、气缸等）及辅助元件（管道），整体工作原理和基本回路相同。最大的不同在于系统中传递压力的介质，液压传动系统为油液，而气压传动系统为空气。由于介质不同，传动系统的性能也有一定区别，其工作特点和性能具体如表6-1-1所示。

表6-1-1　液压与气压传动性能对比

比较项目	气压传动	液压传动
负载变化对传动的影响	影响较大	影响较小
润滑方式	需设润滑装置	介质为液压油，可直接用于润滑，不需设润滑装置
速度反应	速度反应较快	速度反应较慢
系统构造	结构简单，制造方便	结构复杂，制造相对较难
信号传递	信号传递较易，且易实现中距离控制	信号传递较难，常用于短距离控制
环境要求	可用于易燃、易爆、冲击场合，不受温度、污染的影响，存在泄漏现象，但不污染环境	对温度、污染敏感，存在泄漏现象，且污染环境，易燃
产生的总推力	具有中等推力	能产生大推力
节能、寿命和价格	所用介质为空气，寿命长，价格低	所用介质为液压油，寿命相对较短，价格较高
维护	维护简单	维护复杂，排除故障困难
噪声	噪声大	噪声较小

评价与分析

完成学习过程后填写表6-1-2。

表6-1-2　学习过程评价表

班级		姓名		学号		日期	
序号				配分	得分	总评	
1	能准确说出液压与气压传动的方式			25		A	
2	能准确说出液压传动的基本原理			25		B	
3	能准确说出气压传动的基本原理			25		C	
4	能准确说出液压传动与气压传动的特点			25		D	
小结与建议							

同步练习

填空题

1. 液压与气压传动是利用＿＿＿＿＿中的受压液体或气体来传递运动和动力的一种传动方式。

2. 气压传动系统是通过＿＿＿＿＿转化为＿＿＿＿＿来实现传动的。

3. 液压传动的介质是＿＿＿＿＿。

4. 液压千斤顶的工作过程包括＿＿＿＿、＿＿＿＿和＿＿＿＿。

学习活动二　液压与气压传动系统的基本组成及表示

学习目标

1. 掌握液压与气压传动系统的基本组成。
2. 了解系统回路和元件的一般表示方法。

学习过程

我们在学习活动一中初步了解了液压传动系统与气压传动系统的组成和特点，本学习活动中我们将重点介绍液压与气压传动系统的基本组成，以及系统回路和元件的一般表示方法。

一、液压传动系统的基本组成

液压传动系统由动力元件、执行元件、控制调节元件、辅助元件和工作介质组成。

1）动力元件：通常为液压泵。它是液压系统的动力源，为液压系统提供压力油，是将原动机输入的机械能转换为液压能的装置。

2）执行元件：通常指液压缸和液压马达。它是液压系统驱动工作的部件，在压力油的推动下输出力和速度（或力矩和转速），是将液体的压力能转换为机械能的装置。

3）控制调节元件：通常指各种阀类元件，如换向阀、溢流阀、截流阀等。其作用是控制液压系统中油液的压力、流量和方向，以保证执行元件完成预期的工作运动。

4）辅助元件：通常指油箱、油管、管接头、过滤器、压力计、流量计等。其作用是散热、储油、输油、连接、过滤、监测等，是保证系统正常运行不可缺少的部分。

5）工作介质：液压系统中的工作介质通常为液压油，其作用是传递系统动力和运动。

二、气压传动系统的基本组成

气压传动系统由气源装置、执行元件、控制调节元件、辅助元件和工作介质组成。

1）气源装置：系统获得压缩空气的装置，一般有空气压缩机、气压发生装置（储气罐）等。

2）执行元件：将压力能转换成机械能的能量转换装置，通常有气缸、气马达等。

3）控制调节元件：通常指各种阀类元件，如换向阀、压力控制阀、流量阀等。其作用是控制气压系统中气体的压力、流量和流动方向，以保证执行元件完成预期的工作运动。

4）辅助元件：通常指压缩空气净化器、润滑物、消声装置、管道、管接头、压力计、流量计等。其作用是输送、连接、过滤、监测等，是保证系统正常运行不可缺少的部分。

5）工作介质：气压系统中的工作介质通常为空气，其作用是传递系统动力和运动。

三、系统回路和元件的一般表示方法

液压与气压系统均较为复杂，但系统回路和组成基本一致。为便于交流、学习，通常将复杂的系统回路和元件用简单、直观的方法表示。例如，元器件用简单图形符号表示，连接管路用直线段表示等。通常这些简化符号只表示元件的功能、控制方式及连接方式，不表示元件的具体结构、参数、具体连接位置和元件的安装位置。具体液压与气压传动系统元件、辅件的图形符号和管路连接表述已标准化，《液体传动系统及元件图形符号和回路图　第 1 部分：用于常规用途和数据处理的图形符号》（GB/T 786.1—2009）中进行了详细规定。

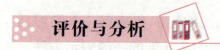

评价与分析

完成学习过程后填写表 6-2-1。

表 6-2-1　学习过程评价表

班级		姓名		学号		日期		
序号					配分	得分		总评
1	能准确说出液压传动系统的基本组成				25			A
2	能准确说出气压传动系统的基本组成				25			B
3	能准确识读液压与气压传动系统回路				25			C
4	能准确识读液压与气压传动系统元件的表示方法				25			D
小结与建议								

同步练习　

填空题

1. 液压系统由_____、_____、_____、_____和工作介质组成。

2. 液压系统中执行元件通常有_____和_____。

3. 气压系统中工作介质的作用是_____和_____。

4. 将压力能转换成机械能的能量转换装置是_____。

学习活动三　液压传动系统的常用元件

学习目标

1. 掌握液压系统的常用元件。
2. 了解液压元件的工作原理。

学习过程

　　上一学习活动中我们介绍了液压系统的基本组成及表示方法，液压系统由五个部分组成，那么每一个部分用到的元件是哪些？它们是如何发挥作用的？在本学习活动中我们将进行重点介绍。

一、常用液压动力元件

　　液压系统中常用的动力元件是液压泵，它通常与电动机相连，并将电动机输出的机械能转换为液体的压力能，不断给液压系统提供压力油。

1. 液压泵的工作原理

　　图 6-3-1 所示为液压泵的工作原理示意图。柱塞 2 在弹簧 4 的作用下紧压在偏心轮 1 上，当电动机带动偏心轮转动时，柱塞 2 与泵体 3 形成的密封腔 V 的容积交替变化。柱塞向右运动时，密封腔 V 的容积增大，形成局部真空，油箱中的油液在大气作用下，经单向阀 6 进入密封腔 V 而实现吸油；反之，当 V 由大变小时，油液受挤压，经单向阀 5 压入系统，实现压油。电动机带动偏心轮不断旋转，液压泵就不断地吸油和压油。液压泵是通过密封腔的变化来实现吸油和压油的，其排油量取决于密封腔的变化量，因而又称容积泵。

　　根据上述工作原理不难看出，液压泵正常工作必备的条件是：①具有密封容积；②密封容积能交替变化；③有配油装置；④吸油时油箱表面与大气相通。

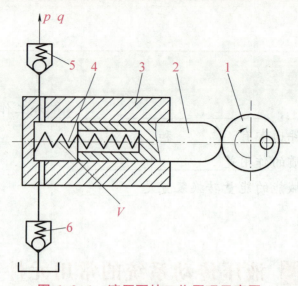

图 6-3-1　液压泵的工作原理示意图
1—偏心轮；2—柱塞；3—泵体；4—弹簧；5、6—单向阀

2. 液压泵的常用类型及图形符号

液压泵按输出流量是否可调节，分为定量泵和变量泵大两类；按结构形式，分为齿轮泵、叶片泵、柱塞泵三大类。液压泵的图形符号如图 6-3-2 所示。

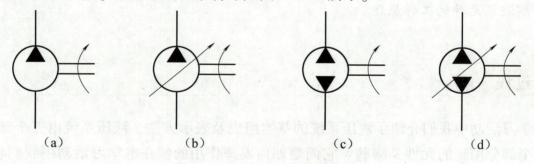

（a）　　　　　　（b）　　　　　　（c）　　　　　　（d）

图 6-3-2　液压泵的图形符号
（a）单向定量泵；（b）单向变量泵；（c）双向定量泵；（d）双向变量泵

（1）齿轮泵

齿轮泵的主要结构形式有外啮合和内啮合两种，其工作原理相同。以外啮合齿轮泵为例，其工作原理如图 6-3-3 所示。齿轮泵在泵体内有一对等模数、齿数的齿轮，当泵的主动齿轮向逆时针方向转动时，齿轮泵右侧（吸油腔）齿轮脱开啮合，齿轮的轮齿退出齿间，使密封容积增大，形成局部真空，油箱中的油液在外界大气压的作用下，经吸油管路、吸油腔进入齿间。随着齿轮的旋转，吸入齿间的油液被带到另一侧，进入压油腔。这时轮齿进入啮合，使密封容积逐渐减小，齿轮间部分的油液被挤出，形成了齿轮泵的压油

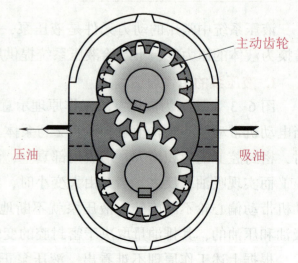

主动齿轮

压油　　　　　　吸油

图 6-3-3　齿轮泵吸油、压油过程示意图

过程。齿轮啮合时齿向接触线把吸油腔和压油腔分开，起配油作用。当齿轮泵的主动齿轮由电动机带动不断旋转时，轮齿脱开啮合的一侧，由于密封容积变大，不断从油箱中吸油，轮齿进入啮合的一侧，由于密封容积减小，不断地排油。结构上，齿轮端面和泵盖之间应有适当间隙（轴向间隙），小流量泵轴向间隙为 0.025~0.04mm，大流量泵轴向间隙为 0.04~0.06mm。齿顶和泵体内表面间的间隙（径向间隙），一般取 0.13~0.16mm。

齿轮泵的特点：体积较小，结构较简单，对油的清洁度要求不严，价格较低；但泵轴受不平衡力，磨损严重，泄漏较大，通常用于低压系统中。

（2）叶片泵

根据工作方式不同，叶片泵有单作用式叶片泵和双作用式叶片泵两种。单作用式叶片泵一般为变量泵，双作用式叶片泵一般为定量泵。

单作用式叶片泵（图6-3-4）由转子1、定子2、叶片3和端盖等组成。定子2具有圆柱形内表面，定子2和转子1间存在偏心距e，叶片3装在转子槽中，并可在槽内滑动。当转子1回转时，由于离心力的作用，叶片3紧靠在定子内壁。这样，在定子2、转子1、叶片3和两侧配油盘间就形成了若干密封的工作空间。当转子1按逆时针方向回转时，图示右部叶片3逐渐伸出，叶片间的空间逐渐增大，从吸油口吸油，这是吸油腔。图示左部叶片3被定子内壁逐渐压进槽内，工作空

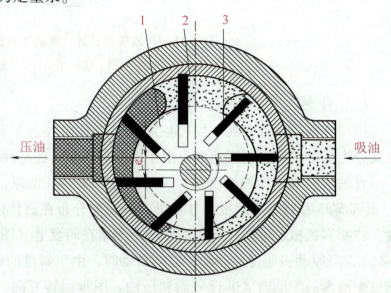

图6-3-4　单作用式叶片泵的工作原理示意图
1—转子；2—定子；3—叶片

间逐渐缩小，将油液从压油口压出，这就是压油腔。在吸油腔和压油腔之间有一段封油区，把吸油腔和压油腔隔开。这种叶片泵每转一周，每个工作腔就完成一次吸油和压油，因此称为单作用式叶片泵。转子1不停地旋转，泵就不断地吸油和排油。

单作用式叶片泵可通过改变转子1与定子2的偏心量来改变泵的流量。偏心量越大，流量越大。若将转子1与定子2调成几乎是同心的，则流量接近于零。因此，单作用式叶片泵大多为变量泵。

双作用式叶片泵（图6-3-5）由转子1、配油盘2、叶片3、定子4和泵体5等组成。其工作原理与单作用式叶片泵类似，不同之处在于，定子内表面近似椭圆，转子1和定子4同心安装，有两个吸油区和两个压油区对称布置，转子1每转一周，完成两次吸油和压油。

叶片泵的特点：流量均匀，运转平稳，噪声小，工作压力和容积效率比齿轮泵高，结构比齿轮泵复杂，广泛用于低压系统中。

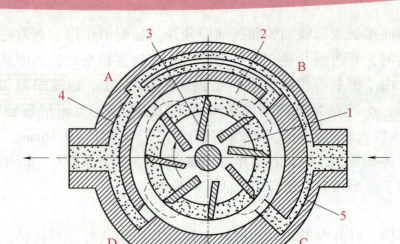

图 6-3-5　双作用式叶片泵的工作原理示意图
1—转子；2—配油盘；3—叶片；4—定子；5—泵体

（3）柱塞泵

按照柱塞排列方向的不同，柱塞泵分为径向柱塞泵和轴向柱塞泵两种。其中，轴向柱塞泵又分为直轴式和斜轴式两种。由于径向柱塞泵的经济性较差，已逐渐被轴向柱塞泵所替代。

直轴式柱塞泵（图 6-3-6）又称斜盘式轴向柱塞泵，由缸体 1、配油盘 2、柱塞 3、斜盘 4、传动轴 5 和弹簧 6 组成。柱塞沿圆周均匀分布在缸体内。斜盘轴线与缸体轴线倾斜一定角度，柱塞靠机械装置或在低压油作用下压紧在斜盘上（图中为弹簧 6、配油盘 2 和斜盘 4 固定不转），当原动机通过传动轴使缸体转动时，由于斜盘的作用，柱塞在缸体内做往复运动，并通过配油盘的配油窗口进行吸油和压油。图示回转方向，当缸体转角在 $\pi \sim 2\pi$ 范围内时，柱塞向外伸出，柱塞底部缸孔的密封工作容积增大形成部分真空，通过配油盘的吸油窗口吸油；当缸体转角在 $0 \sim \pi$ 范围内时，柱塞被斜盘推入缸体，使缸孔容积减小，油液挤压，通过配油盘的压油窗口压油。柱塞泵可通过改变斜盘倾角大小改变排量，通过改变斜盘倾角方向改变吸油和压油的方向，即成为双向变量泵。

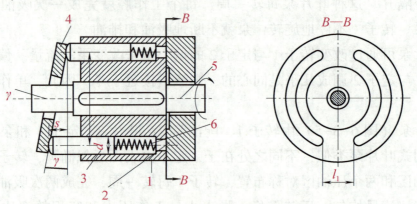

图 6-3-6　直轴式柱塞泵的工作原理示意图
1—缸体；2—配油盘；3—柱塞；4—斜盘；5—传动轴；6—弹簧

柱塞泵的特点：容积效率高，泄漏小，可在高压下工作，大多用于大功率液压系统；但结构复杂，材料和加工精度要求高，价格高，对油的清洁度要求高。一般在齿轮泵和叶片泵不能满足要求时才用柱塞泵。

二、液压泵的主要技术参数

1）泵的排量（mL/r）：泵每旋转一周所能排出的液体体积。

2）泵的理论流量（L/min）：在额定转数时，用计算方法得到的单位时间内泵能排出的最大流量。

3）泵的额定流量（L/min）：在正常工作条件下，保证泵长时间运转所能输出的最大流量。

4）泵的额定压力（MPa）：在正常工作条件下，能保证泵长时间运转的最高压力。

5）泵的最高压力（MPa）：允许泵在短时间内超过额定压力运转时的最高压力。

6）泵的额定转数（r/min）：在额定压力下，能保证长时间正常运转的最高转数。

7）泵的最高转数（r/min）：在额定压力下，允许泵在短时间内超过额定转速运转的最高转数。

8）泵的容积效率（%）：泵的实际输出流量与理论流量的比值。

9）泵的总效率（%）：泵输出的液压功率与输入的机械功率的比值。

10）泵的驱动功率（kW）：在正常工作条件下能驱动液压泵的机械功率。

三、常用液压执行元件

液压系统的执行元件通常为液压缸和液压马达。液压缸是做直线往复运动（或摆动运动）的液压执行元件，液压马达是做回转运动的液压执行元件。

1. 液压缸

（1）常用类型及图形符号

液压缸的结构形式多种多样，其分类方法也有多种。按运动方式，可分为直线往复运动式和回转摆动式；按受液压力作用情况，可分为单作用式和双作用式；按结构形式，可分为活塞式、柱塞式、多级伸缩套筒式和齿轮齿条式等；按安装形式，可分为拉杆式、耳环式、底脚式和铰轴式等；按压力等级，可分为16MPa、25MPa 和 31.5MPa 等。

液压缸的类型及图形符号如表6-3-1所示。

表 6-3-1　液压缸的类型及图形符号

类型	名称	图形符号	说明
单作用液压缸	柱塞式液压缸		柱塞仅单向运动，返回行程利用自重或负荷将柱塞推回
	单活塞杆液压缸		活塞仅单向运动，返回行程利用自重或负荷将活塞推回

续表

类型	名称	图形符号	说明
单作用液压缸	双活塞杆液压缸		活塞的两侧都装有活塞杆，只能向活塞一侧供给压力油，返回行程通常利用弹簧力、重力或外力推回
	伸缩液压缸		以短缸获得长行程。用液压油由大到小逐节推出，靠外力由小到大逐节缩回
双作用液压缸	单活塞杆液压缸		单边有杆，双向液压驱动，双向推力和速度不等
	双活塞杆液压缸		双边有杆，双向液压驱动，可实现等速往复运动
	伸缩液压缸		双向液压驱动，伸出由大到小逐节推出，由小到大逐节缩回
组合液压缸	齿条传动液压缸		经装在一起的齿条驱动齿轮，使活塞做往复回转运动

（2）典型结构及工作原理

双作用单活塞杆液压缸的结构特征是只有一端有活塞杆（图 6-3-7 所示是一种单活塞液压缸效果图），其两端进出口都可通压力油或回油，以实现双向运动，故称为双作用缸。

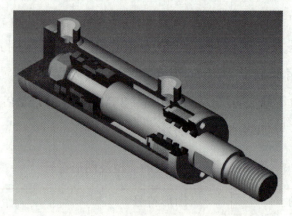

图 6-3-7　单活塞液压缸效果图

单活塞液压缸原理图如图 6-3-8 所示。双作用单活塞液压缸通常由缸体 5、套筒活塞 3、活塞杆 4 及其他密封零部件组成。通过压板 1、套筒活塞 3 将缸体分隔为两个密闭空间，当液压油不断经 A 口注入缸体左侧密闭空间时，液压油推动压板 1、套筒活塞 3 和活塞杆 4 等结构向右移动，同时缸体右侧密闭空间中的液压油经 B 口流出，活塞杆伸出缸体实现预定工作。

当需收回活塞杆时，从 B 口充入液压油，推动套筒活塞 3、压板 1 和活塞杆 4 等结构向左移动，同时缸体左侧密闭空间中的液压油经 A 口流出。

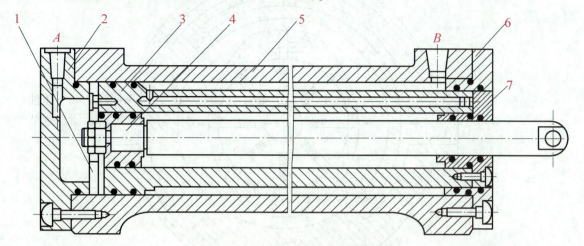

图 6-3-8 单活塞液压缸原理图

1—压板；2、6—端盖；3—套筒活塞；4—活塞杆；5—缸体；7—套筒活塞端盖

液压缸具有结构简单、工作可靠、运动平稳等优点，因此在各种机械液压系统中被广泛使用。

2. 液压马达

（1）常用类型及图形符号

液压马达结构上与液压泵相似，根据结构也可以分为齿轮式、叶片式和柱塞式三大类，但由于二者的任务和作用不同，实际结构和工作方式存在一定区别。

液压马达的图形符号如图 6-3-9 所示。值得注意的是，应与液压泵的图形符号进行区分，液压马达与液压泵图形符号中黑色三角形标识的方向相反。

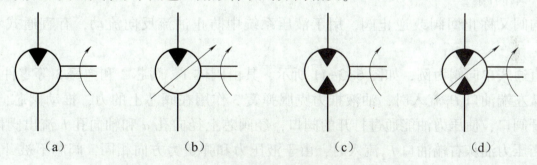

（a）　　　　　（b）　　　　　（c）　　　　　（d）

图 6-3-9 液压马达的图形符号

（a）单向定量马达；（b）单向变量马达；（c）双向定量马达；（d）双向变量马达

（2）典型结构及工作原理

以叶片式液压马达为例，如图 6-3-10 所示，当压力油通入压油腔后，在叶片 1、3（或 5、7）上，一面作用有压力油，另一面则为无压油，由于叶片 1、5 受力面积大于叶片 3、7，由叶片受力差构成的力矩推动转子和叶片做顺时针方向旋转。

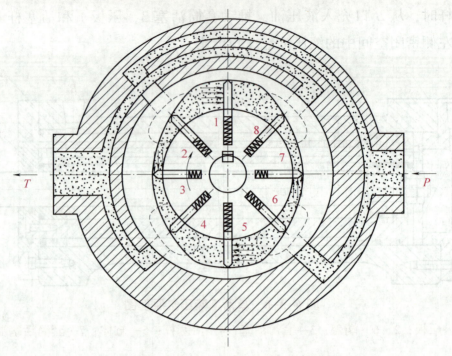

图 6-3-10 叶片式液压马达原理图

四、常用液压控制元件

根据用途和工作特点的不同，控制阀可分为方向控制阀、压力控制阀和流量控制阀三类。

1. 方向控制阀

控制油液流动方向的阀称为方向控制阀，按用途分为单向阀和换向阀。

（1）单向阀

单向阀又称止回阀或逆止阀，用于液压系统中防止油流反向流动，有直通式和直角式两种。

以直通式单向阀为例，如图 6-3-11 所示，其由阀体 1、阀芯 2 和弹簧 3 等零件组成。当压力油从左端油口 P_1 流入时，油液推力克服弹簧 3 作用在阀芯上的力，推动阀芯向右移动，从而打开阀口，使压力油能通过打开的阀口，经阀芯上径向孔 a 和轴向孔 b 流出阀体右端 P_2 油口。当压力油从右端油口 P_2 流入时，由于液压力和弹簧力方向相同，阀芯不被开启，油液无法通过。

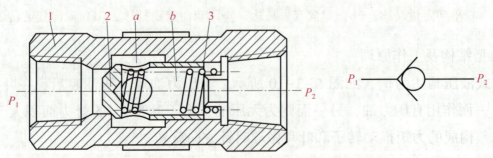

图 6-3-11 直通式单向阀结构原理图及图形符号

1—阀体；2—阀芯；3—弹簧

（2）换向阀

换向阀利用阀芯在阀体中轴向位置的改变来变换油液流动方向、接通或截断油路，从而实现控制执行元件的换向、启动和停止。

图6-3-12所示为一换向阀控制活塞缸的工作示意图。其中，P 表示连接动力元件的进油口，T 表示连接油箱出油口，A 和 B 表示阀体连接工作零件的进或出油口。当阀芯处于图示位置时，阀芯上的轴肩将 A、B 通道封闭，封堵住了由 P 流入的油液，活塞缸为压力保持状态，不运动；当阀芯在图示位置向左移动一个位置时，A、B 通道打开，A 通道与 P 通道连通，B 通道与 T 通道连通，此时由 P 进入的油液经换向阀 A 通道进入活塞缸左腔，推动活塞向

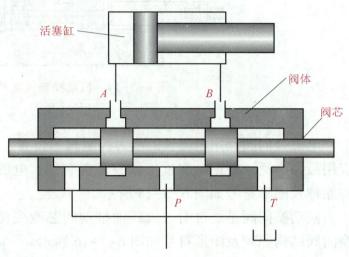

图6-3-12　换向阀工作原理图

右移动；当阀芯在图示位置向右移动一个位置时，A、B 通道打开，A 通道与 T 通道连通，B 通道与 P 通道连通，此时由 P 进入的油液经换向阀 B 通道进入活塞缸右腔，推动活塞向左移动。不难看出，换向阀不同阀芯位置会控制不同的阀体开口位置，从而实现系统的方向控制。

按操控方式不同，换向阀可分为手动控制、机动控制、电磁控制和电液控制等类型。

手动换向阀通过调整控制手柄的左右不同位置来带动阀芯的移动，从而实现控制执行元件的换向、启动和停止，如图6-3-13所示。

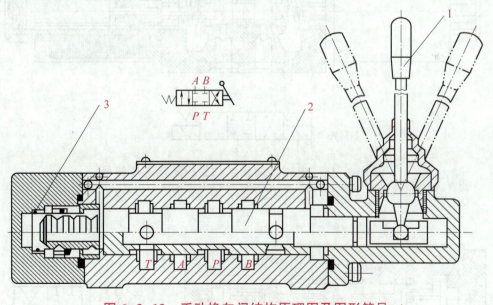

图6-3-13　手动换向阀结构原理图及图形符号
1—手柄；2—阀芯；3—弹簧

机动换向阀又称行程阀，其利用安装在运动部件上的挡块或凸轮，按压阀芯端部的管轮带动阀芯移动，从而实现控制执行元件的换向、启动和停止，如图6-3-14所示。机动换向阀通常为二位阀，通过弹簧复位。

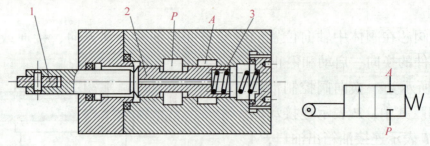

图 6-3-14　机动换向阀结构原理图及图形符号
1—顶块；2—阀芯；3—弹簧

　　电磁换向阀利用电磁铁的吸力控制阀芯位置，其操作简单、布局灵活，容易实现自动化，应用最为广泛。根据电磁铁工作腔是否有油，电磁换向阀又分为干式和湿式。电磁换向阀结构原理及图形符号如图 6-3-15 所示。

　　液动换向阀是通过引入液压油推动阀芯改变位置的一类阀，常用于通径较大的阀。液动换向阀结构原理及图形符号如图 6-3-16 所示。

　　电液换向阀是由电磁换向阀和液动换向阀组成的复合阀。其中电磁换向阀是先导阀，用以改变控制油路的方向；液动换向阀为主阀，用以改变主油路的方向，如图 6-3-17 所示。其充分利用了电磁控制灵敏、液动控制力大的优点。

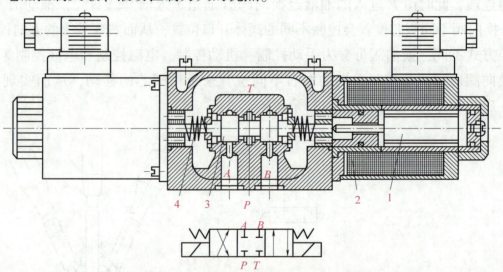

图 6-3-15　电磁换向阀结构原理图及图形符号
1—衔铁；2—电磁线圈；3—阀芯；4—弹簧

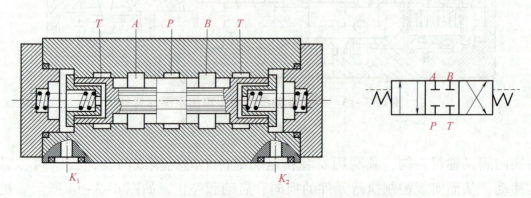

图 6-3-16　液动换向阀结构原理图及图形符号

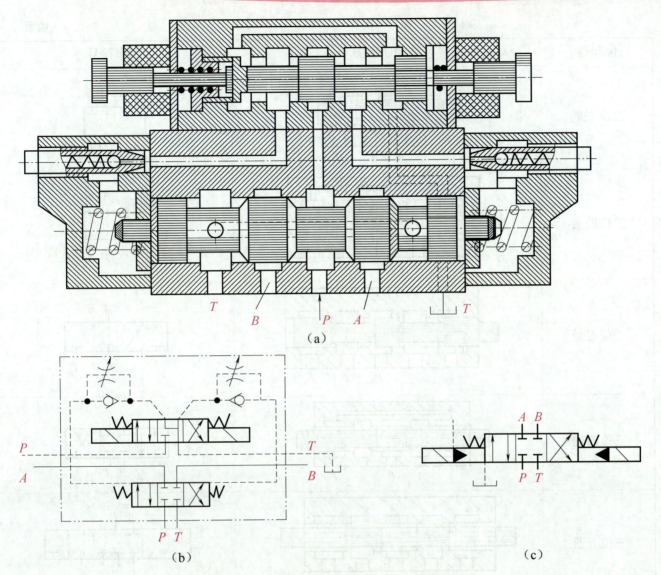

图 6-3-17　电液换向阀工作原理图及图形符号

（a）剖面图；（b）原理图；（c）图形符号

　　按阀芯在阀体上的工作位置数和换向阀所控制的油口通路数，换向阀有二位二通、二位三通、二位四通、二位五通、三位四通、三位五通等类型。其结构原理及图形符号如表 6-3-2 所示。

表 6-3-2　常用滑阀式换向阀位和通的结构原理及图形符号

位和通	结构原理图	图形符号
二位二通		

续表

位和通	结构原理图	图形符号
二位三通		
二位四通		
二位五通		
三位四通		
三位五通		

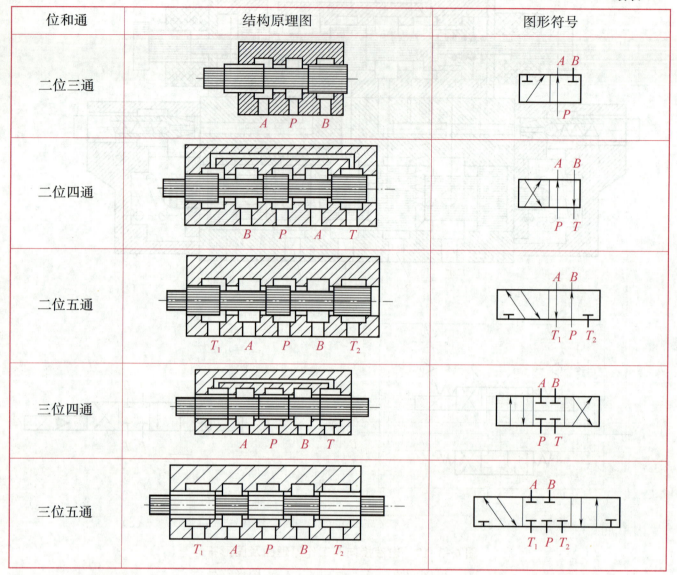

2. 压力控制阀

液压系统中，控制液体压力的阀和利用系统压力控制其他元件动作的阀统称压力控制阀。根据用途不同，具体可分为溢流阀、减压阀、顺序阀和压力继电器等。

压力控制阀都是利用作用在阀芯上的液体压力和阀体中的弹簧力相平衡的原理工作的。

（1）溢流阀

常用的溢流阀有直动型和先导型两种，主要作用是在系统压力超过设定值时，通过排除一定油液以维持系统压力稳定，避免系统压力过高对元器件产生破坏。

图 6-3-18 所示为直动型溢流阀结构示意图及图形符号。该阀是依靠系统中的压力油直接作用在阀芯上与弹簧力相平衡来控制阀芯起闭动作的。当系统压力小于弹簧 3 压力时，阀芯 2 在弹簧力作用下处于闭合状态；当系统压力大于弹簧 3 压力时，阀芯 2 在油液压力作用下被推开，系统油液通过 P 通道进入阀体 1 内部，并经 T 通道流出，从而实现溢流。图示溢流阀的弹簧压力可以根据系统需要，通过调压手柄 4 进行调节。

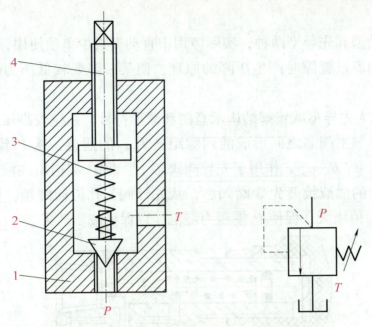

图6-3-18 直动型溢流阀结构示意图及图形符号
1—阀体；2—阀芯；3—弹簧；4—调压手柄

图6-3-19所示为先导型溢流阀结构示意图及图形符号。该阀由主阀和先导阀两部分组成。先导阀的阀芯是锥阀，用于控制压力；主阀的阀芯是滑阀，用于控制系统流量。当液压油从进油腔 P 流入阀体后，经主阀体阻尼孔 e、先导阀阀体孔 c 和孔 d 作用于先导阀阀芯。当系统压力低于溢流阀调定压力时，先导阀阀芯无法打开，此时主阀中油液压力增加，从而推动主阀阀芯向上移动打开主阀芯，液压油经打开的通道，油液从回油腔 T 流出；当系统压力高于溢流阀调定压力时，先导阀阀芯被打开，油液经通道 a 流入回油腔 T 完成系统溢流。系统压力可通过调压手轮进行调节。

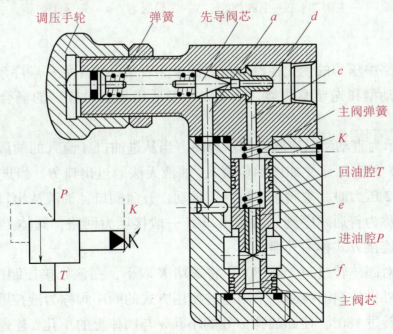

图6-3-19 先导型溢流阀结构示意图及图形符号

（2）减压阀

减压阀也有直动型和先导型两种，实际应用中直动型很少单独使用，先导型应用普遍。

减压阀是利用油流过缝隙时产生压降的原理，使某一需要较低压力的支路获得低而平稳油液压力的控制阀。

图 6-3-20 所示为先导型减压阀结构示意图和图形符号。系统较高压力的油液经 P_1 流入主阀体内，经过主阀体与主阀芯之间形成的间隙距离为 x_R 的通道，从 P_2 流出压力较低的油液，同时油液通过阻尼孔 a、b、c、d 作用于先导阀阀芯上。当 P_2 端输出油液压力高于该支路设定压力时，通过阻尼孔的油液推开先导阀阀芯，从先导阀 e 孔流回邮箱，同时主阀下端压力降低，主阀阀芯下移 x_R 值增大，促使 P_2 端压力降低，以保障减压效果。

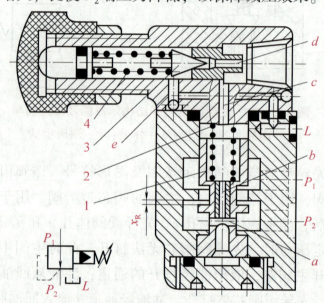

图 6-3-20　先导型减压阀结构示意图及图形符号

1—主阀芯；2—主阀弹簧；3—先导阀芯；4—先导阀弹簧

（3）顺序阀

顺序阀利用油路中压力的变化控制阀口启闭来实现某些液压元件顺序动作。

顺序阀也有直动型和先导型两类。由于先导型适用于压力较高的场合，通常直动型顺序阀应用较广。

图 6-3-21 所示为直动型顺序阀结构示意图。当从进油口 A 流入的油液压力小于主阀弹簧 2 的压力时，阀芯 5 无法打开（如图示位置），油液无法通过出口 B。当进油口 A 流入的油液压力大于主阀弹簧 2 压力时，主阀阀芯 1 被向上推动，开启阀口，油液从出口 B 流出。采用这种使用方式的顺序阀称为普通顺序阀。由于出口 B 一般接压力回路，阀体上卸油口 Y 需单独接油管通油箱。这种连接方式称为外泄。

若将下盖 7 相对阀体转过 90° 或 180°，将螺堵 K 取下，在该处接控制油管并通入控制油，则阀的启闭便可由外供控制油控制。采用这种使用方式的顺序阀称为液控顺序阀。

若再将上盖 3 转过 180°，使卸油孔 Y 处的小孔 a 与阀体上的小孔 b 连通，将卸油口 Y 用螺堵封闭，并使顺序阀的出油口 B 与油箱连通，则顺序阀就成为卸荷阀。其泄漏油可由阀的出油口流回油箱，这种连接方式称为内泄。

常用顺序阀的结构示意图及图形符号如图 6-3-22 所示。

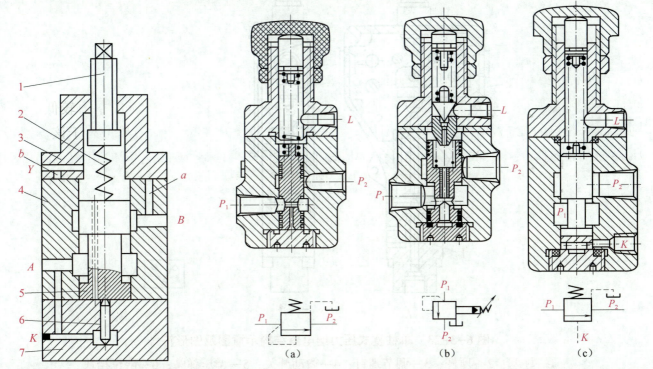

图 6-3-21 直动型顺序阀结构示意图

1—调压手柄；2—主阀弹簧；
3—上盖；4—阀体；5—阀芯；
6—控制活塞；7—下盖

图 6-3-22 常用顺序阀的结构示意图及图形符号

(a) 直动式顺序阀；(b) 先导式顺序阀；(c) 外控内泄式顺序阀

（4）压力继电器

压力继电器是液压系统中一种转换液压信号和电信号的元件。其作用是当系统控制区域压力达到压力继电器调定值时，能自动接通或断开电路，使电磁铁、继电器、电动机等关联的电器元件运转或停止工作，以实现对液压系统工作程序的控制、安全保护或动作联动等要求。

图 6-3-23 所示为单柱塞式压力继电器结构示意图及图形符号。其下部控制口 K 与液压系统相通，当系统压力达到液压继电器预先调定的压力值时，液压力推动柱塞 1 向上移动，柱塞 1 推动顶杆 2 触动液压继电器中的微动开关 4，从而发出电信号。当系统压力下降到小于预先调定压力值时，顶杆 2 在调压弹簧 5 的作用下复位，同时微动开关 4 复位，并发出回复点信号。限位挡块 6 只能在有限行程内移动，可在系统压力超高时对微动开关 4 进行保护。

3. 流量控制阀

流量控制阀包括节流阀和调速阀，其作用是控制液压系统中液体的流量。

（1）节流阀

节流阀是利用油液通过可调节大小的节流口时，油液受阻来减少输出端流量的。

图 6-3-24 所示为 L 型节流阀结构示意图及图形符号。它的节流油口为轴向三角槽式。压力油从 P_1 流入，经阀芯左端的轴向三角槽后由出口 P_2 流出。阀芯 1 在弹簧力作用下始终紧贴在推杆 2 的端部。可通过旋转调节手柄 3 使推杆 2 沿轴向移动，改变节流口的通流截面积，从而调节通过阀体的流量。

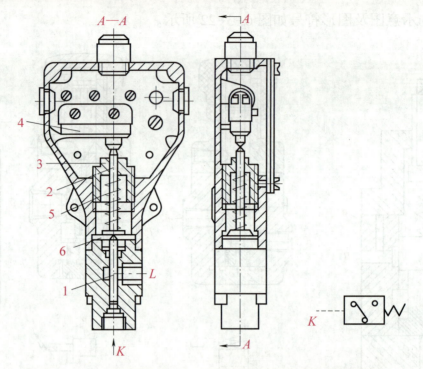

图 6-3-23　单柱塞式压力继电器结构示意图及图形符号

1—柱塞；2—顶杆；3—调节螺钉；4—微动开关；5—调压弹簧；6—限位挡块

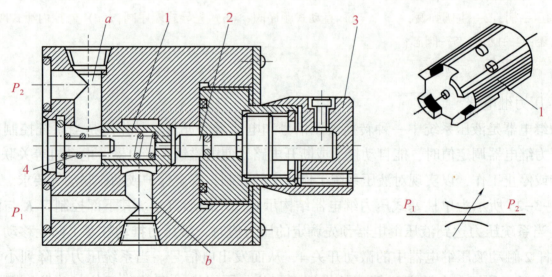

图 6-3-24　L 型节流阀结构示意图及图形符号

1—阀芯；2—推杆；3—调节手柄；4—弹簧

节流阀输出流量的平稳性与节流口的结构形式有关。节流口的形式除轴向三角槽式外，还有偏心式、周向缝隙式、轴向缝隙式、针阀式等。具体结构如图 6-3-25 所示。

（2）调速阀

调速阀是由减速阀和节流阀串联组合而成的组合阀。液压系统中使用调速阀，可以使节流阀前后的压力差保持不变，从而使通过节流阀的流量也保持不变，最终保持执行元件的运动速度稳定。

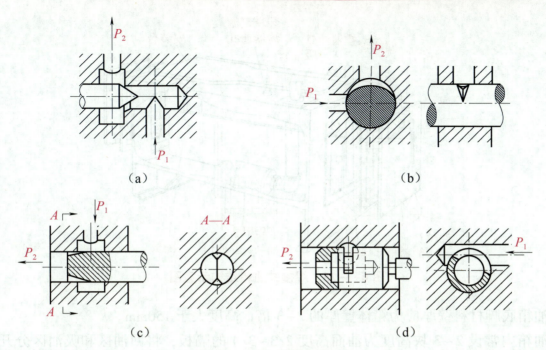

图 6-3-25　节流口形式

（a）针阀式节流口；（b）偏心式节流口；（c）三角槽式节流口；（d）周向缝隙式节流口

五、常用液压辅助元件

1. 油箱

（1）作用与类型

油箱是用以储油、散热、分离油中空气和沉淀油中杂质的装置。液压系统中的油箱有一体式和分离式两种。一体式油箱结构紧凑，但维修和清理不便；分离式油箱散热好、易维护、自身振动对系统精度影响小，但比较占空间。相对而言，分离式油箱使用较为广泛。

（2）油箱容量的选定

油箱容量的选定应遵循以下原则：

1）油箱容量应能保证设备全工况状态下液压系统内充满油液后，储油液面高于过滤器上端 200mm 以上。

2）液压系统停止工作时（系统管路中油液未完全返回油箱），油箱液面不应超过油箱高度的 80%。

3）当液压系统中全部油液返回油箱时，油液不能溢出油箱外。

（3）油箱的结构

油箱应包含箱体、空气过滤器、油面指示器、隔板、放油塞等结构，要求较高时还应设有加热器、冷却器和油温测量装置等，如图 6-3-26 所示。

油箱结构的设计要点及注意问题如下：

1）油箱长、宽、高的比例一般为 1∶1∶1～1∶2∶3。

2）中、小型油箱可用钢板直接焊成，大型油箱需制骨架。

3）当容量小于 100L 时，壁厚应为 3mm；当容量为 100～320L 时，壁厚应为 3～4mm；当容量大于 320L 时，壁厚应为 4～6mm；箱顶盖板应为侧壁厚度的 3 倍左右。

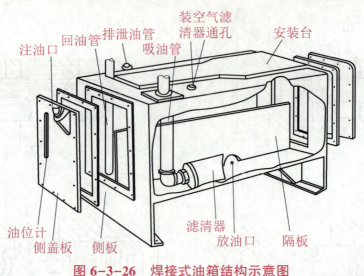

注油口　回油管　排泄油管　装空气滤清器通孔　安装台

吸油管

油位计　侧盖板　侧板　滤清器　放油口　隔板

图 6-3-26　焊接式油箱结构示意图

4）油箱底脚材料壁厚应为箱体壁厚的 2~3 倍，高度大于 150mm。

5）油箱内常设 2~3 块高度为油面高度 2/3~3/4 的隔板，将回油区和吸油区分开，以利于散热、沉淀杂质和气泡逸出。

6）油箱顶盖板应设置用以安装空气过滤器的通气孔，侧壁应开设用于安装、清洗、维护的窗口，且应在明显位置安装油面高度指示器。

7）吸油管口应能安装过滤器，且管口位置距其侧壁应有 3 倍管径的距离，距离箱底应有 2~3 倍的距离，以保障充分发挥过滤器的性能。

8）新油箱内壁应经过喷丸、酸洗和表面清洗。

2. 过滤器

（1）过滤器的作用

过滤器对液压系统而言十分重要。其作用是清除油液中的各种杂质，保障液压油的清洁，以避免划伤、磨损，甚至卡死有相对运动的零件或堵塞零件上的小孔，影响系统正常工作和使用寿命。

（2）选用要求

过滤器应有适当的过滤精度、足够的过滤能力和足够的强度。

（3）常用类型

过滤器的常用类型包括网式过滤器、线隙式过滤器、纸芯式过滤器、烧结式过滤器、磁性过滤器等。

（4）安装位置及要求

1）粗过滤器一般安装在液压泵的吸油管路上，并需浸没在油液里。

2）精过滤器一般安装在压油管路上或容易被阻塞的元器件前端。

3）高压系统压油管路上安装的过滤器必须要有足够的强度。

4）过滤器一般为单向使用，因此不能安装在油液方向可变换的油路上。

3. 蓄能器

（1）蓄能器的作用

用于液压系统中储存一定量的压力油，在系统需要时适量或迅速释放出来，供系统使用。

1）可作为辅助动力源。

2）用作应急油源。

3）为系统保压。

4）吸收系统压力脉动冲击，保障系统稳定性。

（2）蓄能器的结构

图6-3-27所示为气囊式蓄能器结构示意图。它由充气阀1、壳体2、气囊3和提升阀4等零部件组成。气囊用耐油橡胶制成，固定在壳体2的上部，一般在气囊中充入惰性气体氮气。液压油通过提升阀4进入壳体2内部，通过挤压气囊进行蓄能，当需要释放压力油时，打开提升阀4，气囊膨胀将压力油推出，提升阀4的冠状结构能够防止气囊挤出蓄能器壳体。

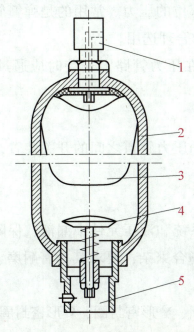

图6-3-27 气囊式蓄能器结构示意图
1—充气阀；2—壳体；3—气囊；4—提升阀；5—油口

（3）蓄能器的安装及使用

1）搬运和装拆时应打开阀体，排出充入的气体。

2）应将油口向下竖直安装，且固定牢固。

3）液压泵与蓄能器之间应设置单向阀，防止停泵时蓄能器中压力油向泵倒流。

4）蓄能器与液压系统连接处应设置截止阀，以便于蓄能装置的调整、维修。

5）应合理计算和选用蓄能器的充气压力。

4. 油管和管接头

（1）油管

液压系统中使用的油管通常有铜管、钢管、橡胶软管、尼龙管和塑料管等。具体选用须根据系统工作压力和安装特性等条件确定。一般固定元件间的油管选用铜管和钢管，有相对运动或振动间的元件选用尼龙管等软管。

（2）管接头

管接头是用于连接油管与油管、油管与液压元件的可拆卸连接件。管接头的种类很多，常用的有焊接式、卡套式、扩口式和扣压式几种类型。其中，焊接式管接头连接牢固、简单可靠，但装拆不便；卡套式管接头装拆方便，对油管尺寸精度要求较高；扩口式管接头结构简单、密封性好，适用连接范围广；扣压式管接头连接简单，但连接强度较低，一般用于需经常装拆的低压管道连接。

5. 流量计、压力计及压力计开关

（1）流量计

流量计用于观测液压系统中的油液流量。常用的有涡轮流量计和椭圆齿轮流量计。

（2）压力计

压力计用于观测液压系统各部位的压力。常用的是弹簧管式压力计。压力计有多种精度等级，使用过程中应根据系统压力合理选用。

压力计安装时应保持直立，在压力管路上安装时应通过阻尼小孔，以防止高压冲坏压力计。

（3）压力计开关

压力计开关是安装在压力计和压力管道之间的开关装置，其作用是使压力计可测多油路点位的压力。

6. 密封装置

密封装置的作用是防止液压系统和液压元件中漏液，保障装置的密封性，从而保障系统工作压力。由于密封装置使用的场合繁杂，要求其具有耐磨、使用寿命长、经济性好、维护方便和摩擦因数小等特点。

常用的密封元件有 O 形密封圈、Y 形密封圈、V 形密封圈等种类。

常用的密封方式有间隙密封、密封圈密封和滑环式组合密封圈密封等方式。

评价与分析

完成学习过程后填写表 6-3-3。

表 6-3-3　学习过程评价表

班级		姓名		学号		日期	
序号				配分	得分		总评
1	能准确说出液压泵的类型			25			A
2	能准确说出液压执行元件的类型			25			B
3	能准确说出液压控制元件的类型			25			C
4	能准确说出常用液压辅助元件的类型			25			D
小结与建议							

同步练习

填空题

1. 液压系统中常用的动力元件是_____。

2. 在高压下选用的泵是_____。

3. 传递直线运动的常用执行元件是_____。

4. 根据用途和工作特点的不同，控制阀可分为_____、_____和流量控制阀三类。

5. 控制液体压力的阀和利用系统压力控制其他元件动作的阀统称为_____。

6. 节流阀输出流量的平稳性与节流口的_____有关。

7. 常用液压辅助元件有_____、_____、_____、_____和_____。

学习活动四 液压传动系统的基本回路

学习目标

1. 了解液压系统的基本回路。
2. 掌握液压系统基本回路的工作原理。

 学习过程

上一学习活动中我们学习了液压系统的各类组成元件，那么它们处在液压系统的哪个位置上？在液压系统中是如何发挥作用的？在本学习活动中我们将重点学习几种典型的基本回路。

液压系统中，各种功能的元件通过管道等辅助元件连接，都能实现某一特定的功能。这些将各种功能和元件连接起来的线路称为回路。能实现某一特定功能的回路称为基本回路。一个完整的液压系统通常是由多个基本回路复合而成的。液压基本回路通常分为方向控制回路、压力控制回路和速度控制回路三大类。方向控制回路的作用是利用换向阀控制执行元件的启动、停止、换向及锁紧等。压力控制回路的作用是通过压力控制阀来完成系统的压力控制，实现调压、增压、减压、卸荷和顺序动作等，以满足执行元件在力或转矩及各种动作变化时对系统压力的要求。速度控制回路的作用是控制液压系统中执行元件的运动速度或速度切换。

一、方向控制回路

1. 换向回路

换向回路主要用于变换液压执行元件的运动方向，一般要求换向时具有
良好的平稳性和灵敏性。换向回路一般采用电磁换向阀换向，在自动化程度要求较高的组合
机床液压传动系统中应用最为广泛。

图 6-4-1 所示为采用电磁换向阀的换向回路示意图，通过控制回路中的二位四通换向阀
来实现液压缸活塞的左右移动。当电磁换向阀处于左位时，液压缸左侧缸体进油，推动活塞
杆向右移动；当电磁换向阀处于右位时，液压缸右侧缸体进油，左侧缸体油液流回油箱，活
塞杆向左移动。

换向回路的基本
构成和工作原理

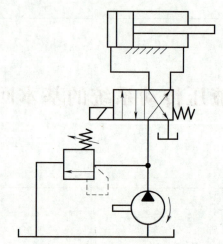

图 6-4-1　采用电磁换向阀的换向回路示意图

2. 锁紧回路

锁紧回路的功用是使液压缸在位置上停留，且停留后不会
因外力作用而移动位置。

图 6-4-2 所示为采用液控单向阀的锁紧回路示意图。当
换向阀处于左位时，压力油经单向阀 1 进入液压缸左腔，同时
压力油也进入单向阀 2 的控制油口 K_2，打开阀 2，使液压缸右
腔的回油经阀 2 及换向阀流回油箱，活塞向右运动。反之，活
塞向左运动到了需要停留的位置，只要使换阀处于中位，阀的
中位为 H 型机能（Y 型也行）。所以阀 1 和阀 2 均关闭，使活
塞双向锁紧。在这个回路中，由于液控单向阀的阀座一般为锥
阀式结构，密封性好，泄漏极少，锁紧的精度主要取决于液压
缸的泄漏。这种回路被广泛应用于工程机械、起重机械等有锁
紧要求的场合。

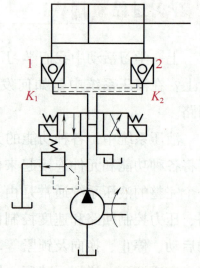

图 6-4-2　采用液控单向阀的
锁紧回路示意图

二、压力控制回路

压力控制回路利用压力控制阀来控制系统和支路压力，达到调压、稳压、增压、减压、卸荷等目的，以满足执行元件对力或力矩的要求。

压力控制回路可分为调压回路、减压回路、增压回路、卸荷回路和保压回路等。

1. 调压回路

调压回路用于调定和限制液压系统的最高工作压力，或者使执行机构在工作过程不同阶段实现多级压力变换，一般通过溢流阀来实现这一功能。

调压回路有单级调压回路、多级调压回路和无级调压回路等形式。

图 6-4-3 所示为单级调压回路示意图。回路中节流阀可以调节进入液压缸的流量，定量泵输出的流量大于进入液压缸的流量时，多余的油液便从溢流阀流回油箱。调节溢流阀便可调节泵的供油压力，从而控制液压系统的最高压力值。溢流阀的调定压力必须大于液压缸最大工作压力和油路上各种压力损失总和。

图 6-4-4 所示为多级调压回路示意图。在图示状态，电磁换向阀断电，处于中位工作时，液压泵的工作压力由先导溢流阀 1 调定为最高压力；当电磁换向阀 4 右边电磁铁通电右位时，液压泵工作压力由远程调压阀 2（溢流阀）调定为较低压力。当电磁换向阀 4 左边电磁铁通电左位时，液压泵工作压力由远程调压阀 3（溢流阀）调定为较低压力。该回路由溢流阀 1、2、3 分别控制系统的压力，从而组成了三级调压回路。在这种调压回路中，阀 2 和阀 3 的调定压力要小于阀 1 的调定压力，但阀 2 和阀 3 的调定压力之间没有一定的关系。

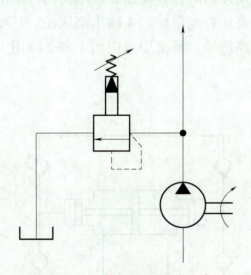

图 6-4-3　单级调压回路示意图

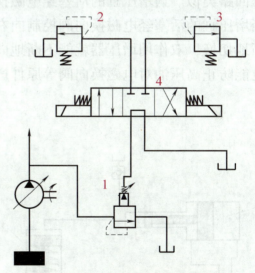

图 6-4-4　多级调压回路示意图

2. 减压回路

减压回路的功用是使系统中的某一部分油路具有较低的稳定压力。最常见的减压回路通过定值减压阀与主油路相连。

减压回路的常用回路类型有单向减压回路和二级减压回路。

图 6-4-5 所示为采用减压阀的减压回路示意图。回路中的单向阀 3 供主油路压力降低（低于减压阀 2 的调整压力）时防止油液倒流，起短时保压之用。

为了使减压回路工作可靠，减压阀的最低调整压力不应小于 0.5MPa，最高调整压力至少应比系统压力小 0.5MPa。当减压回路中的执行元件需要调速时，调速元件应放在减压阀的后面，以避免减压阀泄漏（指由减压阀泄油口流回油箱的油液），对执行元件的速度产生影响。

3. 增压回路

增压回路使液压系统中某一部分支路的压力高于系统压力。

增压回路的常用回路类型有单作用增压器的增压回路和双作用增压器的增压回路。

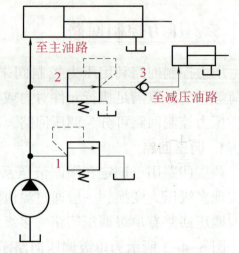

图 6-4-5　采用减压阀的减压回路示意图

图 6-4-6 所示为采用单作用增压器的增压回路示意图。该回路一般只适用于液压缸单方向需要很大的力和行程较短的场合。系统由电磁换向阀控制增压器 1 中活塞的左右移动，当增压器 1 的活塞左行时，其高压腔 A_2 经单向阀从高位油箱内补油，缸 2 的活塞在内部弹簧作用下回程。当增压器 1 的活塞右行时，其高压腔 A_2 输出高压油，从而使缸 2 输出较大的力。

依靠增压器可以获得比系统压力更高的压力。由于增压器左右腔的活塞面积 $A_1 > A_2$，根据活塞左右受力平衡原理，活塞伸出时右腔的压力高于左腔。增压器提供的高压供回路中的单作用油缸工作。

图 6-4-7 所示为采用双作用增压器的增压回路示意图。其工作原理与采用单作用增压器的增压回路类似。当增压缸的活塞经电磁换向阀控制向左行时，其高压腔经单向阀 3 输出高压油；当增压缸的活塞经电磁换向阀控制向右行时，其高压腔经单向阀 4 输出高压油。只要电磁阀不断地切换，双作用增压器就能不断地向系统输出高压油。系统中单向阀 1 和 2 除用于回油外，也能防止高压油对电磁换向阀等原件产生冲击。

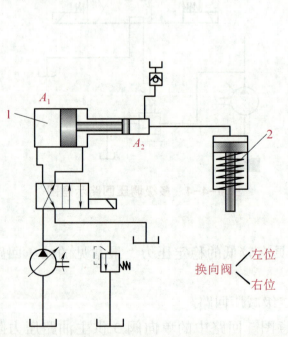

图 6-4-6　采用单作用增压器的增压回路示意图

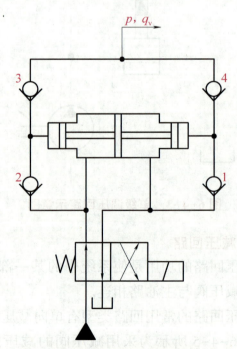

图 6-4-7　采用双作用增压器的增压回路示意图

4. 卸荷回路

液压系统在工作循环中短时间间歇时，为减少功率损耗，降低系统发热，避免因液压泵频繁启停影响液压泵的寿命，应设置卸荷回路。

常用的卸荷回路类型有利用三位换向阀中位机能的卸荷回路和利用二位二通换向阀的卸荷回路。

图 6-4-8 所示为采用二位二通换向阀的卸荷回路示意图。当系统需要短时间间歇时，通过控制图示右侧二位二通电磁换向阀于下位，使系统接通油箱，从而实现卸荷。

图 6-4-9 所示为采用三位换向阀 M 型机能卸荷的回路示意图。当换向阀处于图示中间位置时，利用换向阀特有的 M 型技能，使压力油流回油箱，从而实现卸荷。

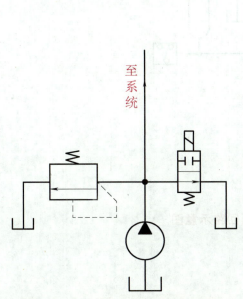

图 6-4-8　采用二位二通换向阀的
卸荷回路示意图

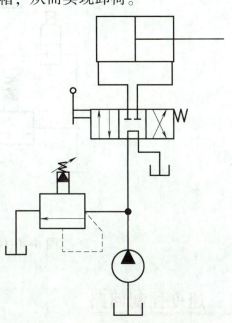

图 6-4-9　采用三位换向阀 M 型机
能卸荷的回路示意图

5. 保压回路

保压回路的作用主要是使系统在液压缸不动或因为工件变形而产生微小位移的情况下保持稳定不变的压力。

保压回路的类型有辅助泵保压回路、液控单向阀保压回路、蓄能器保压回路和压力补偿变量泵保压回路等。

其中，辅助泵保压就是利用两个不同流量的油泵，当压力达到设定压力时，大流量泵关闭，由小流量泵来做泄漏时补充。小流量泵功率小，对整个系统发热影响不大。液控单向阀保压就是当压力达到设定值时，油泵停止工作，利用单向阀密封功能对液压缸进行保压。

图 6-4-10 所示为蓄能器保压回路示意图。当三位四通电磁换向阀电磁铁通电左位处于工作状态时，液压泵输出的压力油通过三位四通电磁换向阀左位进入液压缸无杆腔，液压缸有杆腔油液通过三位四通电磁换向阀左位流回液压油箱，活塞杆向右运动直到压紧工件，进油路压力升高到压力继电器的调定值时，压力继电器发出电信号，使三位四通电磁换向阀电磁铁断电回到中位，此时蓄能装置和先导式溢流阀启动，液压泵输出的高压油通过溢流阀流回

液压油箱，液压缸由蓄能器保压，保压时间取决于蓄能器容量。当液压缸无杆腔压力低于压力继电器调定值时，压力继电器复位使电磁换向阀电磁铁通电，液压泵重新供给压力油。调节压力继电器的通断工作区间即可调节液压缸中压力的最小值和最大值。系统中单向阀的作用是防止蓄能器压力油流向液压泵等原件。

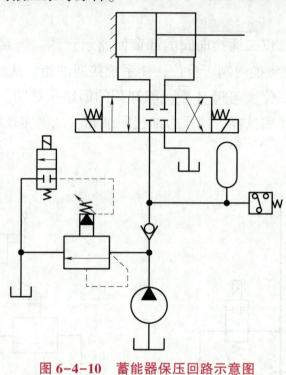

图 6-4-10　蓄能器保压回路示意图

三、速度控制回路

液压传动系统中速度控制回路包括调节液压执行元件速度的调速回路、使之获得快速运动的快速回路、快速运动和工作进给速度以及工作进给速度之间的速度换接回路。一般通过改变进入执行元件的油液流量来实现。

速度控制回路的常用类型有调速回路和速度换接回路。

1. 调速回路

调速回路用于调节液压系统中执行元件的工作行程速度。

图 6-4-11 所示为采用进油节流的调速回路示意图。其通过对安装在进油管路上的节流阀进行流量控制，实现液压缸的运行速度控制。

2. 速度换接回路

速度换接回路的作用是使液压执行机构在一个工作循环中从一种运动速度换到另一种运行速度。这个转换不仅包括快速转慢速的换接，还包括两个慢速之间的换接，且具有较高的速度换接平稳性。

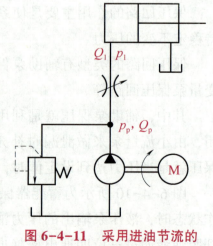

图 6-4-11　采用进油节流的调速回路示意图

图 6-4-12 所示为液压缸差动连接速度换接回路示意图。回路中，利用二位三通电磁换向

阀实现液压缸的差动连接。当电磁阀断电处于右位时，液压缸为差动连接状态，液压缸有杆腔中的油液在压力作用下流入无杆腔，从而实现活塞杆的快速伸出。当电磁阀通电处于左位时，液压缸为普通连接状态，液压缸有杆腔中的油液流回油箱，活塞杆以普通速度伸出。

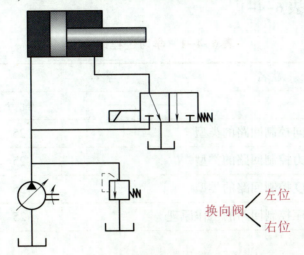

图 6-4-12　液压缸差动连接速度换接回路示意图

差动回路利用无杆腔和有杆腔的面积差产生压力差，使液压缸有杆腔的油流入无杆腔，从而驱动液压缸活塞杆的快速动作。此回路实现了小流量、高速度驱动控制。

四、顺序控制回路

顺序控制回路是用于实现液压系统中控制执行元件动作先后次序的回路。

图 6-4-13 所示为采用机动换向阀的顺序控制回路示意图。该回路的功能为控制两个液压缸的顺序动作。当电磁换向阀通电，处于左位时，活塞杆 1 向右伸出，触碰机动换向阀后，图示机动换向阀上位工作，同时触发电磁换向阀右位工作。此时，活塞杆 1 向左收回，活塞杆 2 向右伸出。如此循环就实现了两个液压缸在液压系统的顺序工作。

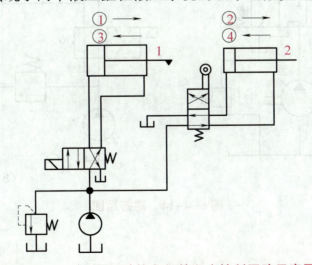

图 6-4-13　采用机动换向阀的顺序控制回路示意图

评价与分析

完成学习活动后填写表6-4-1。

表6-4-1 学习过程评价表

班级		姓名		学号		日期	
序号				配分	得分	总评	
1	能准确说出方向控制回路的类型			25		A	
2	能准确说出压力控制回路的类型			25		B	
3	能准确说出速度控制回路的类型			25		C	
4	能准确说出顺序控制回路的工作原理			25		D	
小结与建议							

同步练习

简答题

分析图6-4-14所示液压回路分别属于哪一类，其工作原理是怎样的。

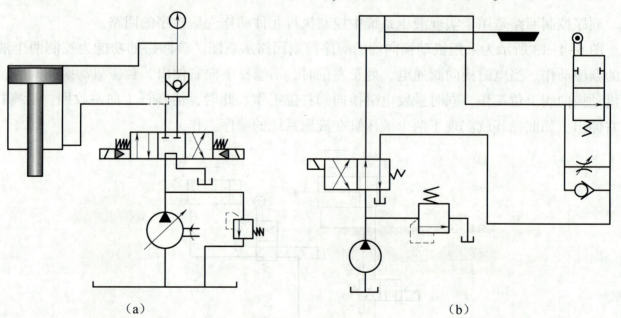

（a）　　　　　　　　　　　　　　（b）

图6-4-14 简答题图

学习活动五　气压传动系统的常用元件及应用特点

学习目标

1. 掌握气压系统的常用元件。
2. 了解气压元件的工作原理。

学习过程

前面，通过气压传动系统的工作原理，我们知道气压传动和液压传动的原理和回路基本相似。但由于系统中传力介质的不同，系统性能和元件结构有所区别。本学习活动中我们将学习气压传动系统中较为特殊的常用元件和应用特点。

气压传动是指以压缩空气为动力源来驱动和控制各种机械设备，以实现生产过程机械化和自动化的一种技术。随着工业机械化自动化的发展，气动技术广泛应用于各个领域。

一、气源装置

气源装置一般为空气压缩机（图6-5-1）和气压发生装置（图6-5-2）。其中，空气压缩机作为系统稳定工作的长期动力源，而气压发生装置一般用于系统保压。

当空气压缩机的排气量小于 $6m^3/min$ 时，直接安装在系统主机旁；当排气量大于或等于 $6m^3/min$ 时，应独立设置压缩空气站。

图6-5-1　空气压缩机

图6-5-2　气压发生装置（储气罐）

二、执行元件

1. 气缸

气缸是指引导活塞在缸内进行直线往复运动的圆筒形金属机件。双作用单活塞气缸结构如图 6-5-3 所示。

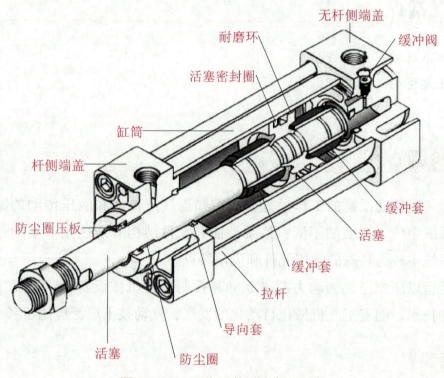

图 6-5-3　双作用单活塞气缸结构

2. 气马达

气马达是指用于气压传动系统中传动回转运动和动力的元件。空气马达结构如图 6-5-4 所示。

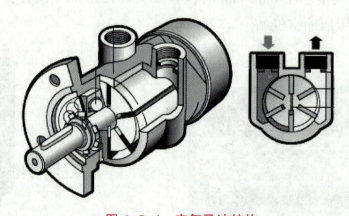

图 6-5-4　空气马达结构

三、控制元件

气压传动系统中的控制元件主要为气压控制阀，其主要功能是控制和调节压缩空气的压力、流量和流向。

常用的气压控制阀有方向控制阀、压力控制阀和流量控制阀。

1. 方向控制阀

方向控制阀是用来控制压缩空气流动方向和气流通断的一类阀。常用的方向控制阀有单向阀和换向阀两种，具体类型、功能和图形符号如表 6-5-1 所示。

表 6-5-1　气压系统方向控制阀的类型、功能和图形符号

名称	功能	图形符号
单向阀	只能使气流沿一个方向流动，不允许气流反向倒流	二位三通电磁换向阀
换向阀	利用换向阀阀芯相对阀体的运动，使气路接通或断开，从而使气动执行元件实现启动、停止或变换运动方向	二位三通电磁换向阀 二位三通气控换向阀

2. 压力控制阀

压力控制阀是用来调节系统中压缩空气压力的一类阀。常用的类型有减压阀、顺序阀和溢流阀，具体类型、功能和图形符号如表 6-5-2 所示。

表 6-5-2　气压系统压力控制阀的类型、功能和图形符号

名称	功能	图形符号
减压阀	将从储气罐传来的压力调到所需的压力，减小压力波动，保持系统压力的稳定	
	减压阀通常安装在过滤器之后、油雾器之前。在生产实际中，常把这三个元件做成一体，称为气源三联件（气动三大件）	

续表

名称	功能	图形符号
顺序阀	依据回路中压力的变化来控制执行机构按顺序动作的压力阀	
溢流阀	溢流阀在系统中起过载保护作用，当储气罐或气动回路内的压力超过某气压溢流阀调定值时，溢流阀打开并向外排气。当系统的气体压力在调定值以内时，溢流阀关闭；而当气体压力超过该调定值时，溢流阀打开	

3. 流量控制阀

流量控制阀是用来调节系统中压缩空气流量的一类阀。常用的类型有排气节流阀和单向节流阀，具体类型、功能和图形符号如表 6-5-3 所示。

表 6-5-3　气压系统流量控制阀的类型、功能和图形符号

名称	功能	图形符号
排气节流阀	安装在气动元件的排气口处，调节排入大气的流量，以此控制执行元件的运动速度。它不仅能调节执行元件的运动速度，还能起到降低排气噪声的作用	
单向节流阀	气流正向流入时，起节流阀作用，调节执行元件的运动速度；气流反向流入时，起单向阀作用	正向流入

四、辅助元件

气压传动中的辅助元件一般包括压缩空气净化器（图 6-5-5）、润滑物、消声装置、管道、管接头、压力计（图 6-5-6）、流量计（图 6-5-7）等。其作用是输送、连接、过滤、监测等，是保证系统正常运行不可缺少的部分。

图 6-5-5　空气净化器

图 6-5-6　空气压力计

图 6-5-7　空气流量计

评价与分析

完成学习活动后填写表6-5-4。

表 6-5-4　学习过程评价表

班级		姓名		学号		日期	
序号				配分	得分	总评	
1	能准确说出气压系统中气源装置的类型			25		A B C D	
2	能准确说出气压系统中执行元件的类型			25			
3	能准确说出气压系统中控制元件的类型			25			
4	能准确说出气压系统中辅助元件的类型			25			
小结与建议							

同步练习

填空题

1. 气源装置一般为_____和_____。

2. 气压传动主要由_____、_____、_____、辅助元件和工作介质组成。

3. 用来调节系统中压缩空气流量的是_____阀。

4. 用来控制压缩空气流动方向和气流通断的是_____阀。

参 考 文 献

[1] 王希波. 机械基础 [M]. 北京：中国劳动社会保障出版社，2018.

[2] 王学武. 金属材料与热处理 [M]. 北京：机械工业出版社，2016.

[3] 王英杰. 机械基础 [M]. 北京：机械工业出版社，2018.

[4] 左键民. 液压与气压传动 [M]. 北京：机械工业出版社，2016.

[5] 鞠鲁粤. 机械制造基础 [M]. 上海：上海交通大学出版社，2018.

[6] 解生杰，陈大红. 汽车维修机械基础 [M]. 重庆：西南师范大学出版社，2012.